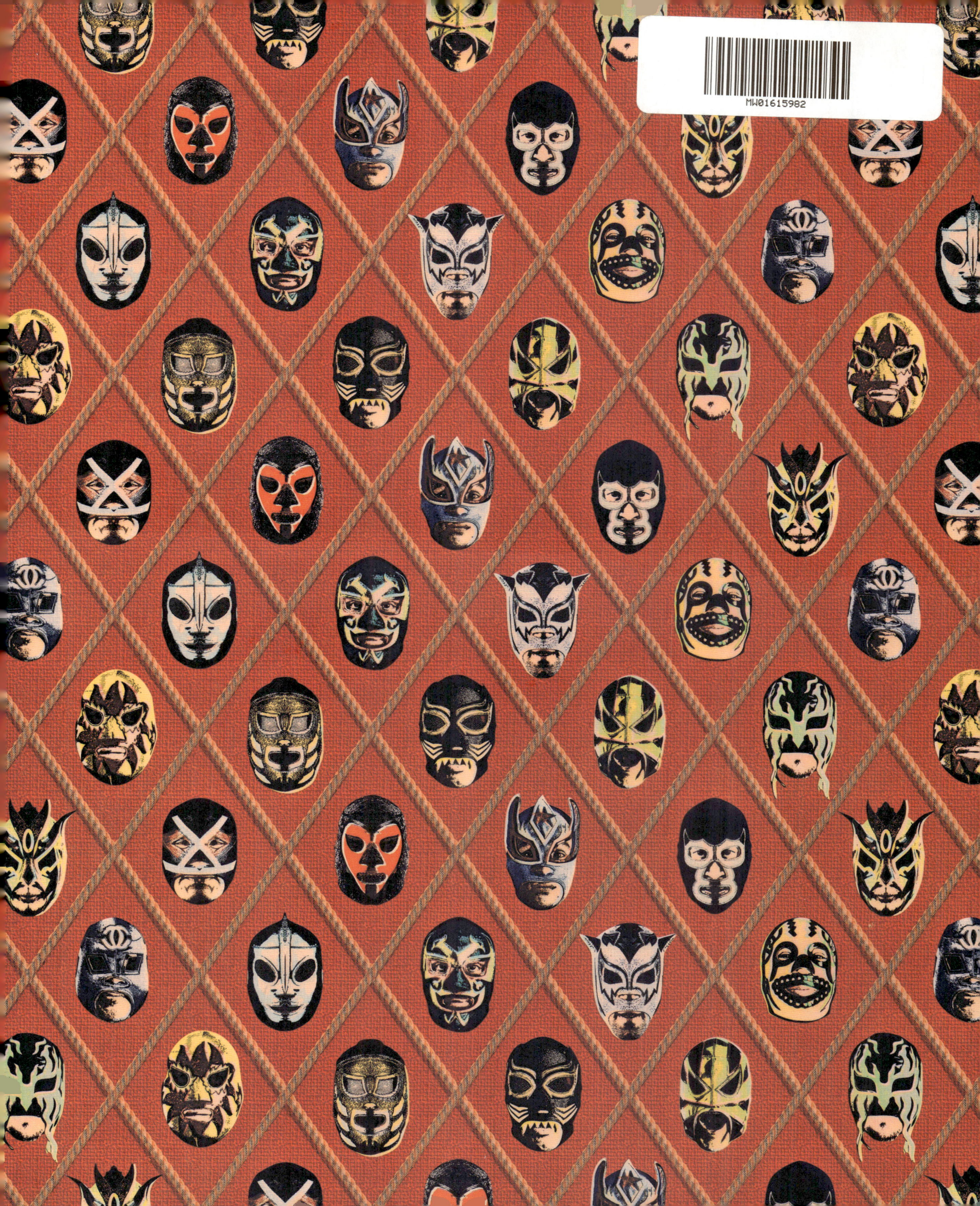

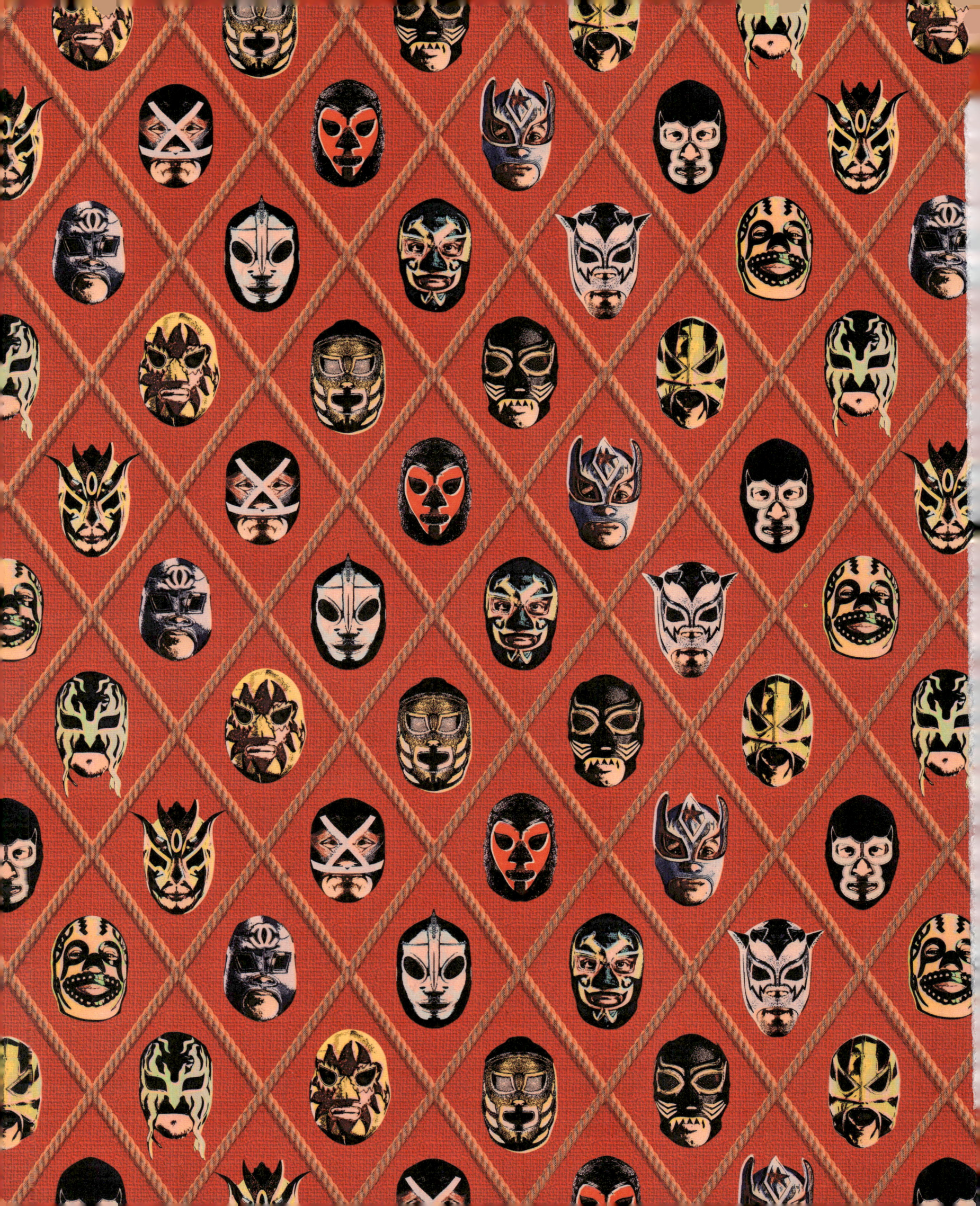

LUCHA LOCO

First published in Great Britain in 2006 by
Therapy Publishing, 26 Market Place, London W1W 8AN

Photographs © Malcolm Venville 2006

Introduction © Sandro Cohen 2006

ISBN 0-9553417-0-1

Scanning by Unichrome, London

Print production: Martin Lee

Copy editor: Daisy Bates

Origination, printing & binding: Mondadori Printing,
Verona, Italy

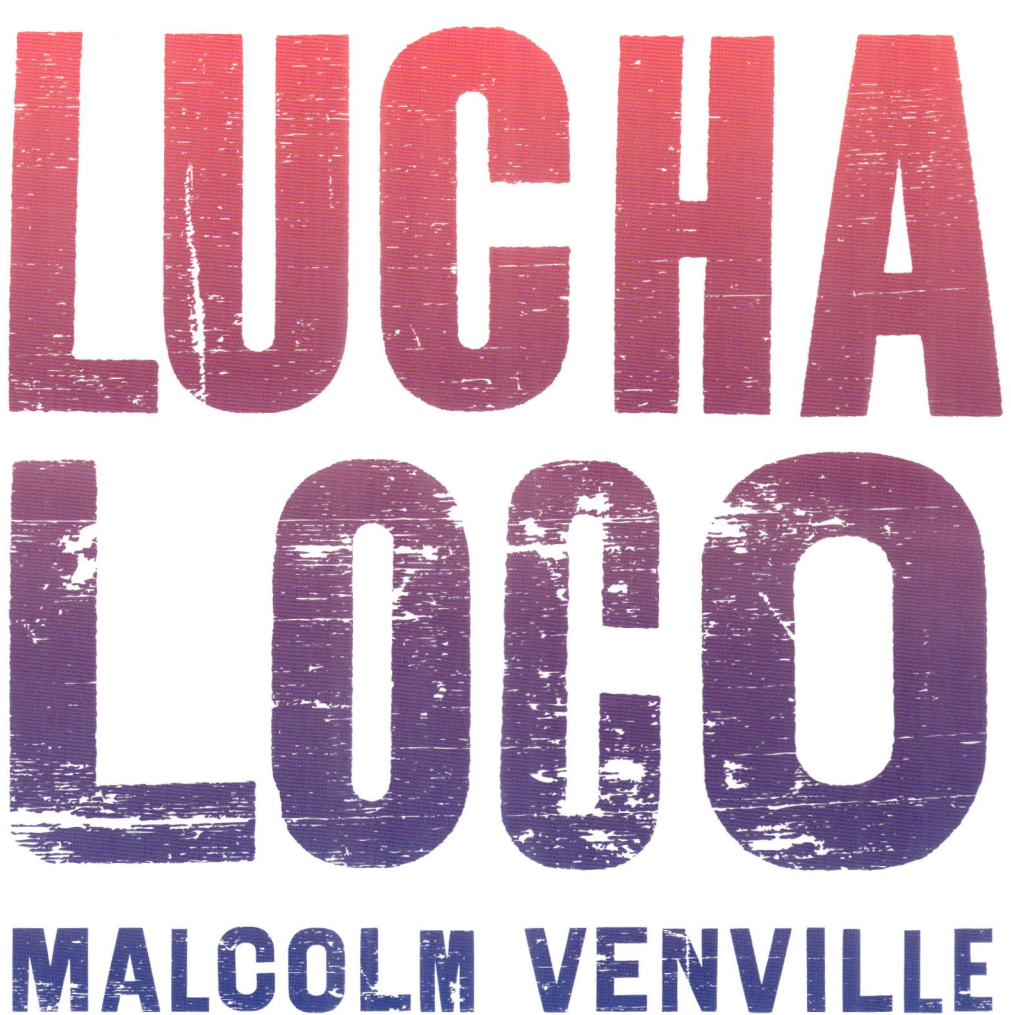

LUCHA LOCO

MALCOLM VENVILLE

INTRODUCTION

Professional wrestling in Mexico, lucha libre, is more than a sport. It is theater. And the ring (the cuadrilátero in Spanish) is more than a stage. It is certainly center stage. But the action reaches far beyond the ropes; flowing into the crowd, the streets, the homes and psyches of millions of Mexicans who follow the adventures of their home-grown heroes both in the ring and in B movies. Popular throughout the 50's and 60's, these films can still be seen on television today. Many present-day fans follow the careers of the children of these legendary fighters and film stars, like El Santo and Blue Demon.

These luchadores, professional athletes, are aware of the roles they play. Unlike football players, boxers, or Olympic gymnasts, Mexican wrestlers climb into the ring not only to defeat an opponent. Just as important as the competition is the spectacle, the show. Each wrestler carefully adopts a persona when beginning his or her career, few compete with their given names. Some adopt cartoon personae, others reach back into history. The allegorical aspects of these characters cannot be lost on even the casual observer when coming out to the fights. Each bout is a reenactment of an eternal conflict between two or more forces represented by the luchadores, and the stakes are high.

The most crucial aspect of a wrestler's costume is his mask, not only because it reveals how the fighter sees himself and wants to be seen by the crowd, but also because it conceals his true identity. And then again, a mask can reveal even more than it conceals. Super Muñeco ('Super Doll'), strangely enough, comes right out and says it directly: "When I put on my mask, it feels like my own face."

It is an ignominious experience for a wrestler to have his mask ripped off and, on occasion, his hair shorn. This is tantamount to being exhibited naked, for the taunting of strangers. When a mask is ripped off in humiliating defeat, not only does the fighter lose a bout, but also his identity and the right to continue wearing his mask, his trademark. It could be years before he earns the right to use it again. Above all it is a question of honor, and this is just one of the aspects of Mexican professional wrestling that transcends mere theater, or at the very least it makes for poignant theater - because the possibility of having to forfeit one's mask is real. Losing a match is one thing, but losing one's mask is something else entirely.

Most wrestlers take themselves and their identities seriously, just as stage actors do while preparing for and honing the details of the character they will play. But the persona of a luchador can be on the bill for years, as opposed to those of an actor who rarely plays a certain role for more than a season. The wrestler's character is one of his most essential assets, like his strength, his physique and his health. He cannot afford to have it taken away.

Many luchadores see their life in the ring as an extension or enhancement of their real life. This is evident in Malcolm Venville's photographs. One of the most moving is Octagon's. Dressed in a business suit, only his mask reveals his identity as a wrestler. Seeing him thus, portrays him as being torn between two worlds. Revealingly, he seems more at ease in the wrestler's persona. The elegance with which he comports himself is due to the mask, which smoothes things over. The man in the suit isn't really there.

Many of these men moonlight as wrestlers while making a living as accountants, dentists, salesmen, bus drivers, supermarket attendants, graphic designers, television repairmen... They contend with the same problems as most of us, but then they step into the cuadrilátero...

On the whole wrestling audiences, and wrestlers themselves, belong to the lower classes. What they see and feel in their seats, never very far from the ring, is something they do not get with entertainment such as Hollywood movies, theater, or even television. They see a wrestler as one of their own. They share his world and his dreams. When the action overflows into the stands and continues to unfold right before them, they are utterly convinced of its reality, and they willingly participate. Of course this is all part of the spectacle, but this constant blurring of barriers is empowering for the spectators. For a couple of hours they live their fantasies first hand, and they know they can always come back for more, because the matches are open-ended sagas to be continued...

In these wrestling allegories we have Good versus Evil, Modesty versus Arrogance, Foreigners or Extraterrestrial Beings versus the Local. Even those wrestlers that adopt evil semblances are conscious of their necessity: without evil, there can be no good. El Solar, strangely, found it necessary to confess that he once wanted to be a lawyer, and in Mexico that still means fighting for the little guy. Perhaps his persona as a fiery sun-god figure offers a cleansing force through flame. Real life didn't allow him to be an avenger for the downtrodden, but wrestling did.

For those accustomed to Olympic wrestling, or professional theater for that matter, lucha libre is a joke, a circus for the poor. And although there is some truth in the circus aspect of professional wrestling in Mexico, its power goes much deeper than the immediate and vicarious venting of aggression through controlled (or semi-controlled) violence. There is another reenactment going on, one which escapes the sights of most observers, and this explains at least partially, why Mexican professional wrestling is so different from its counterpart in the United States.

Most people who live north of the border, from the Rio Grande to the provinces of Canada, are hardly aware that Mexico exists. But for almost all Mexicans, the United States is an omnipresent and at times oppressive force. And most people in Mexico see themselves as underdogs in the world arena dominated by their neighbors to the north. Wrestling, although it isn't a simple metaphor through which the fighters can triumph over the foreigner, does afford an escape mechanism for those who can feel overwhelmed and even helpless.

On the other hand, Mexicans respect power

and at times they even allow themselves the luxury of rooting for the bad guy, the one who has the deck stacked in his favor. Yet Mexicans know what it means to be on the butt end of aggression; in the early sixteenth century Mexico was conquered and subjugated by Spain, the most powerful nation on earth at the time. This humiliation is still strongly felt, especially among those who regularly attend lucha libre, because they oftentimes feel left out of the global banquet.

So, in a way (in a very clear theatrical way) with every match the wrestlers are fighting for freedom and dignity, but they know that ultimately they are doing it for the audience's freedom and dignity. The luchadores owe themselves to their audience. They win when they win over the spectators, even if they lose on the canvas.

By looking at Malcolm Venville's photographs, one gets the idea that these men stand apart, or need to stand apart. This can be seen by the manner in which they display their weight, hold their arms ever so slightly distant from their torsos, spread their legs, plant themselves as if they were conquering not only space but time and thought. What's more: all thought is suspended while they stare into the camera. Only they exist, and on their own plane. The negative space used consistently in the background creates a sensation of vulnerability that at the same time underlines the theatrical heroism of each persona.

Some have been photographed many times; others, hardly at all. Each one, however, seems to relish the opportunity to be in the public eye once more, even motionless, muscles forever flexed, poised to strike at a moment's notice. One can almost hear the last click of the camera and almost see how the masked men relax, engage in a brief exchange of pleasantries almost unthinkable in these gladiators who in the ring are the incarnation of violence and aggression. And then comes a respectful good-bye, silence, and the strange sensation that reality has returned once more.

Sandro Cohen

INTRODUCCIÓN

La lucha libre profesional en México es más que un deporte. Es un espectáculo y el cuadrilátero es más que un simple escenario. Se trata, desde luego, del *centro* del escenario, puesto que en realidad la acción trasciende las cuerdas del ring. Fluye hacia el público, las calles, los hogares y las mentes de millones de mexicanos siempre pendientes de las aventuras de sus héroes locales, tanto del cuadrilátero como de las películas serie B. Dichas películas fueron sumamente populares durante los años 50 y 60, y aún hoy pueden verse en televisión. Muchos admiradores actuales están pendientes de la carrera de los hijos de luchadores y actores de cine legendarios, tales como El Santo y Blue Demon.

Los luchadores son atletas profesionales, conscientes de su papel. A diferencia de los jugadores de fútbol, boxeadores o gimnastas olímpicos, los luchadores mexicanos suben al cuadrilátero no solamente con el propósito de derrotar a su contrincante, pues tan importante como la competencia es el espectáculo. Al empezar su carrera cada luchador escoge cuidadosamente el personaje que va a representar; muy pocos luchan utilizando su verdadero nombre. Algunos adoptan el personaje de alguna historieta, otros miran hacia atrás y encuentran un personaje histórico. El aspecto alegórico de cada personaje es tan obvio que para nadie puede pasar inadvertido, ni siquiera para el observador ocasional. Cada lucha constituye una representación del conflicto eterno que existe entre dos o más fuerzas representadas por los luchadores, y es mucho lo que está en juego.

El elemento principal del traje de un luchador es su máscara, no sólo porque revela cómo el luchador se ve a sí mismo y cómo desea ser visto, sino porque también encubre su verdadera identidad. Por otra parte, una máscara también puede revelar más de lo que esconde. Super Muñeco, curiosamente, lo dice sin rodeos: "Cuando me pongo la máscara, siento como si me pusiera mi propia cara".

Para un luchador, es vergonzoso ser desenmascarado o rapado. Es como si lo exhibieran desnudo, vulnerable y sujeto a burla. Perder la máscara tras la humillación de la derrota no sólo representa haber perdido una lucha. Se pierde al mismo tiempo la identidad y el derecho de continuar usando esa máscara, la cual había sido su tarjeta de presentación. Pueden pasar años antes que recupere el derecho de utilizarla de nuevo. Estas derrotas son una cuestión de honor, y es sólo uno de los aspectos de la lucha libre profesional que trasciende la teatralidad, o cuando menos le da un giro conmovedor, ya que existe la verdadera posibilidad de que un luchador sea desenmascarado. Perder una lucha es triste, pero ser desenmascarado es algo mucho más grave.

La mayoría de los luchadores toman su identidad muy en serio, tanto como los actores que afinan los detalles del personaje que representarán. Sin embargo, el personaje del luchador puede durar años, a diferencia del de un actor que casi siempre lo desempeña durante una temporada. El personaje del luchador es uno de sus rasgos esenciales, así como su fuerza, su físico y su salud. No puede darse el lujo de que se lo quiten.

Muchos luchadores ven su vida en el cuadrilátero como una extensión de su vida real. Esto resulta evidente en las fotografías de Malcolm Venville. Una de las más conmovedoras es de Octagón. Vestido de traje, sólo su máscara revela que se trata de un luchador. Su retrato lo muestra como dividido entre dos mundos. Se ve que se siente más a gusto con su personaje de luchador. Su porte elegante se debe a la máscara que lima cualquier aspereza. El hombre de traje realmente no está ahí. Muchos de estos personajes luchan de noche, mientras que de día son contadores, dentistas, vendedores, choferes, ayudantes de supermercado, diseñadores gráficos, técnicos en electrónica... Tienen que lidiar con los mismos problemas que todos nosotros, pero después entran en el cuadrilátero...

Por lo general, el público –y los luchadores mismos– pertenece a los estratos sociales más bajos. Lo que ven y sienten al estar cerca del ring, es algo que no reciben de las películas de Hollywood, el teatro o aun de la televisión. Ven al luchador como uno de ellos. Comparten su mundo y sus sueños. Cuando la acción desborda hacia la tribuna y continúa desenvolviéndose frente a ellos, están completamente convencidos de su realidad y participan de buena gana. Todo forma parte del espectáculo, por supuesto. Pero confundir realidad y ficción permite que los espectadores participen. Durante un par de horas hacen realidad sus fantasías en directo, y saben que siempre pueden volver por más, puesto que las luchas son sagas que no terminan...

En estas alegorías se enfrentan el Bien y el Mal, Modestia y Arrogancia, Extranjeros o Extraterrestres y Autóctonos. Incluso los luchadores que adoptan apariencias rudas son conscientes de su necesidad: sin el Mal, no puede haber Bien. El Solar, curiosamente, reveló que alguna vez deseó ser abogado, lo cual en México aún significa luchar por *los de abajo*. Quizás su personaje de ardiente dios solar purifica mediante llamas... La vida real no le permitió proteger a los desfavorecidos pero la lucha libre, sí.

Los espectadores acostumbrados a la lucha grecorromana o al teatro culto suelen pensar que la lucha libre es un chiste, un *circo para pobres*. Y aunque hay algo de verdad en eso, el poder de las luchas va más allá de atenuar la agresividad por medio de la violencia controlada, o semicontrolada. Aquí hay otro escenario que pasa inadvertido para muchos, y explica por qué la lucha libre mexicana difiere tanto de la norteamericana.

La mayoría de quienes viven en Estados Unidos apenas saben que México existe. Pero para casi todos los mexicanos, Estados Unidos es una fuerza omnipresente y en ocasiones opresiva. Se sienten menospreciados por sus vecinos del norte. La lucha libre, aunque no sólo es una metáfora a través de la cual los luchadores logran triunfar sobre el extranjero, sí puede ser una válvula de escape para quienes puedan sentirse abrumados e incluso desamparados.

Por otra parte, los mexicanos respetan a los poderosos, y en algunas ocasiones incluso se permiten apostar por el *rudo*, el tiene la suerte a su favor. A pesar de esto, todo mexicano sabe lo que significa ser agredido. A principios del siglo XVI México fue conquistado y subyugado por España, la nación más poderosa del mundo en aquel entonces. Aún se resiente esta humillación, especialmente entre quienes van regularmente a las luchas, ya que a menudo se sienten excluidos del "banquete mundial". Así, de alguna manera –altamente teatral–, en cada encuentro los luchadores pelean por la libertad y la dignidad, y saben –además– que luchan por la libertad y la dignidad de su público. Los luchadores se deben totalmente a él. Ganan cuando se han ganado la simpatía del público, aun si pierden en la lona.

Al mirar las fotografías de Malcolm Venville, surge la idea de que estos hombres son diferentes, o de que necesitan ser diferentes. Esto puede verse en su manera de plantarse, en la posición de sus brazos –ligeramente separados del torso–, en cómo separan las piernas, como si conquistaran no solamente el espacio que los rodea sino también el tiempo y el pensamiento. Es más: dejan todo pensamiento en suspenso mientras miran fijamente el lente de la cámara. Sólo ellos existen. El espacio negativo de fondo crea una sensación de vulnerabilidad que resalta el heroísmo teatral de cada personaje.

Algunos de ellos han sido fotografiados muchas veces; otros, casi nunca. Cada uno de ellos, sin embargo, parece disfrutar la oportunidad de estar frente al público una vez más, aunque estén inmóviles, con los músculos flexionados para la eternidad, listos para atacar. Casi podemos oír el *clic* de la cámara y ver cómo los hombres enmascarados se relajan, inter-cambian algunos comentarios amables, algo casi impensable en estos gladiadores que son la encarnación de la violencia y de la agresividad dentro del cuadrilátero. Se despiden res-petuosamente, se retiran y nos dejan el silencio junto con la sensación extraña de que hemos vuelto a la realidad.

Sandro Cohen

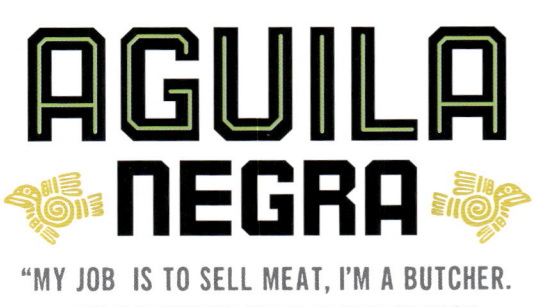

AGUILA NEGRA

"MY JOB IS TO SELL MEAT, I'M A BUTCHER.
MY FAVOURITE HOLD IS THE CROSS"

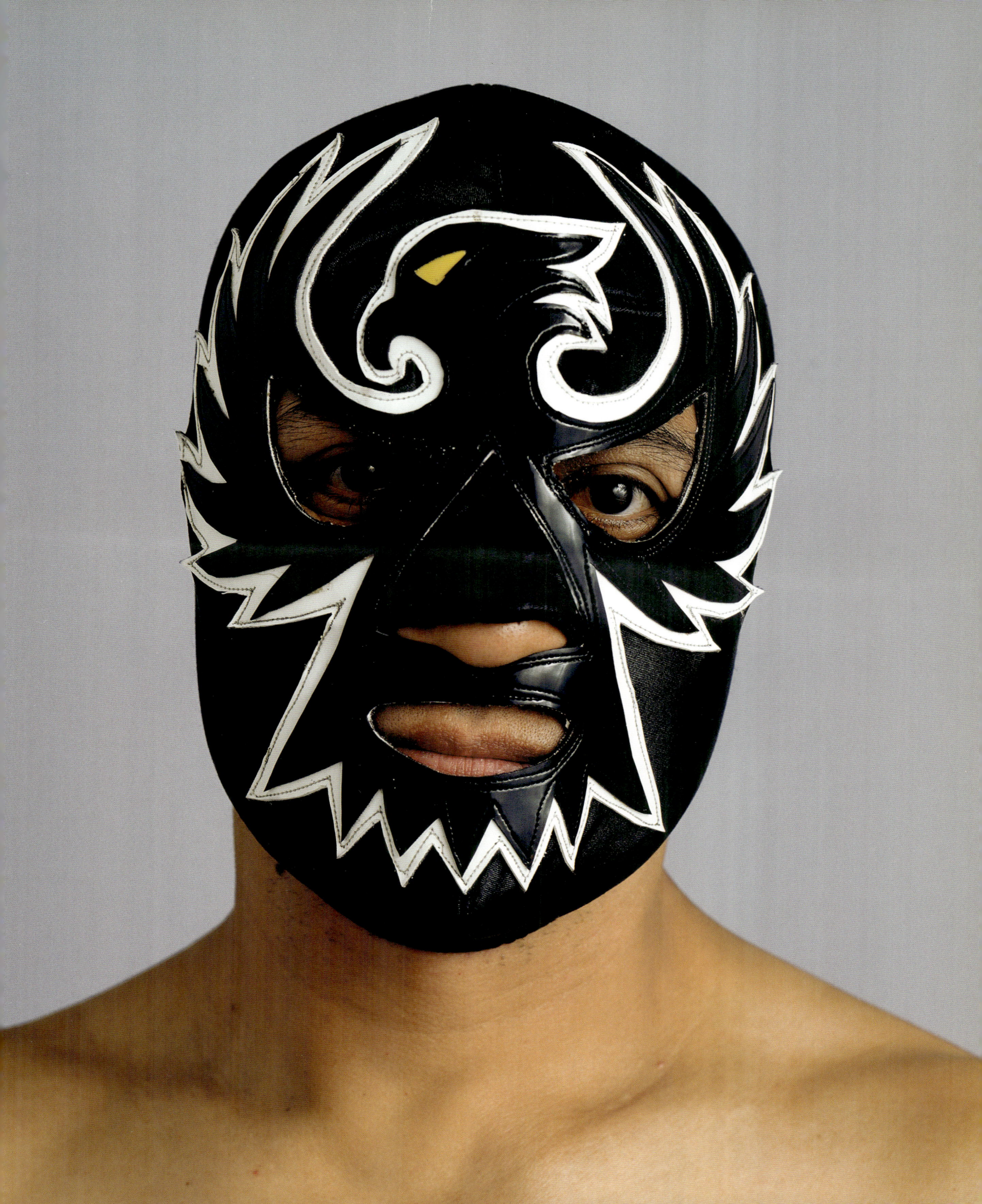

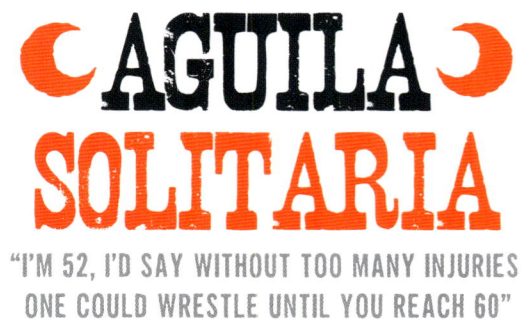

AGUILA SOLITARIA

"I'M 52, I'D SAY WITHOUT TOO MANY INJURIES ONE COULD WRESTLE UNTIL YOU REACH 60"

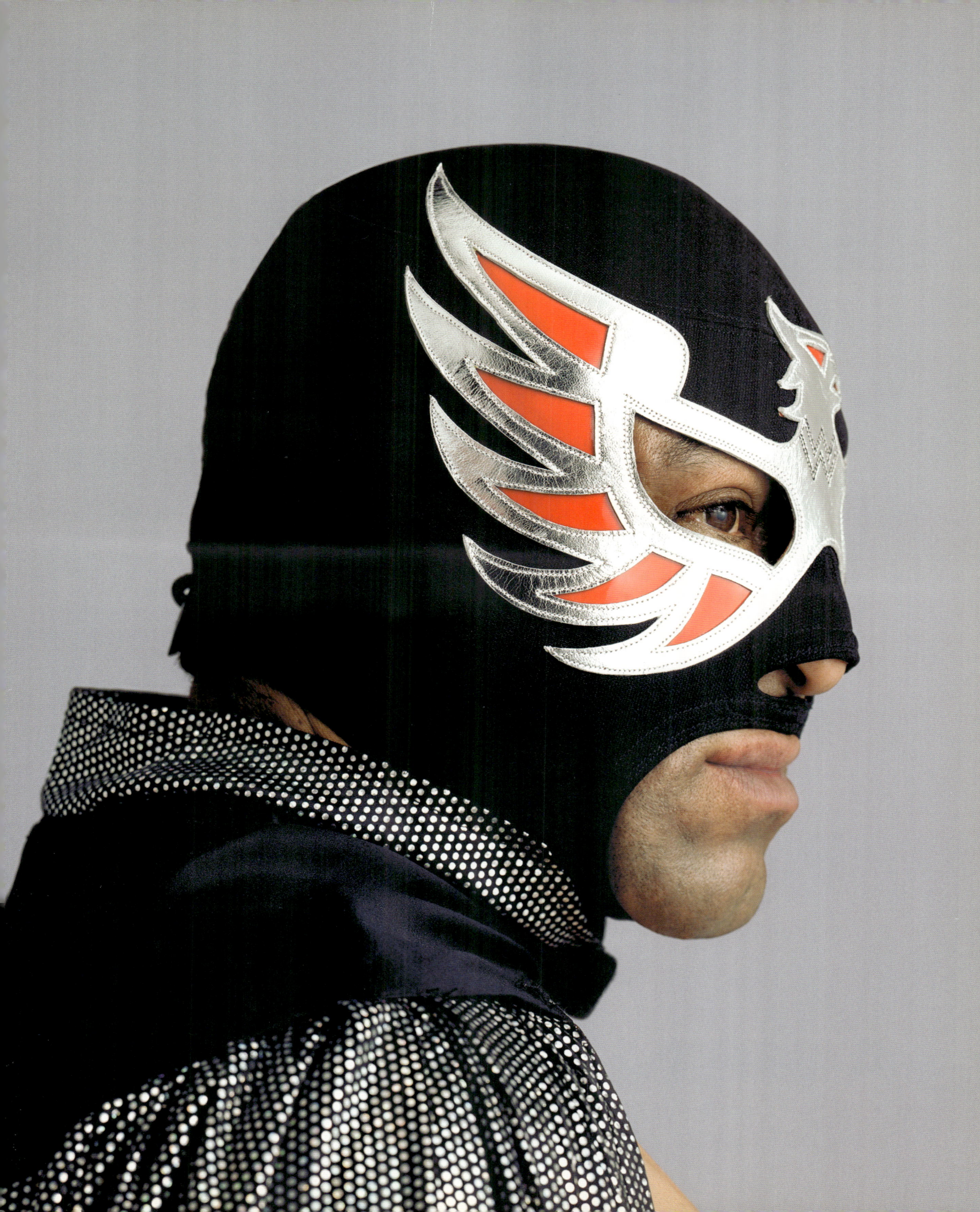

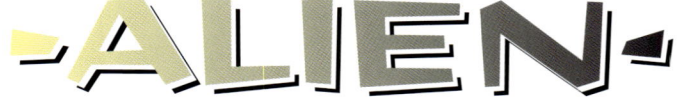

"IN THE RING I THINK OF HOW I'M GOING TO WIN
AND MAKE THE PEOPLE HAPPY"

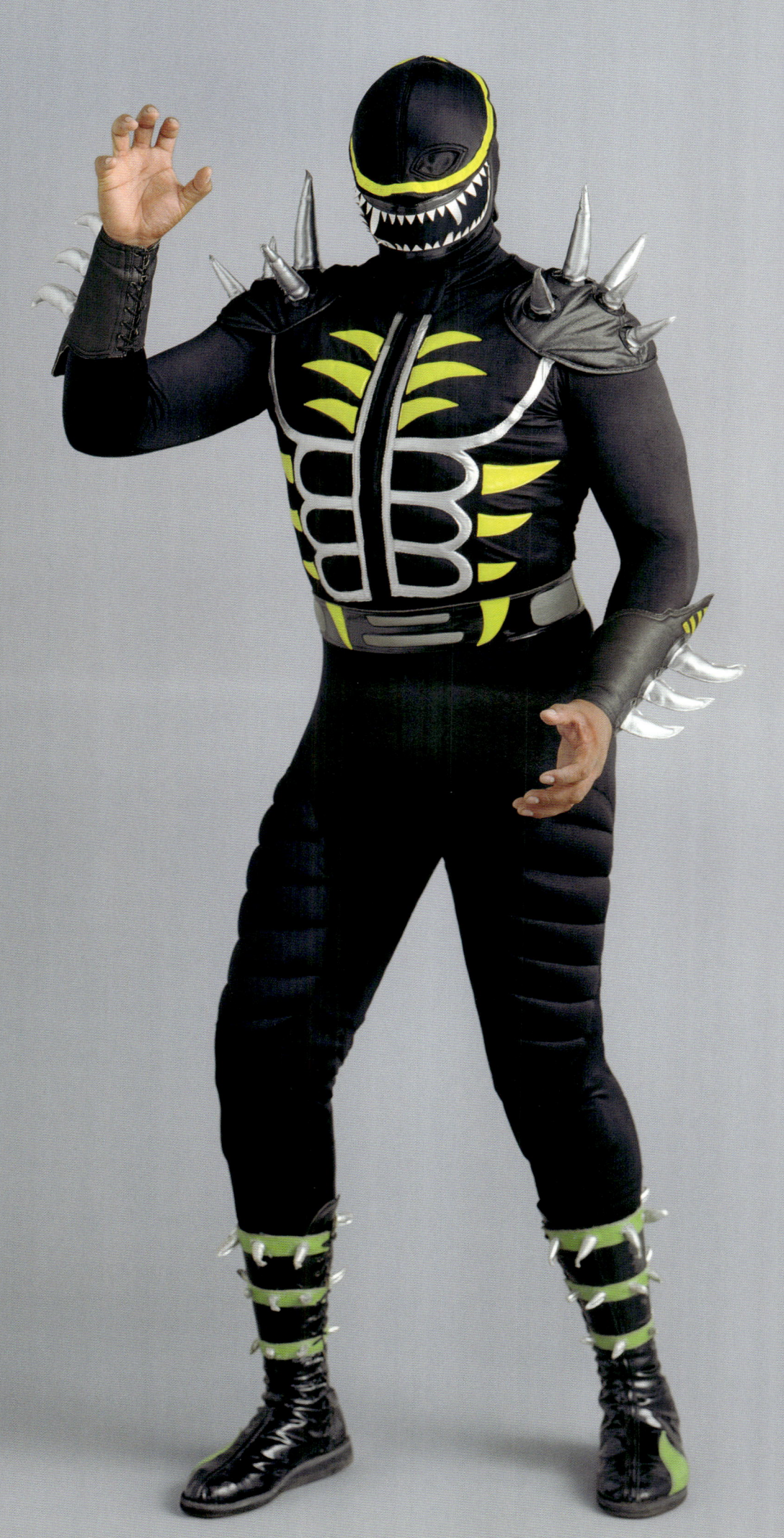

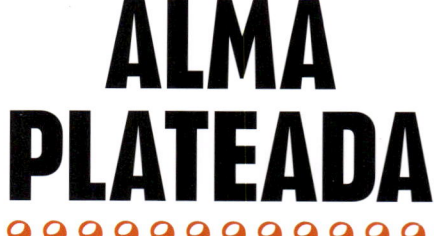

ALMA
PLATEADA

"I WAS ATTRACTED BY THE
THROWS, THE COSTUME AND THE MASKS,
IT'S A WAY OF EXPRESSION"

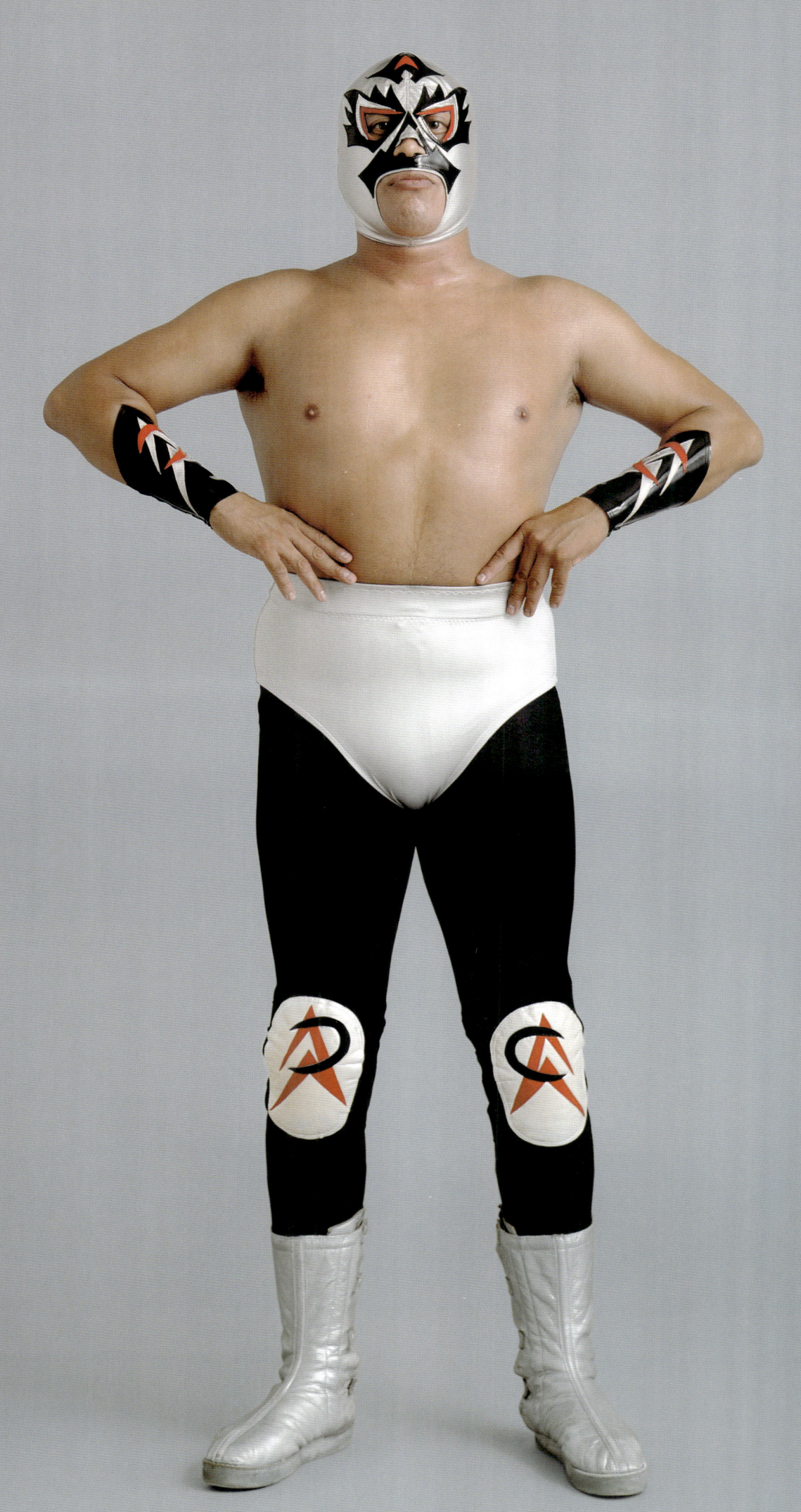

ALUSHE

"I ALWAYS WANTED TO BE A WRESTLER, TO SEE IF THEY HIT REALLY HARD, TO SEE IF THEY HIT FOR REAL"

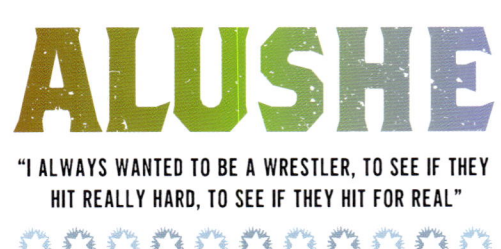

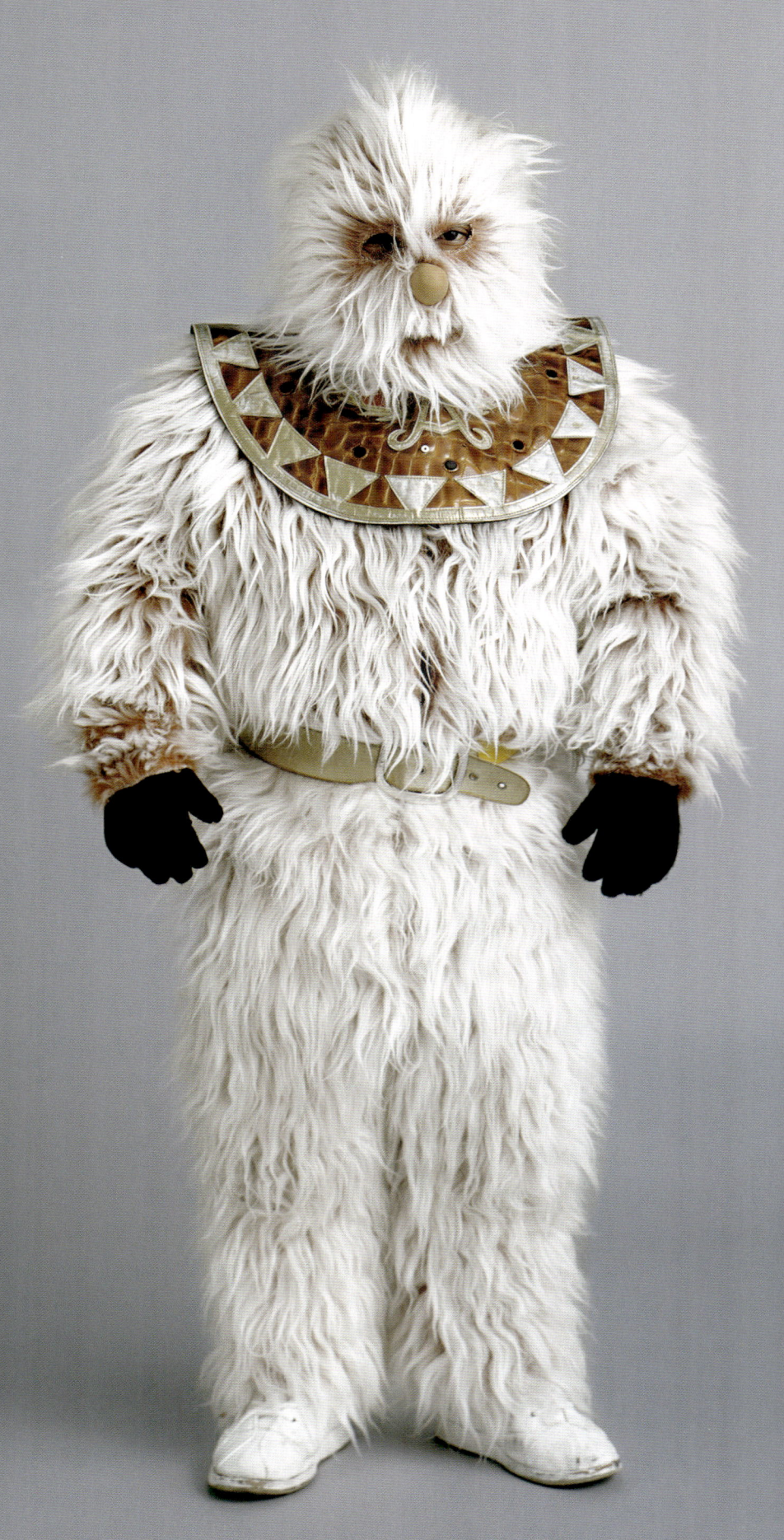

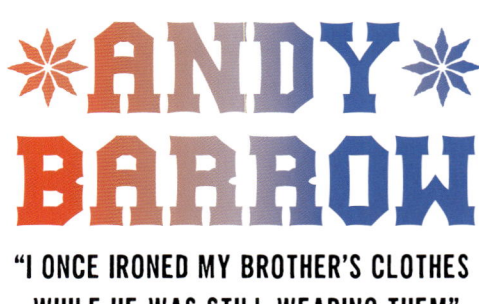

ANDY BARROW

"I ONCE IRONED MY BROTHER'S CLOTHES
WHILE HE WAS STILL WEARING THEM"

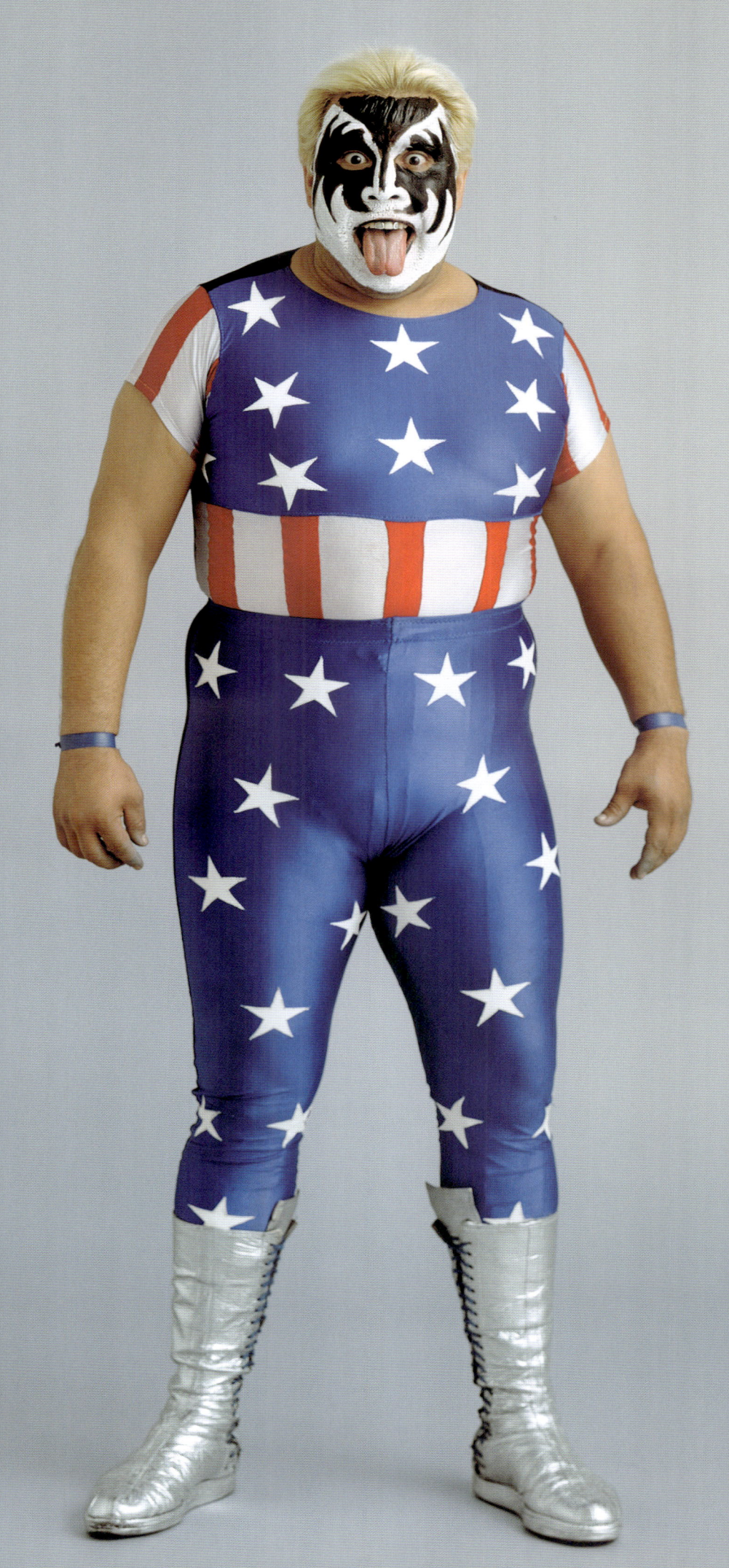

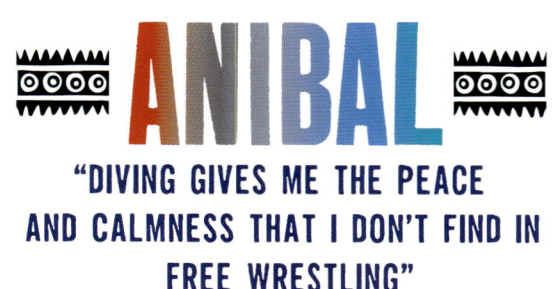

ANIBAL

"DIVING GIVES ME THE PEACE
AND CALMNESS THAT I DON'T FIND IN
FREE WRESTLING"

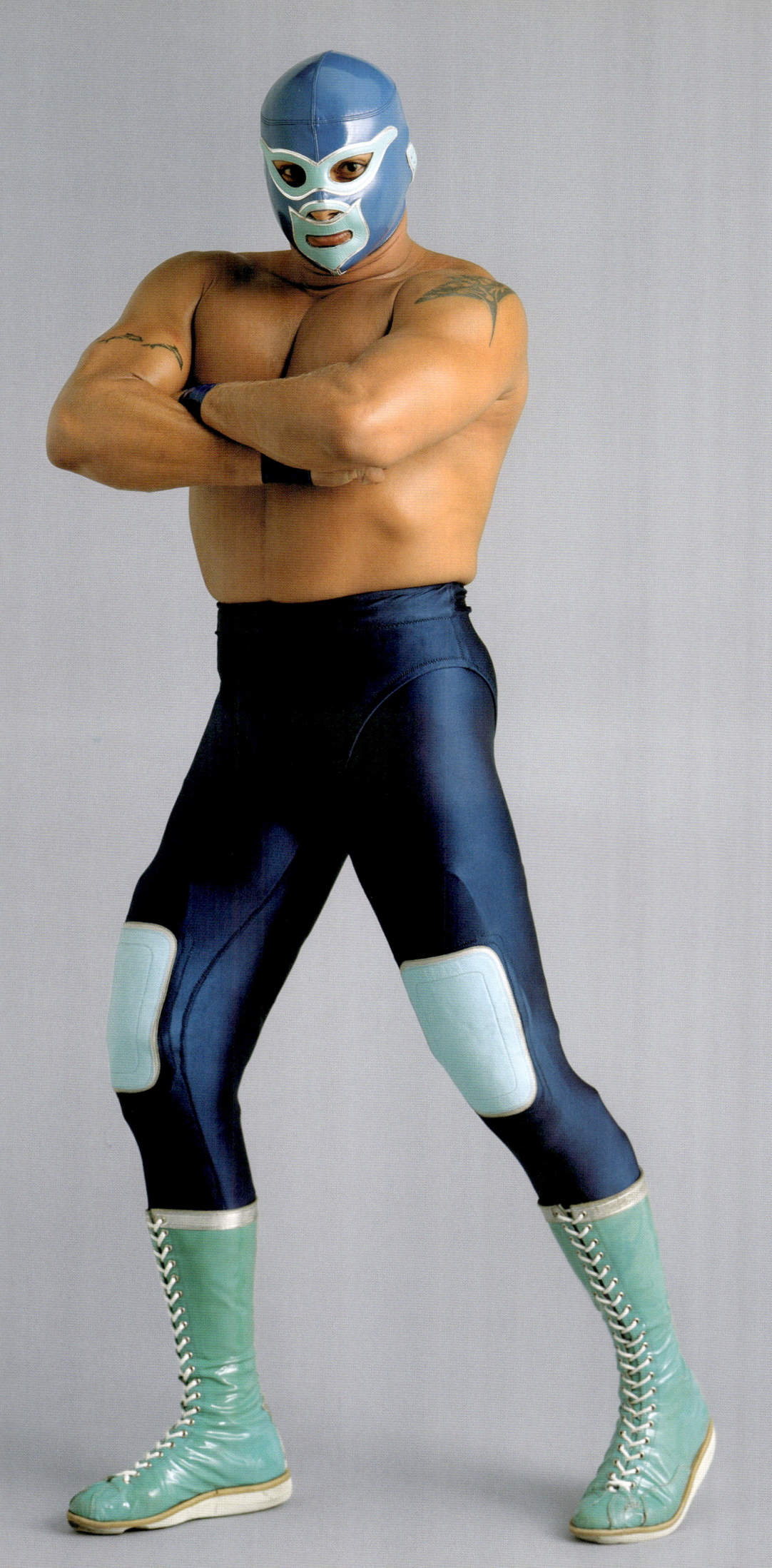

APOCALYPSIS

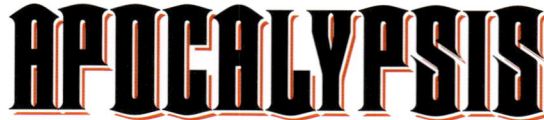 "I FEEL LIKE A HERO
STRONG LIKE AN ANNIHILATOR, REALLY"

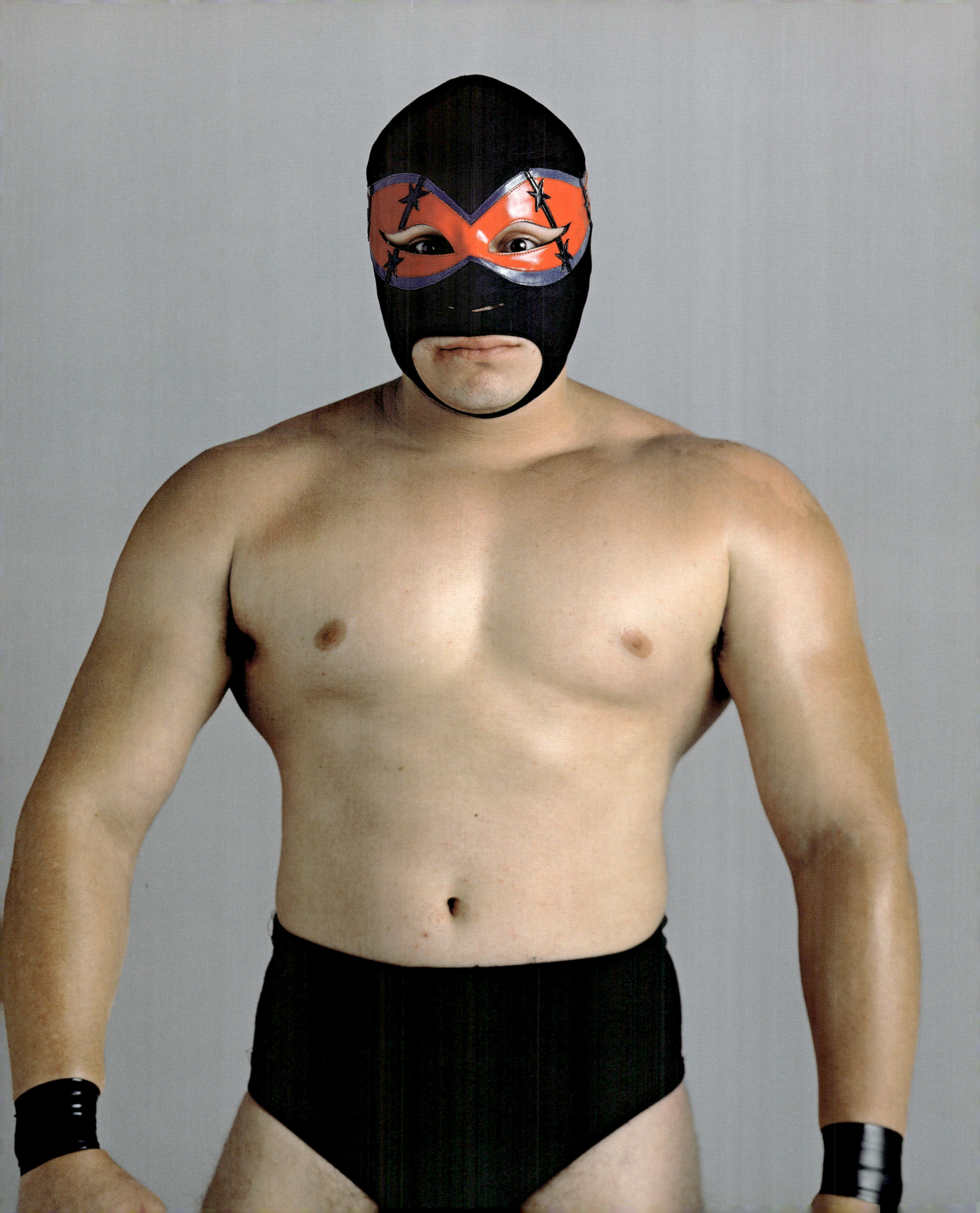

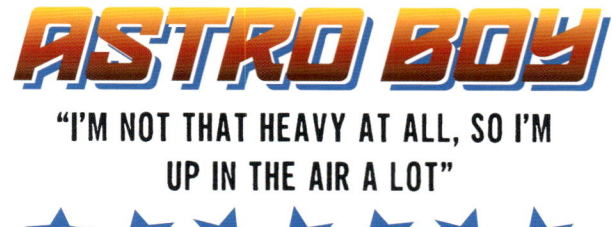

"I'M NOT THAT HEAVY AT ALL, SO I'M
UP IN THE AIR A LOT"

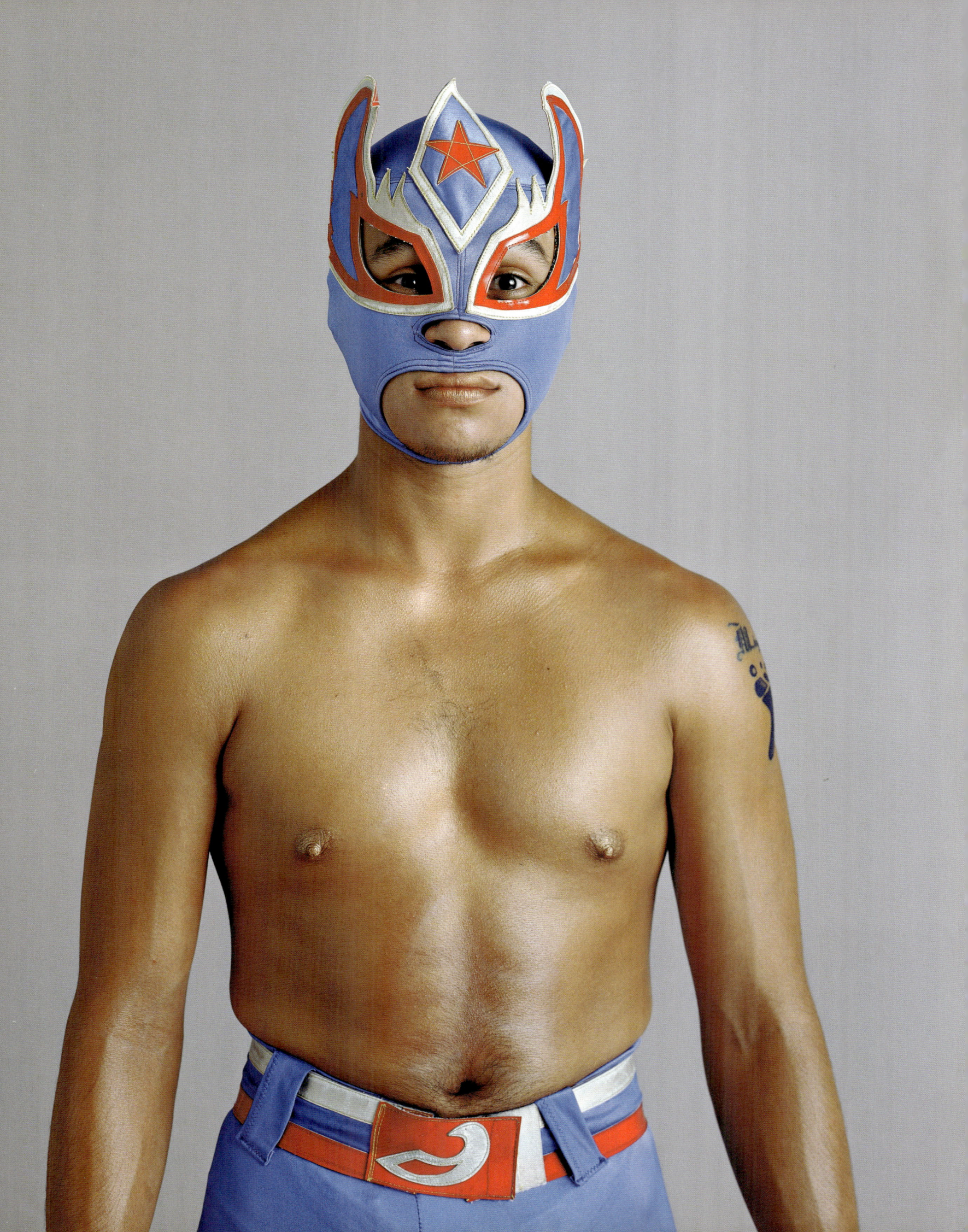

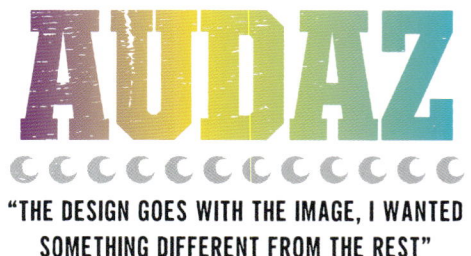

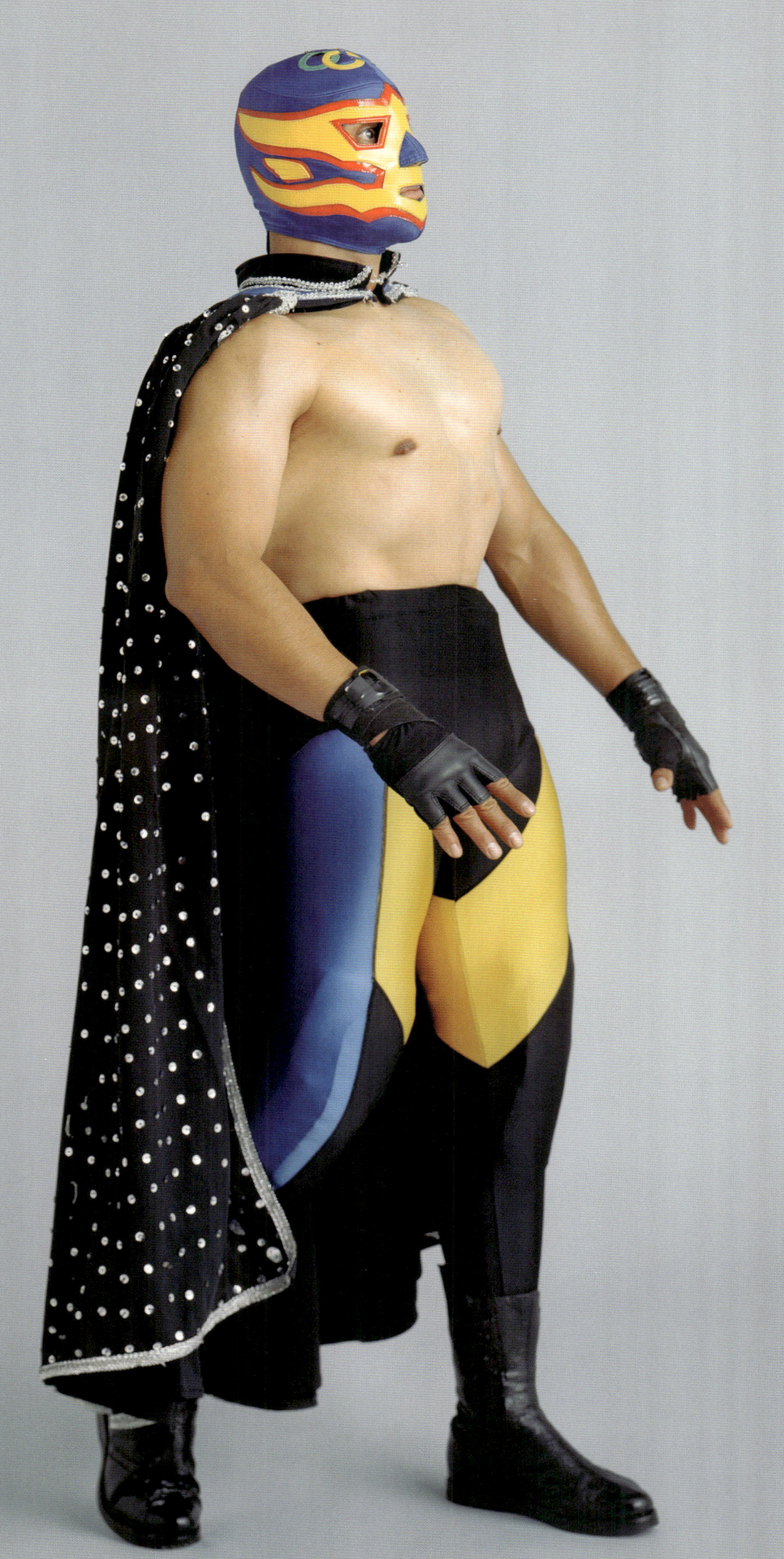

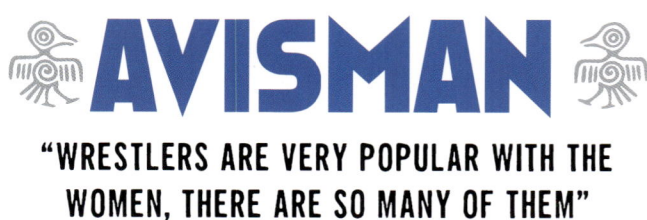

AVISMAN

"WRESTLERS ARE VERY POPULAR WITH THE
WOMEN, THERE ARE SO MANY OF THEM"

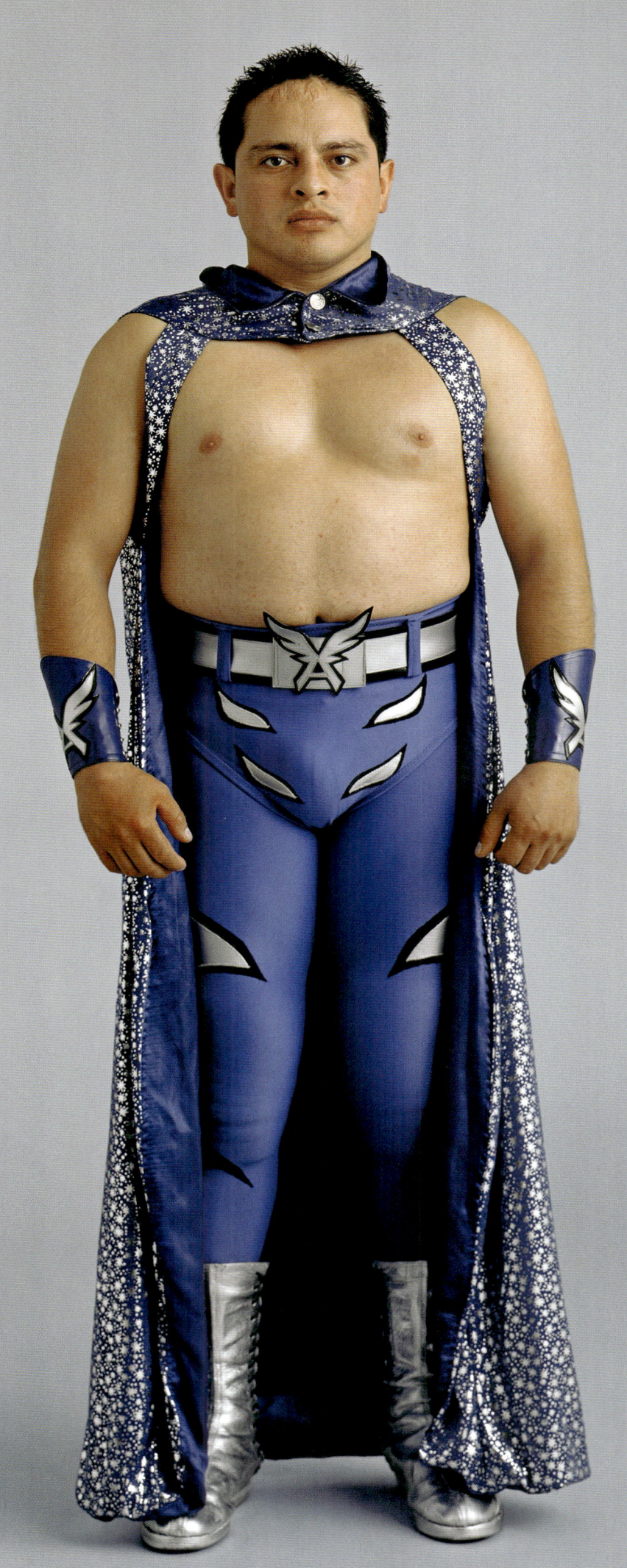

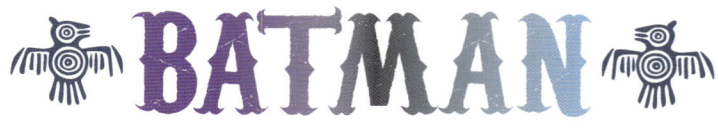

BATMAN

"THERE ARE LOTS OF WRESTLERS WHO ARE BODYGUARDS, BECAUSE OF THE KNOWLEDGE THEY HAVE"

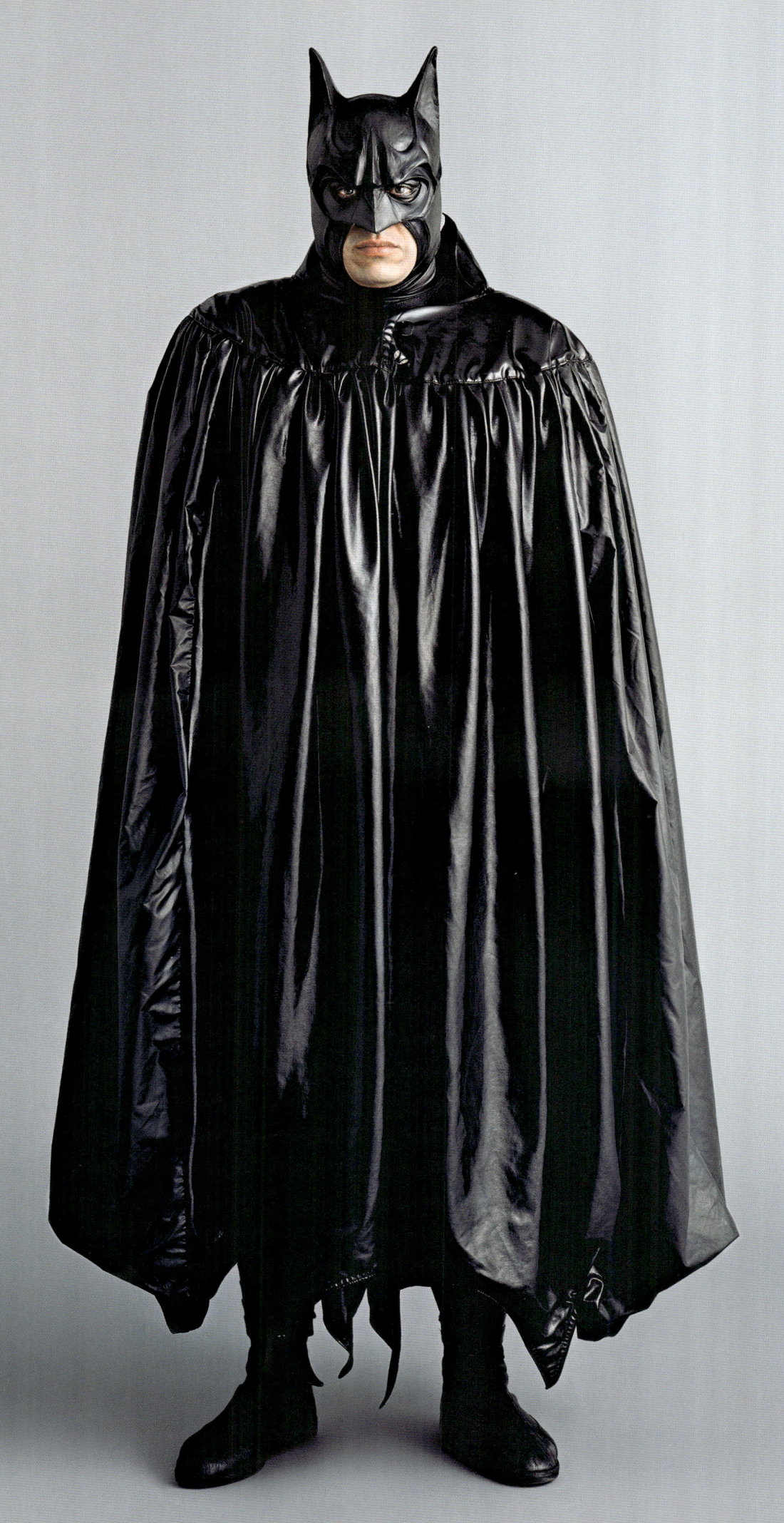

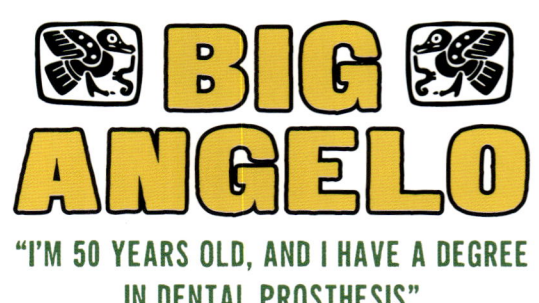

BIG ANGELO

"I'M 50 YEARS OLD, AND I HAVE A DEGREE
IN DENTAL PROSTHESIS"

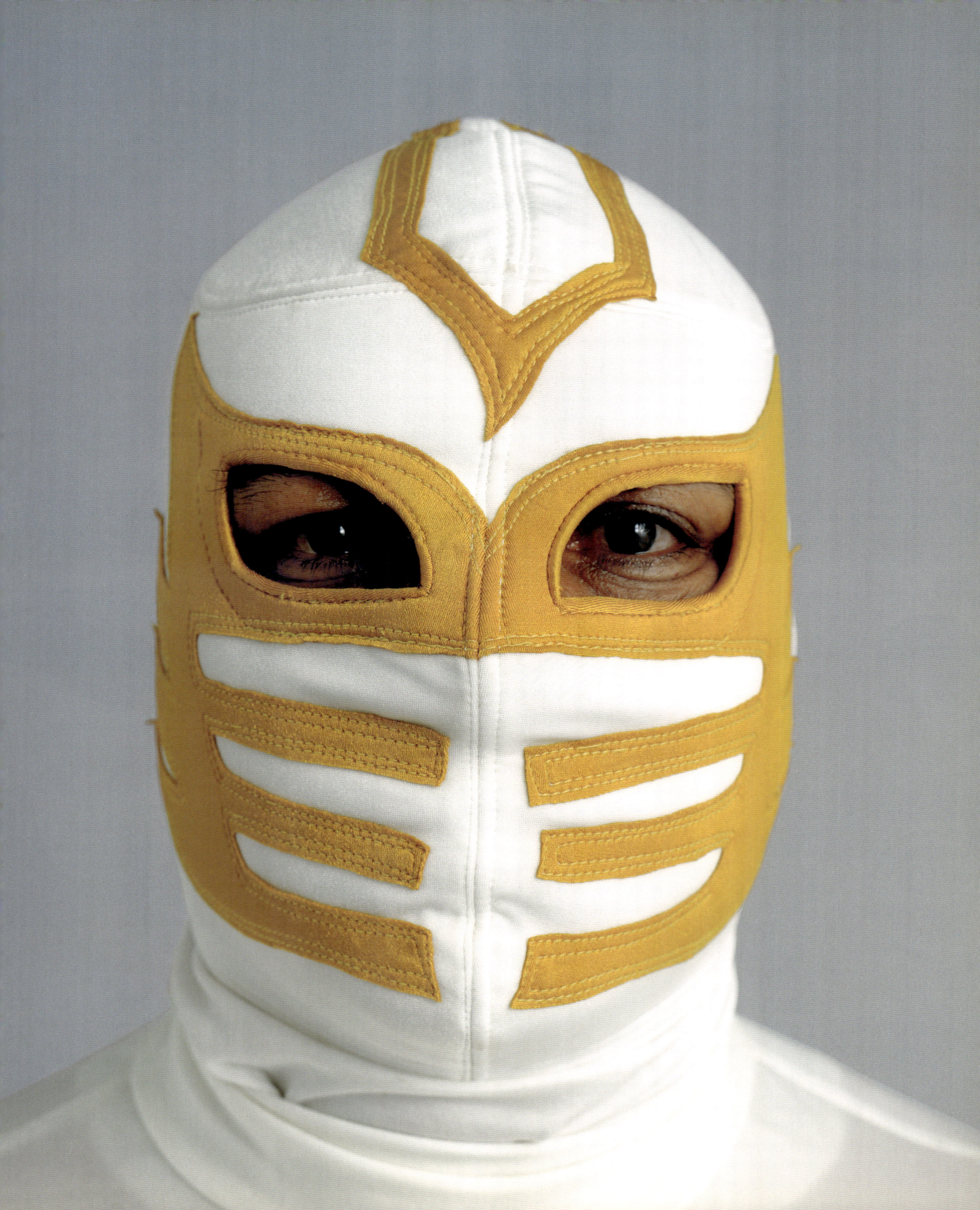

BIG
ANGELO
JUNIOR

"I WAS A CRACK ADDICT, THANKS TO MY PARENTS AND WRESTLING, I'M STILL ALIVE"

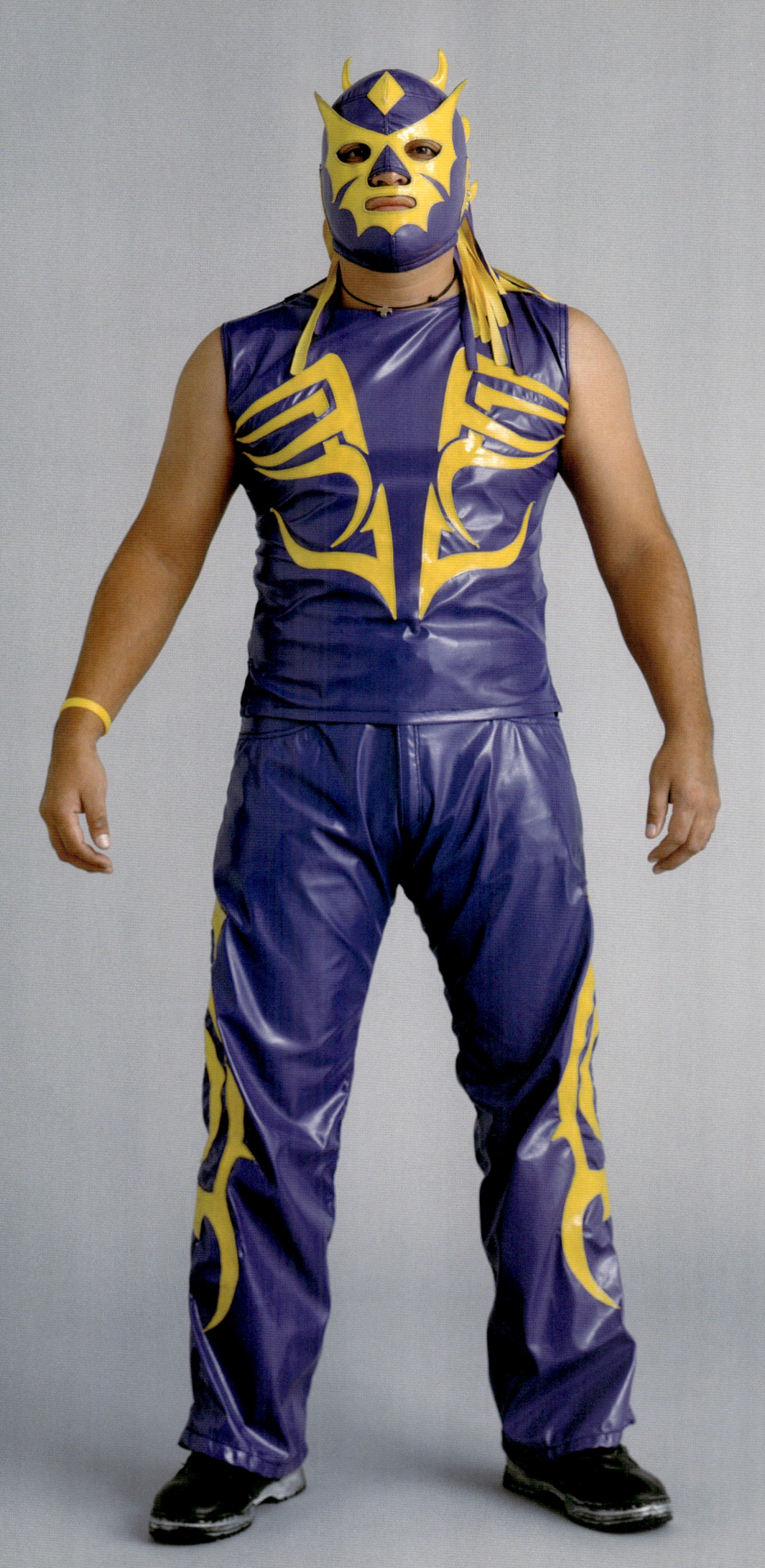

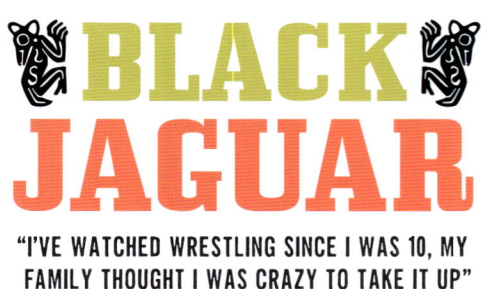

BLACK JAGUAR

"I'VE WATCHED WRESTLING SINCE I WAS 10, MY FAMILY THOUGHT I WAS CRAZY TO TAKE IT UP"

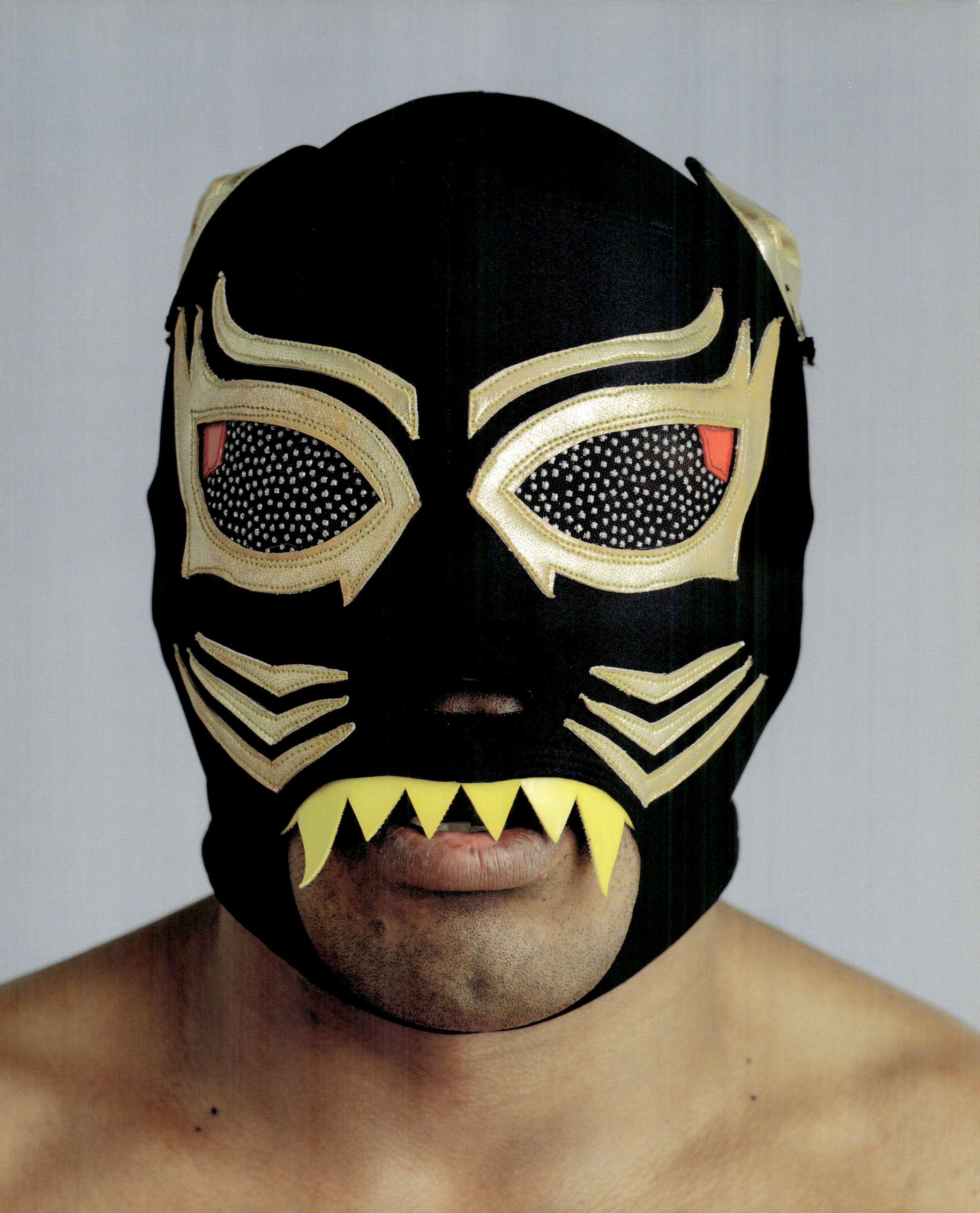

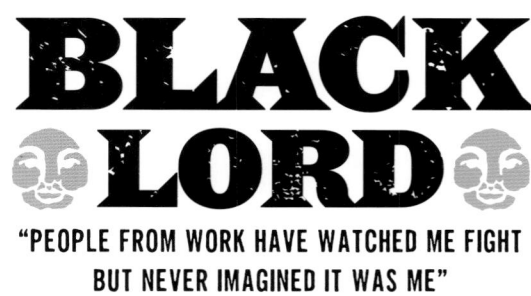

BLACK LORD

"PEOPLE FROM WORK HAVE WATCHED ME FIGHT
BUT NEVER IMAGINED IT WAS ME"

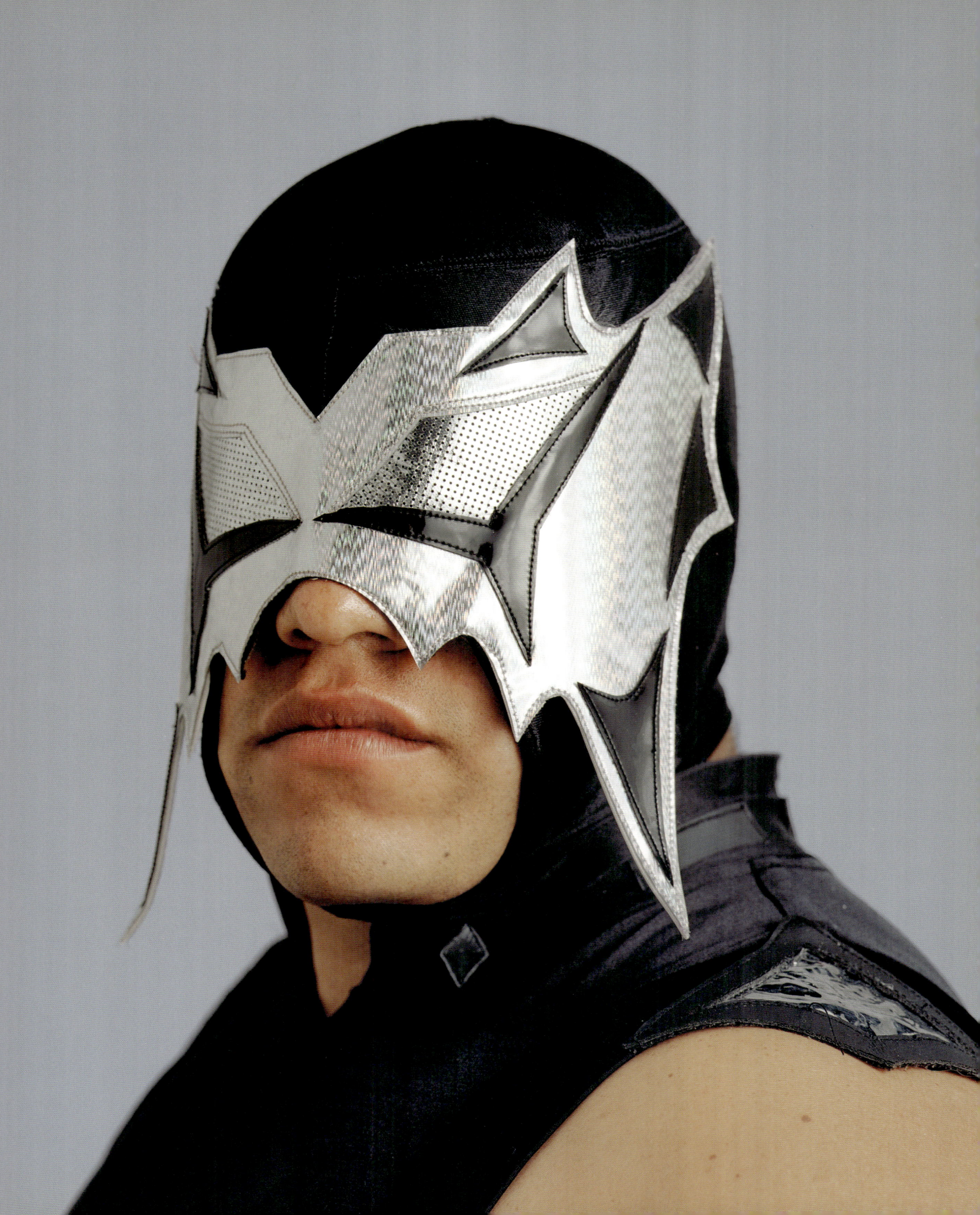

BLACKMAN

"MY OPPONENT WAS BLEEDING WITH A
BROKEN NOSE, WOMEN AND CHILDREN WERE
CRYING, I DIDN'T KNOW HE WAS A PRIEST"

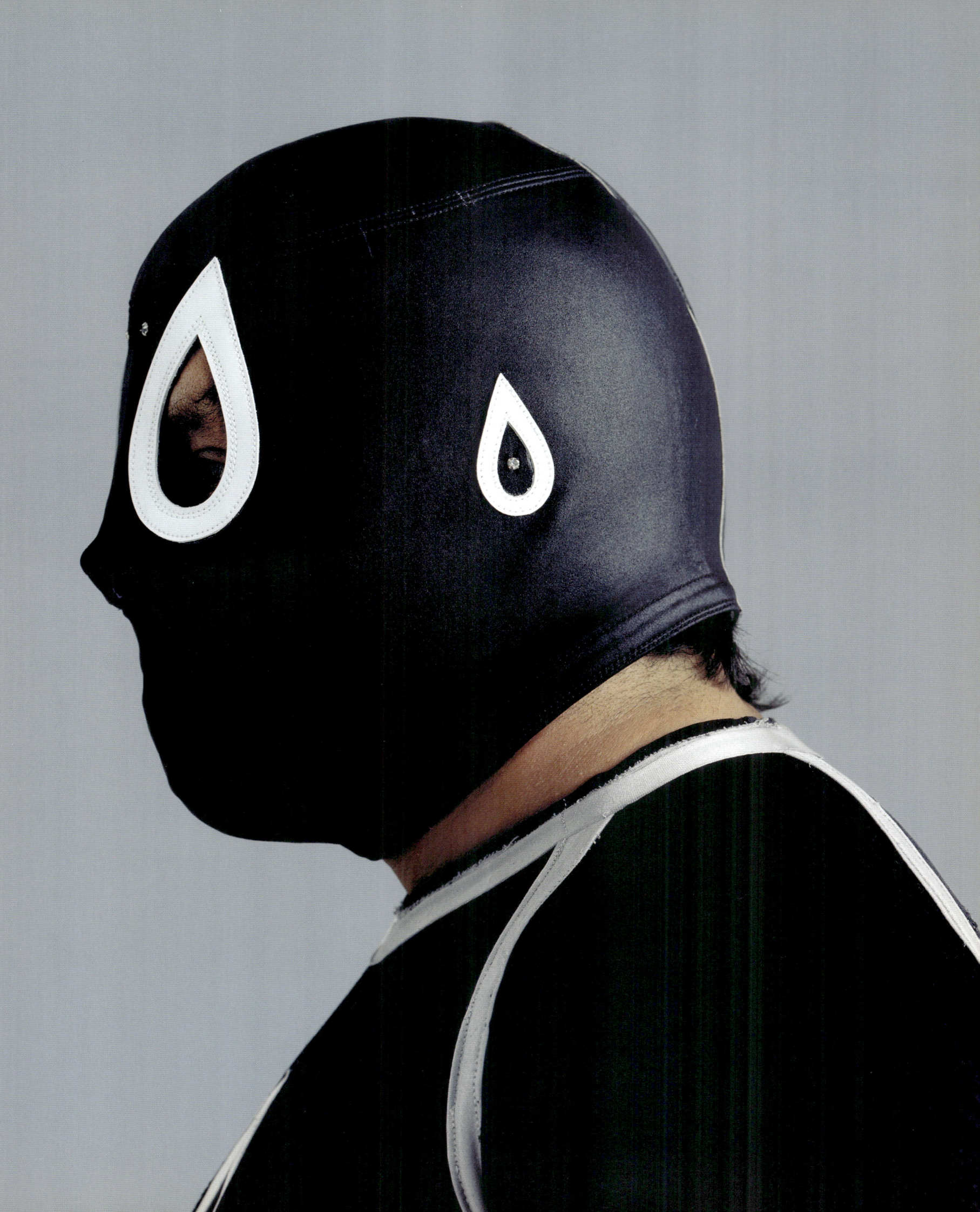

BLACK SHADOW

"KIDS, DON'T PRACTICE WRESTLING IN THE PARK OR AT SCHOOL, IT'S VERY DANGEROUS"

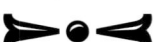

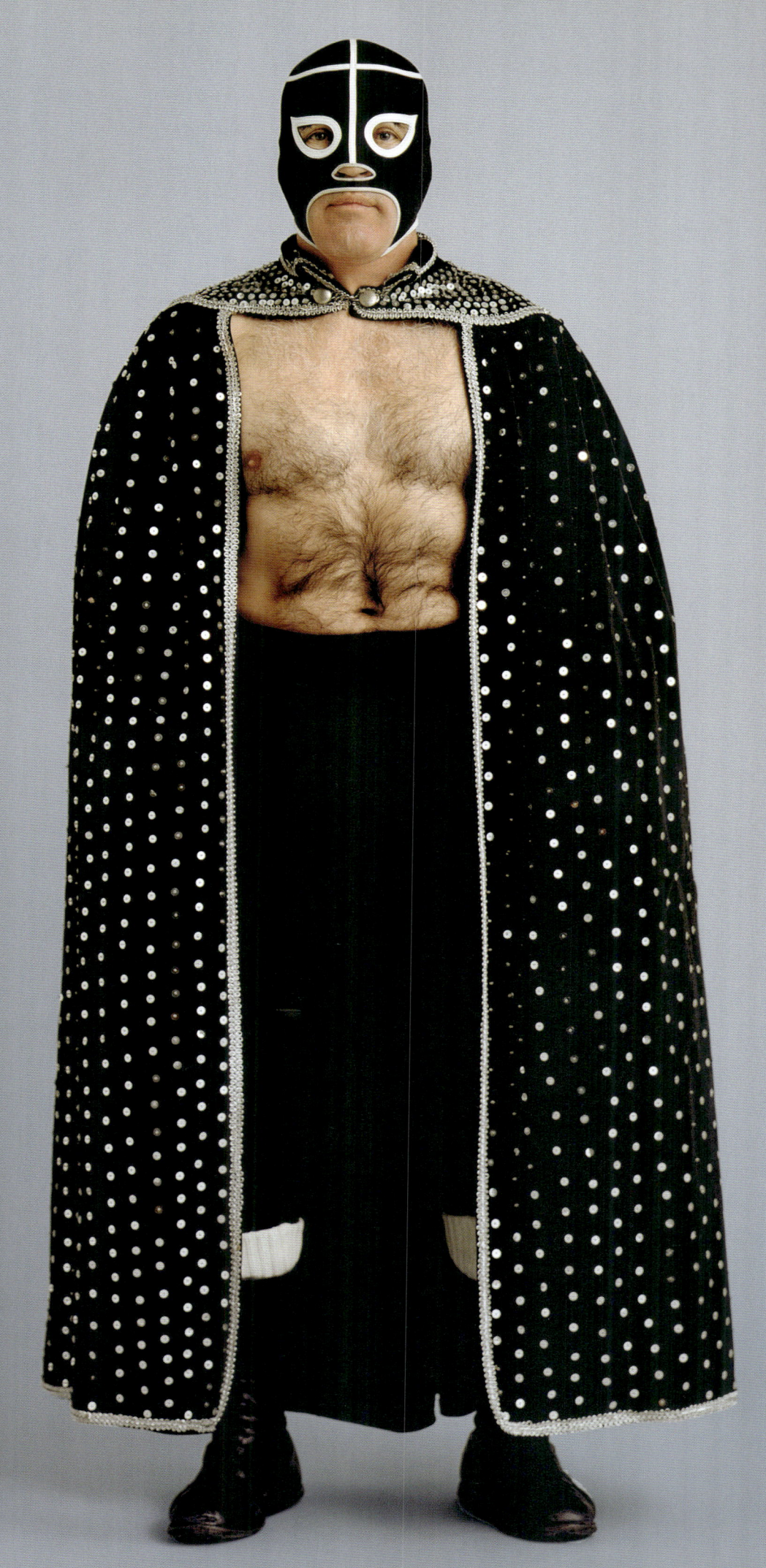

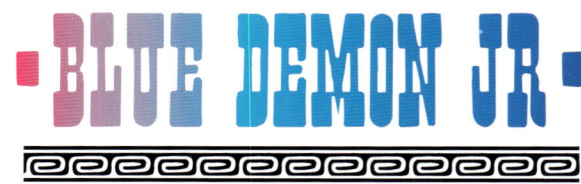

BLUE DEMON JR

"AS A CHILD IT WAS A BURDEN NOT BEING ALLOWED
TO TELL PEOPLE WHO MY FATHER REALLY WAS"

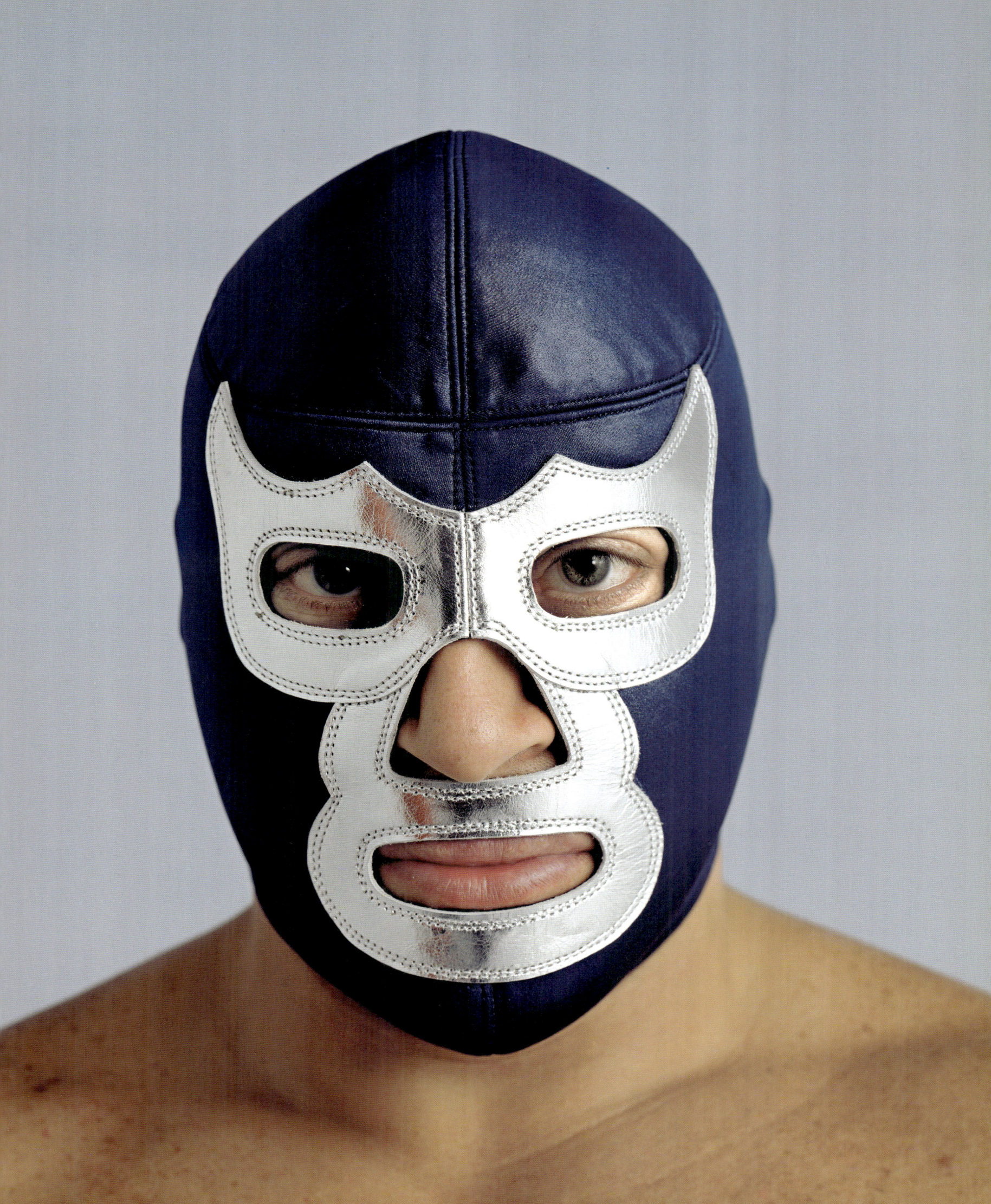

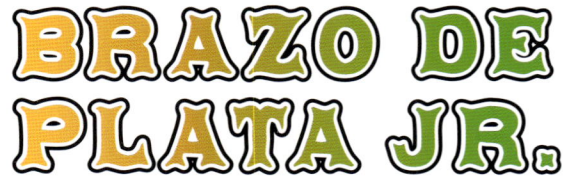

BRAZO DE PLATA JR.

"IF YOU'RE SERIOUS AND QUIET, THEN NOBODY'S GOING TO NOTICE YOU"

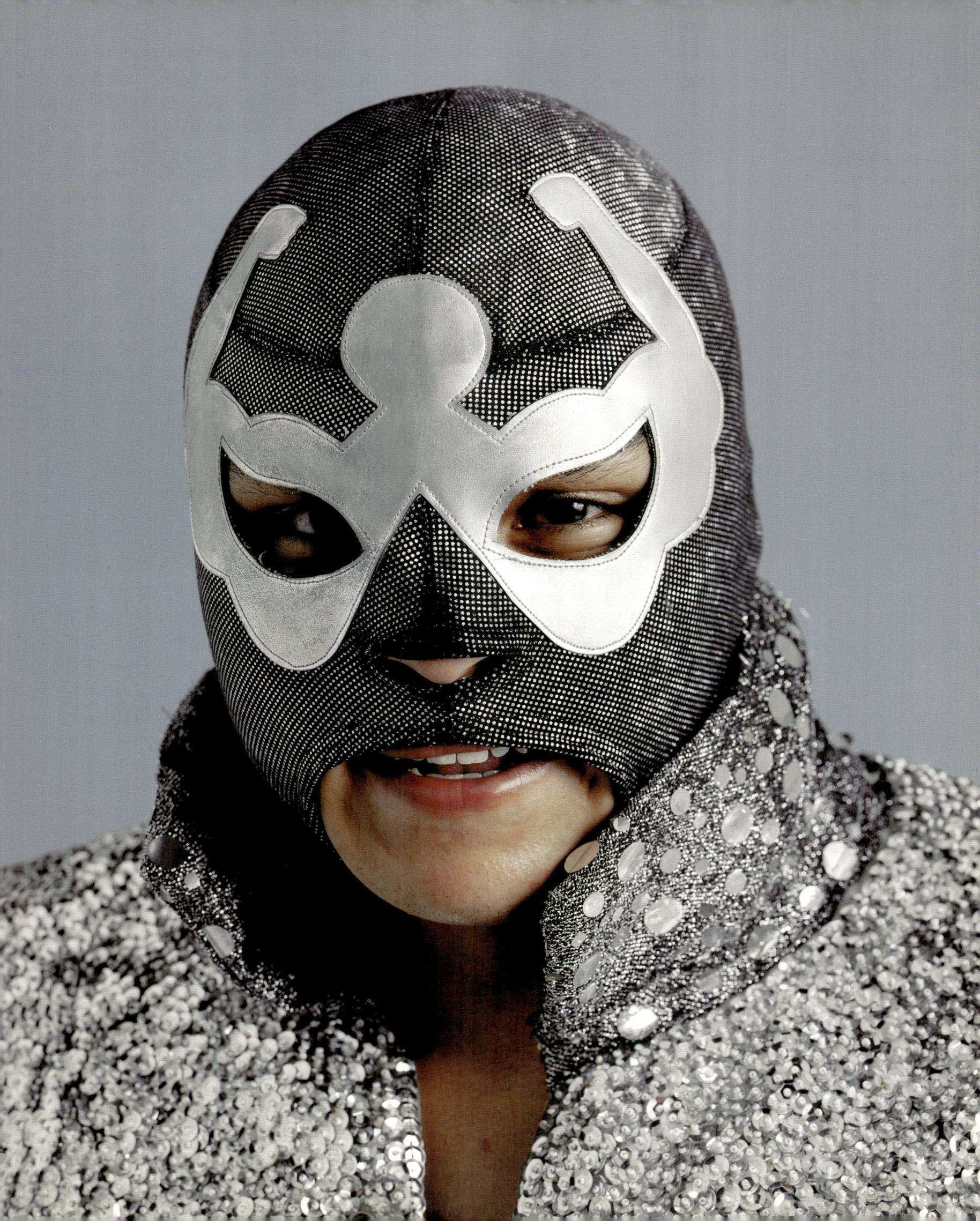

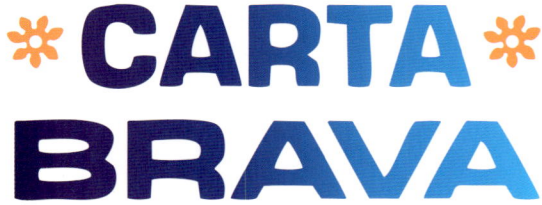

"I WAS VERY SKINNY WHEN I STARTED AND MY
BROTHERS DIDN'T BELIEVE I COULD MAKE IT"

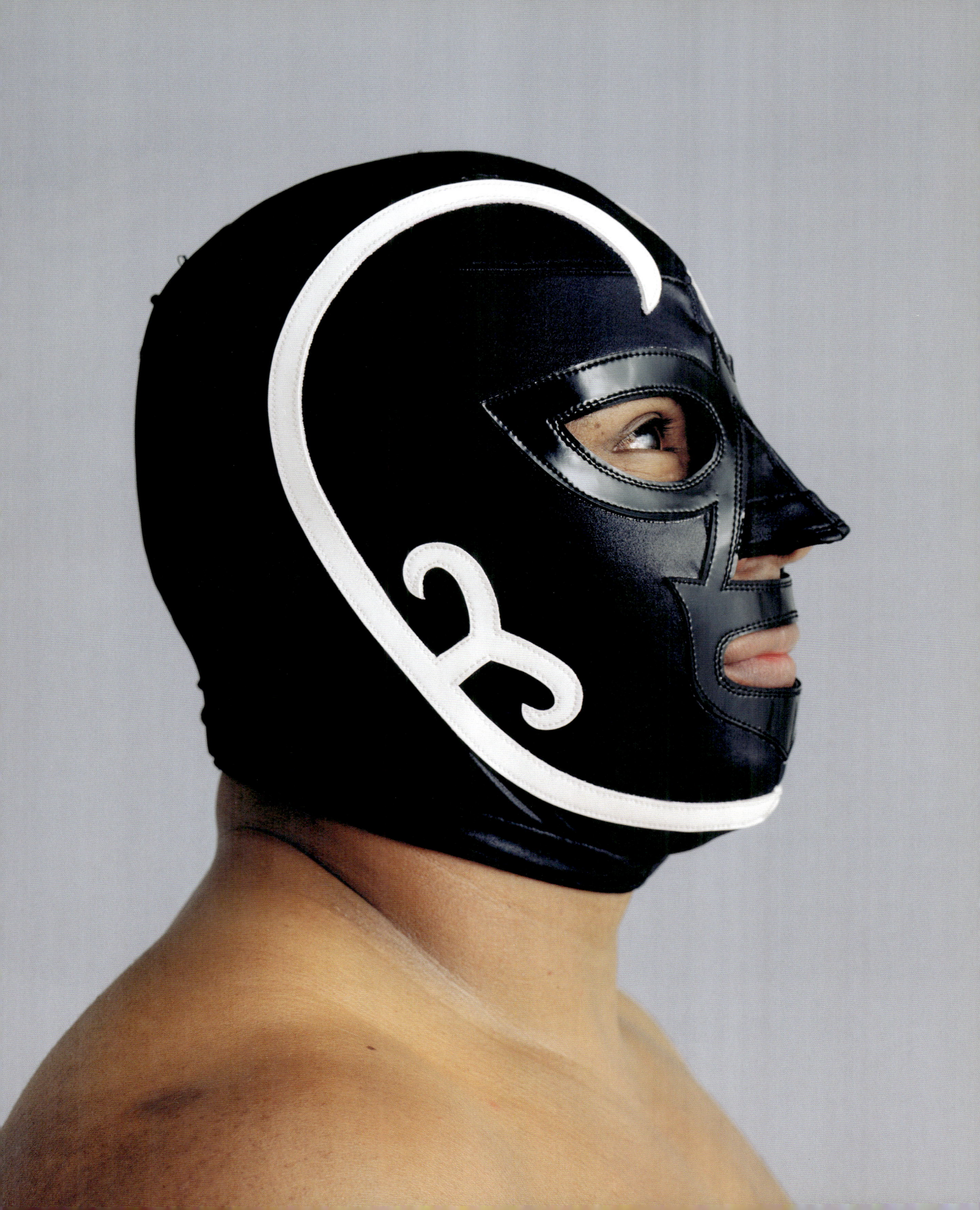

CATEDRATICO

"WHEN I WAS 10 OR 12, I WAS FAT AND GOT 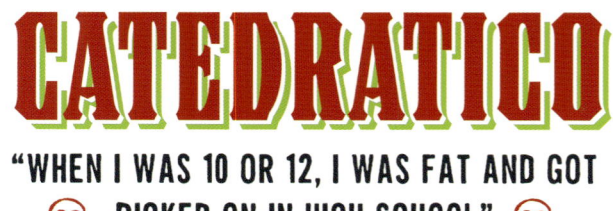 PICKED ON IN HIGH SCHOOL"

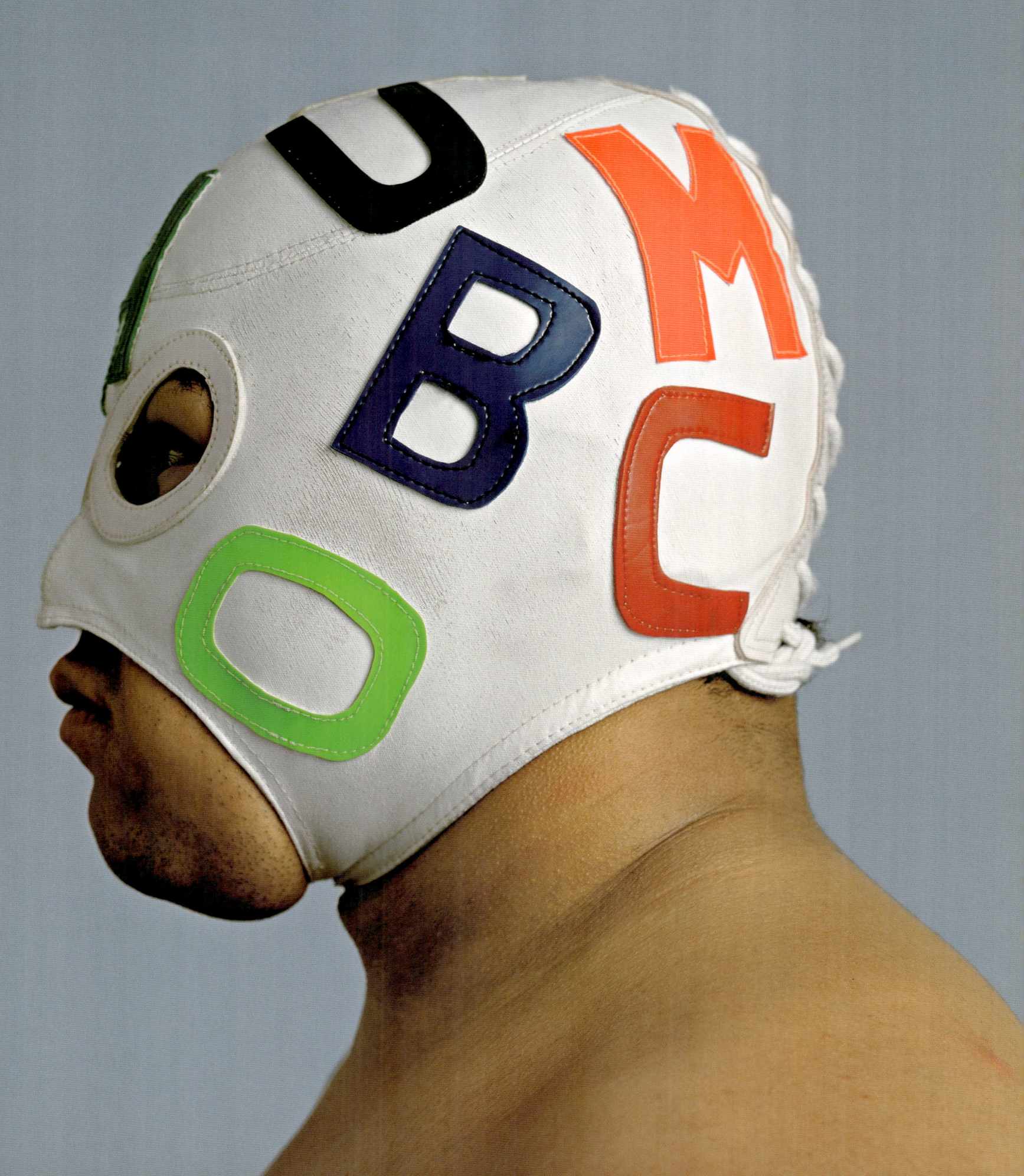

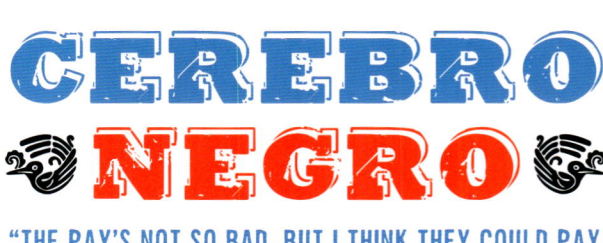

CEREBRO NEGRO

"THE PAY'S NOT SO BAD, BUT I THINK THEY COULD PAY
A LITTLE MORE BECAUSE WE RISK EVERYTHING"

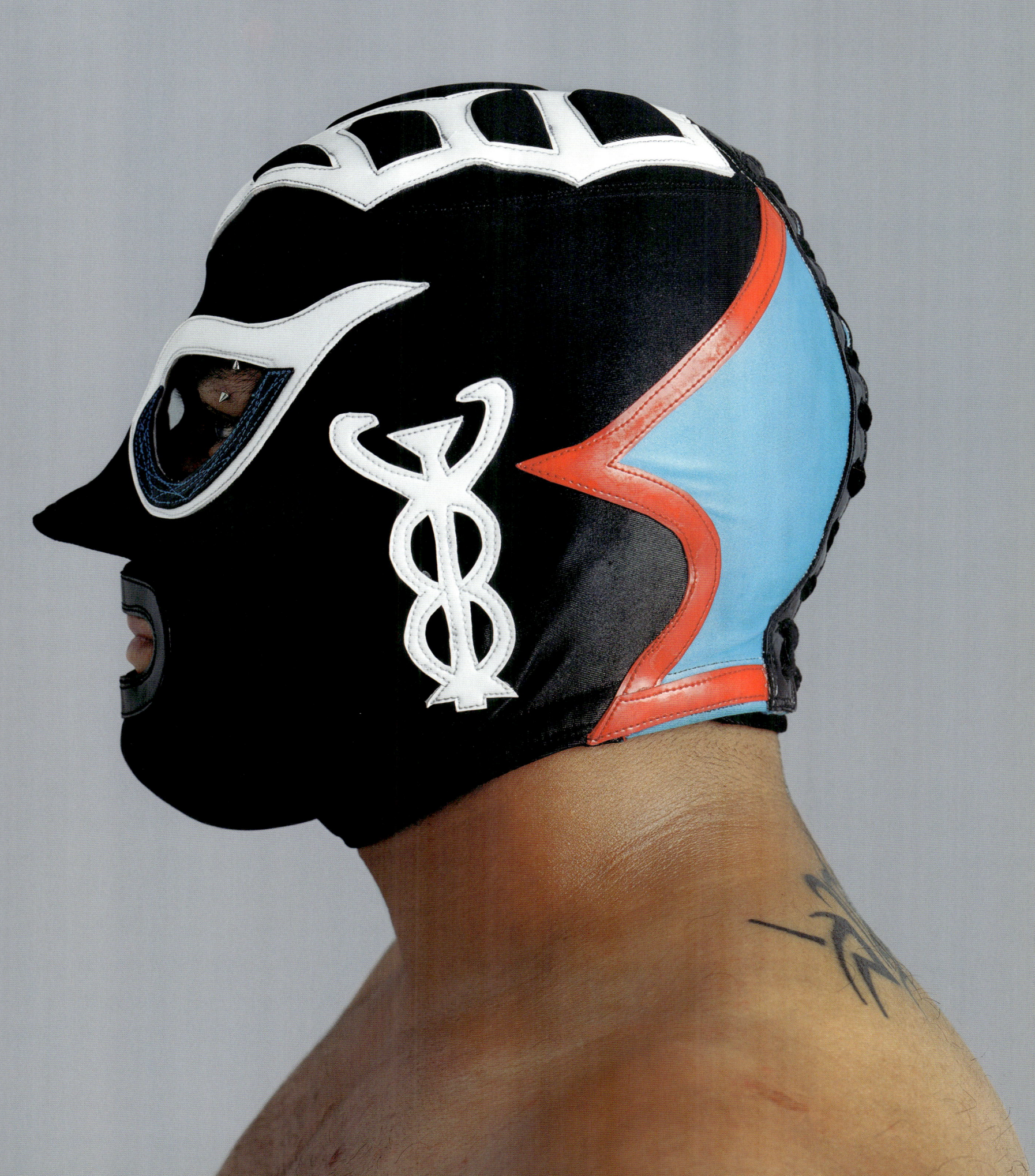

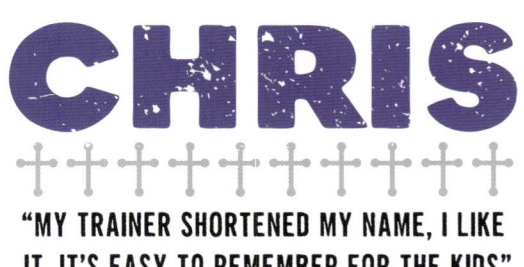

CHRIS

✝✝✝✝✝✝✝✝✝✝✝

"MY TRAINER SHORTENED MY NAME, I LIKE
IT, IT'S EASY TO REMEMBER FOR THE KIDS"

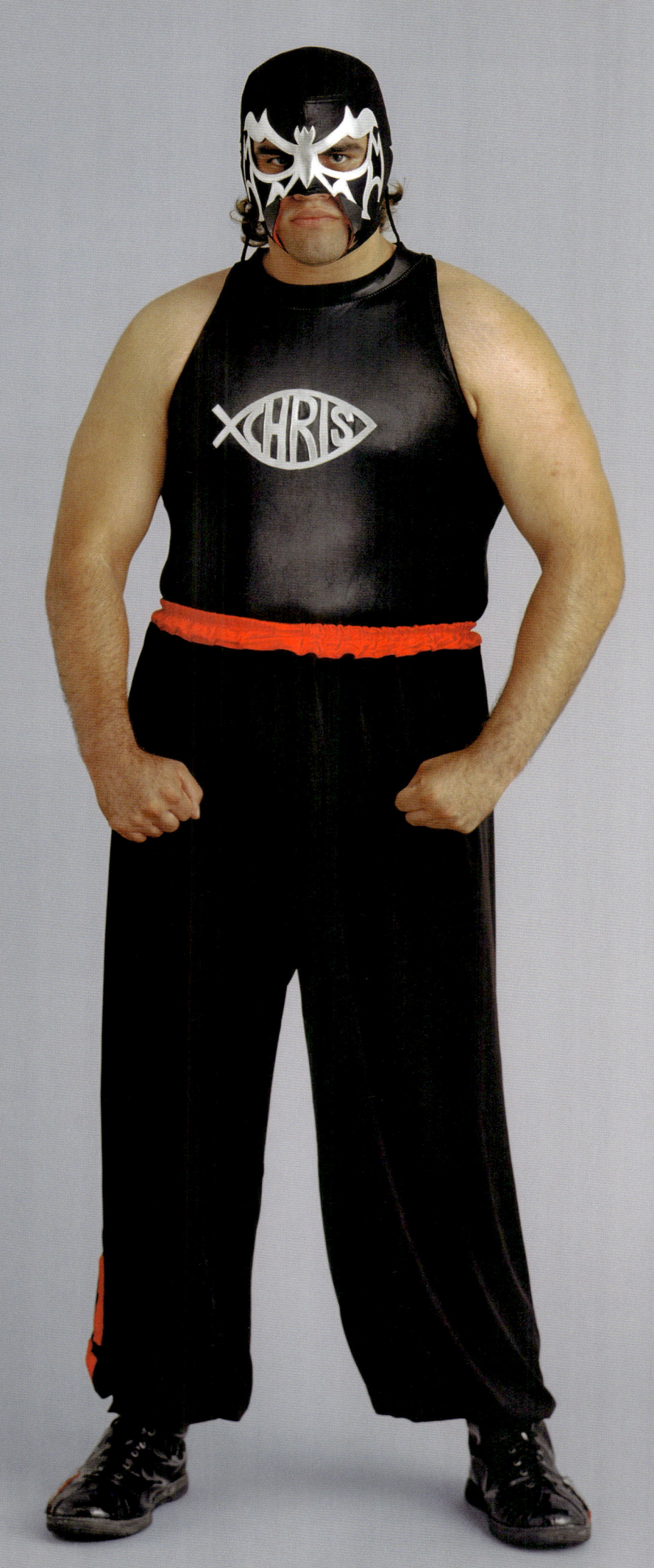

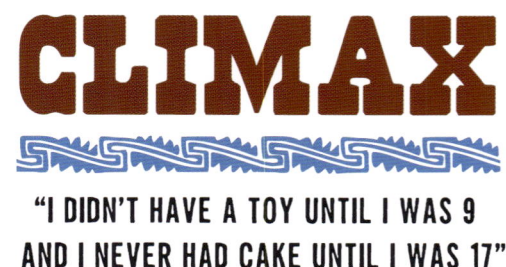

CLIMAX

"I DIDN'T HAVE A TOY UNTIL I WAS 9
AND I NEVER HAD CAKE UNTIL I WAS 17"

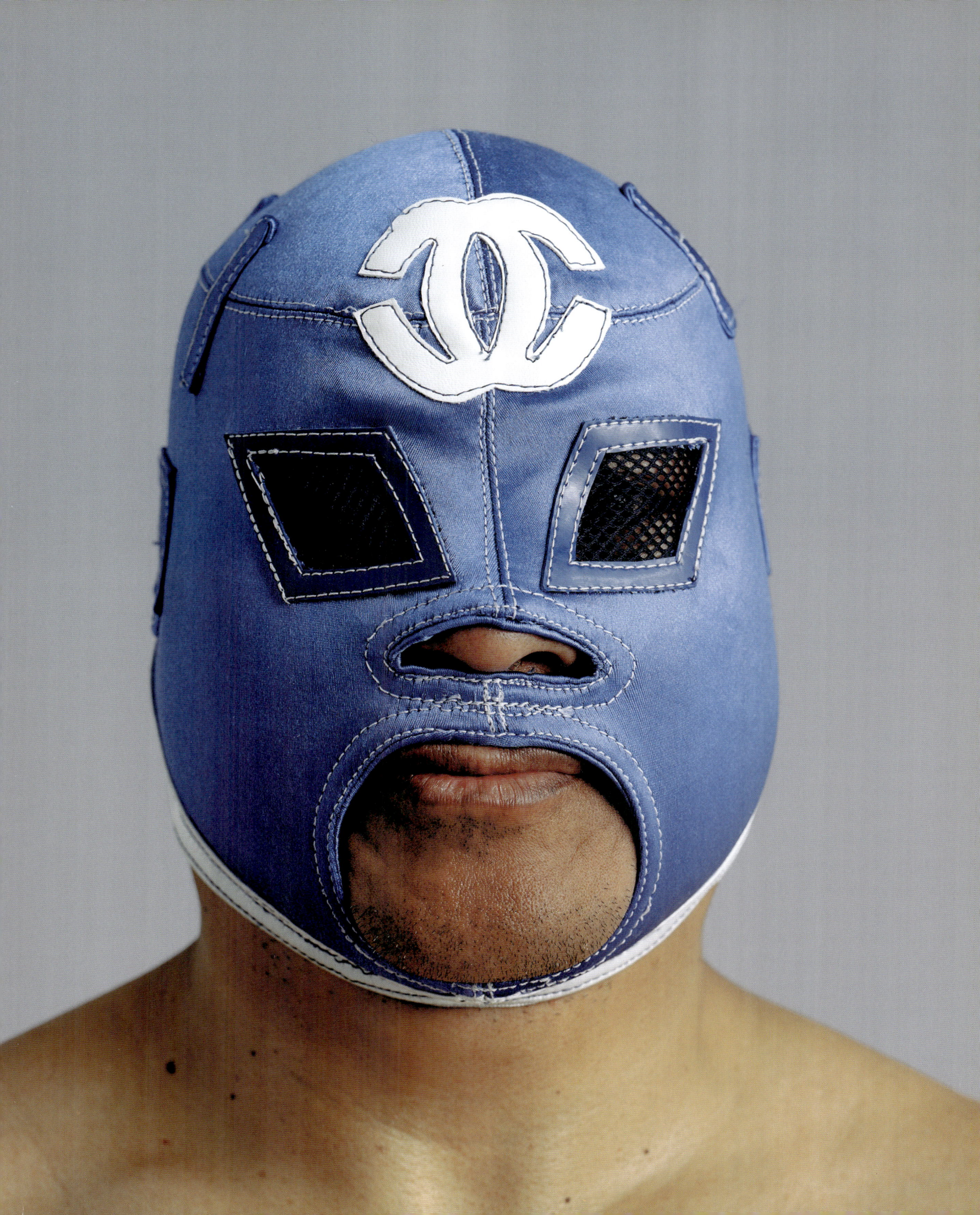

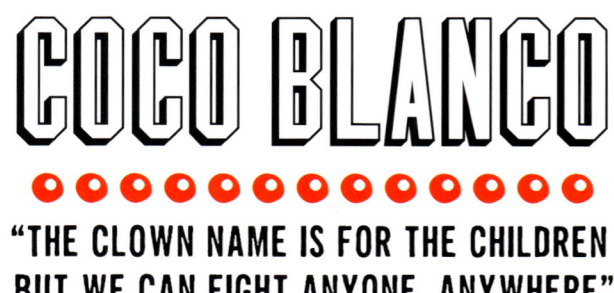

COCO BLANCO

"THE CLOWN NAME IS FOR THE CHILDREN
BUT WE CAN FIGHT ANYONE, ANYWHERE"

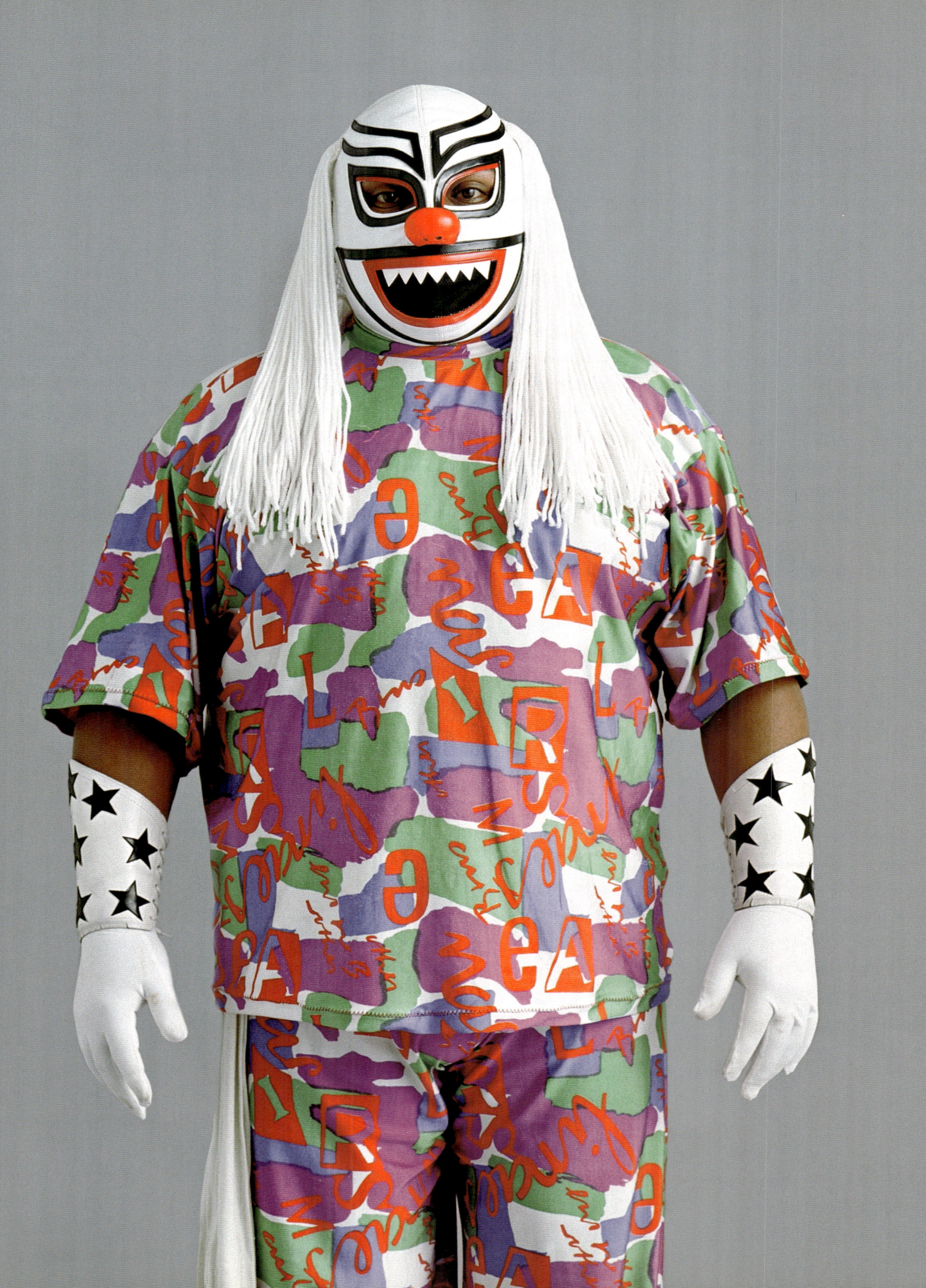

COCO ROJO

"NO, I'VE NEVER MADE LOVE IN
MY MASK. IT'S TOO DIFFICULT"

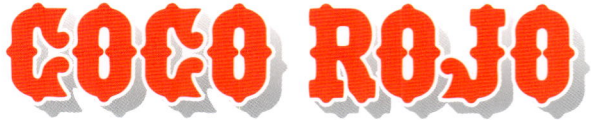

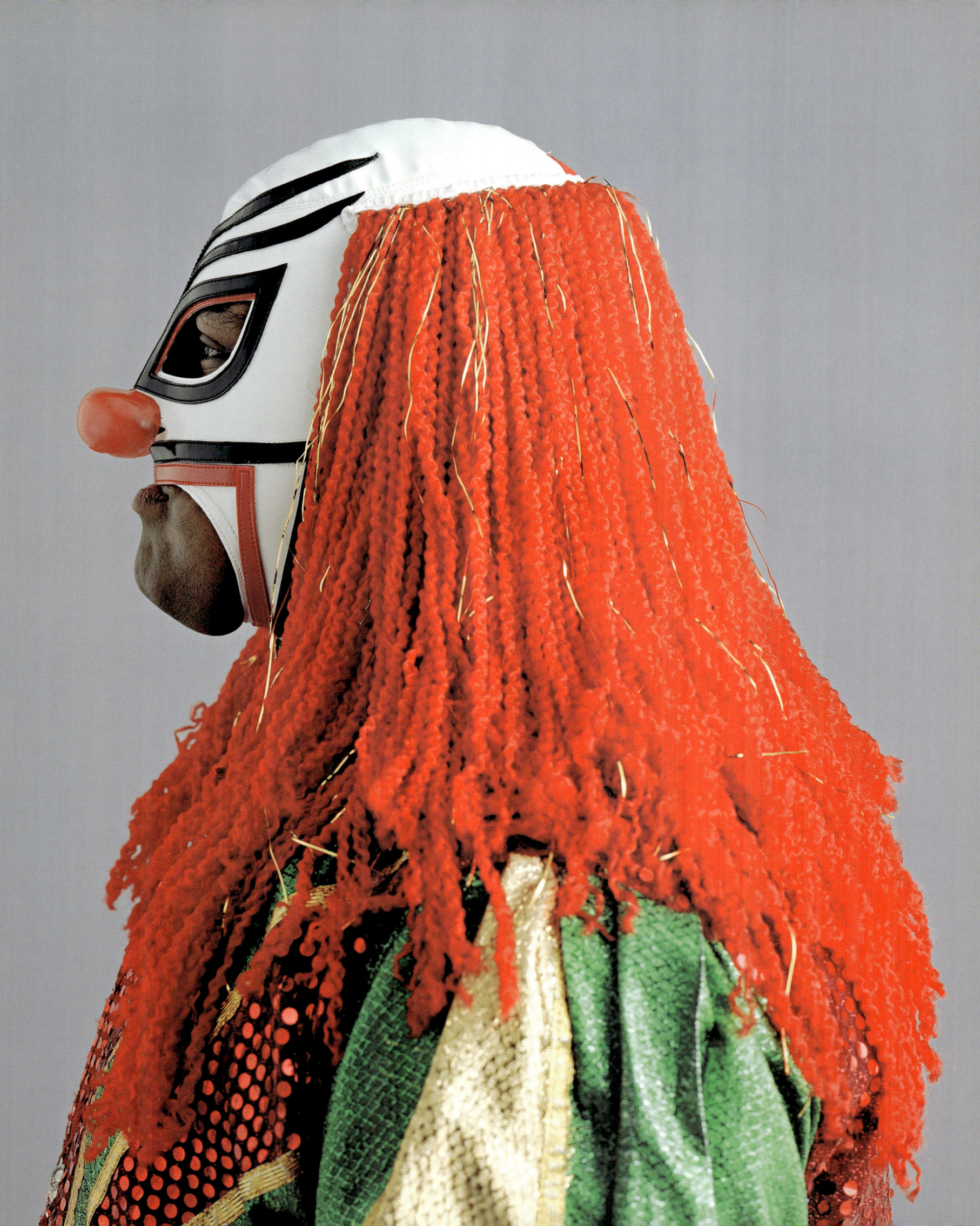

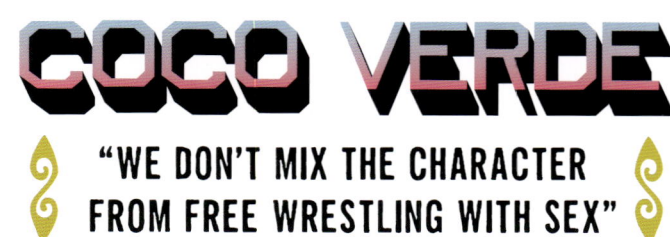

COCO VERDE

"WE DON'T MIX THE CHARACTER
FROM FREE WRESTLING WITH SEX"

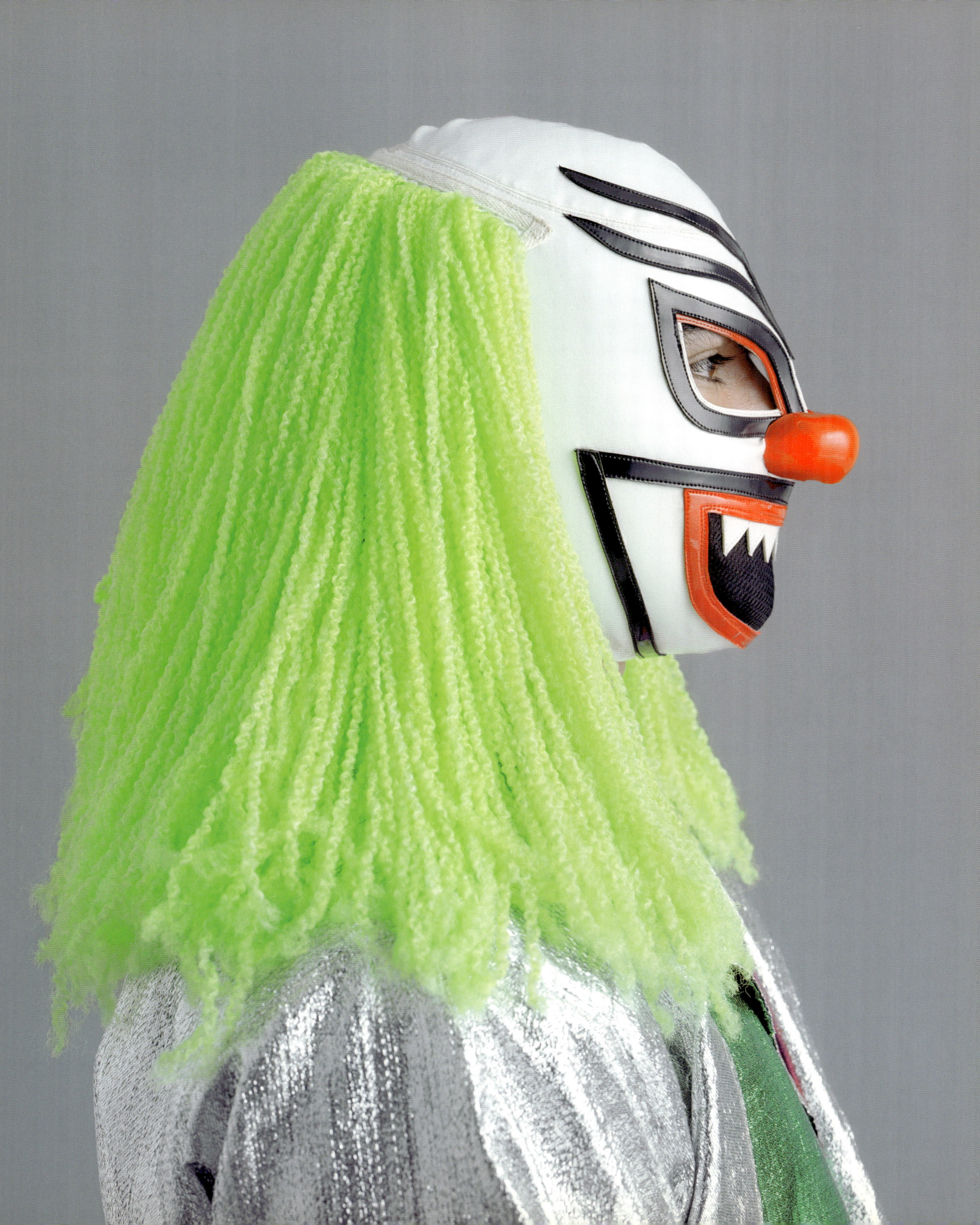

COMETA

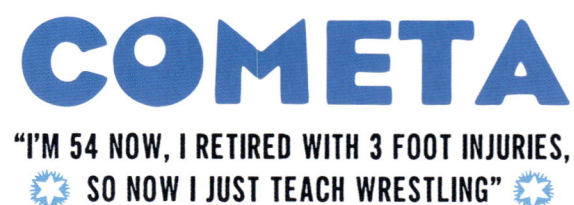

"I'M 54 NOW, I RETIRED WITH 3 FOOT INJURIES, SO NOW I JUST TEACH WRESTLING"

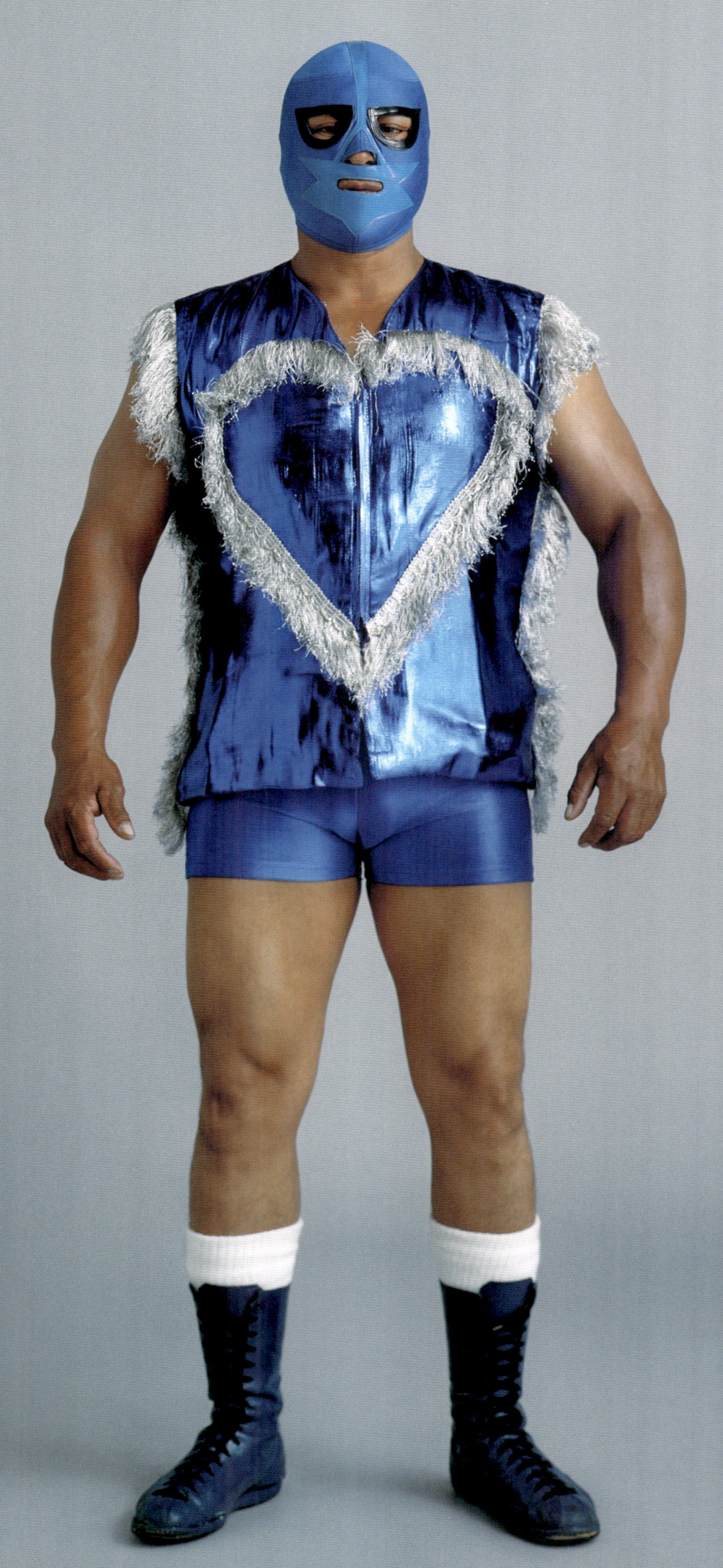

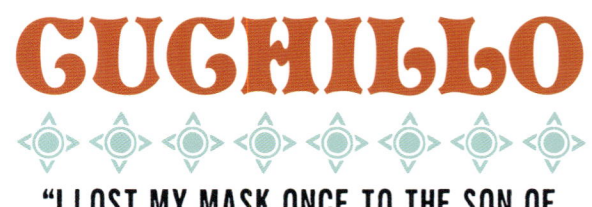

CUCHILLO

◇ ◇ ◇ ◇ ◇ ◇ ◇ ◇

"I LOST MY MASK ONCE TO THE SON OF
'EL SANTO' IN A BLOODY EXCHANGE"

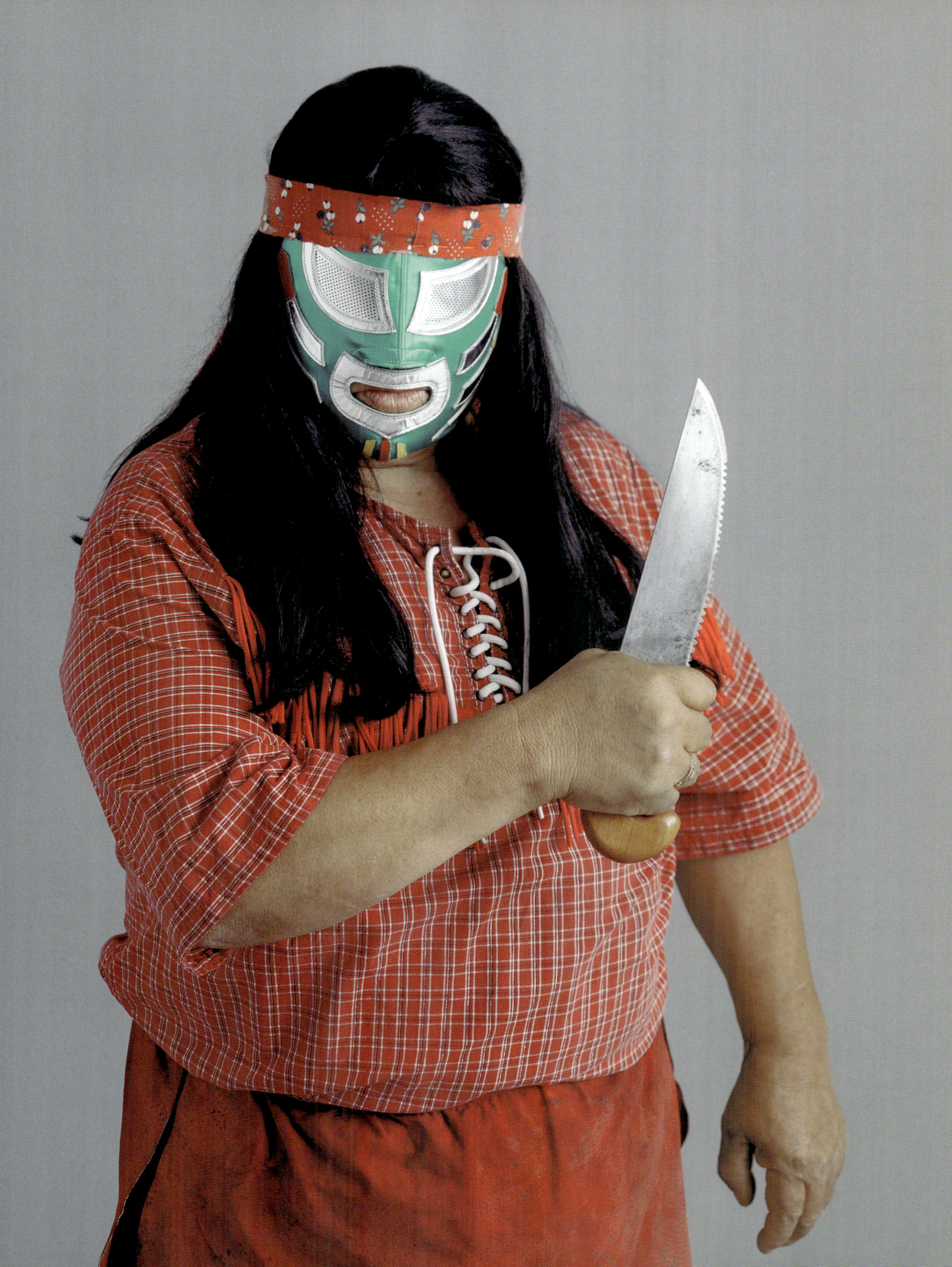

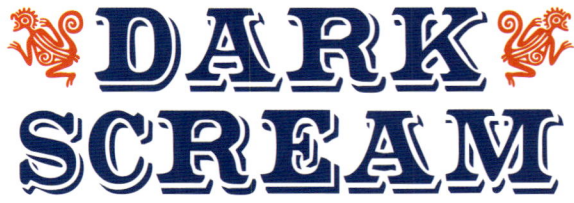

DARK SCREAM

"ONCE I BROKE 4 RIBS AND NEVER REALISED
UNTIL I GOT TO MY DRESSING ROOM"

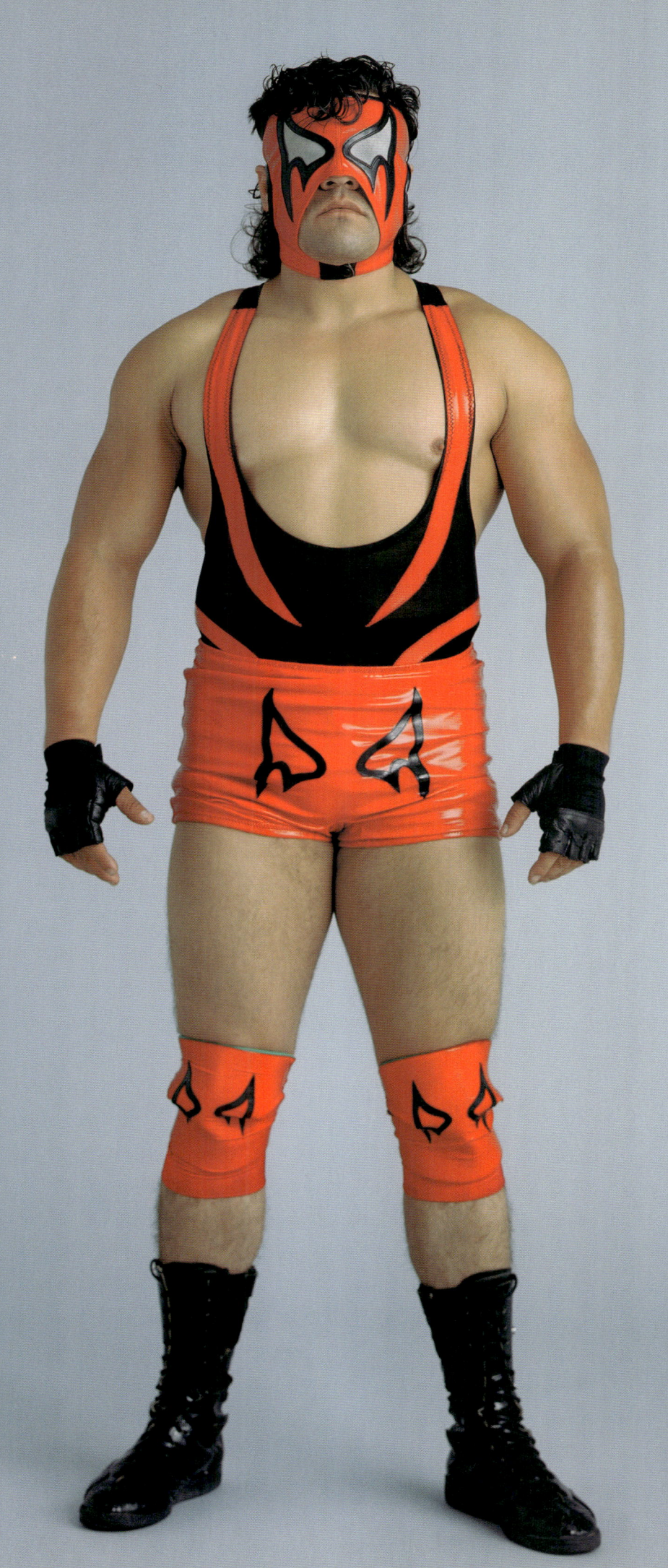

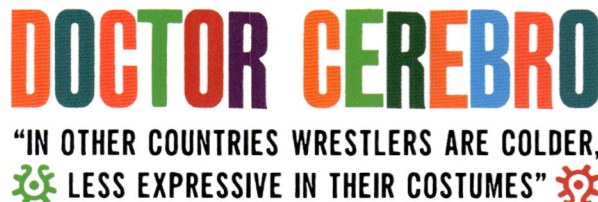

DOCTOR CEREBRO

"IN OTHER COUNTRIES WRESTLERS ARE COLDER, LESS EXPRESSIVE IN THEIR COSTUMES"

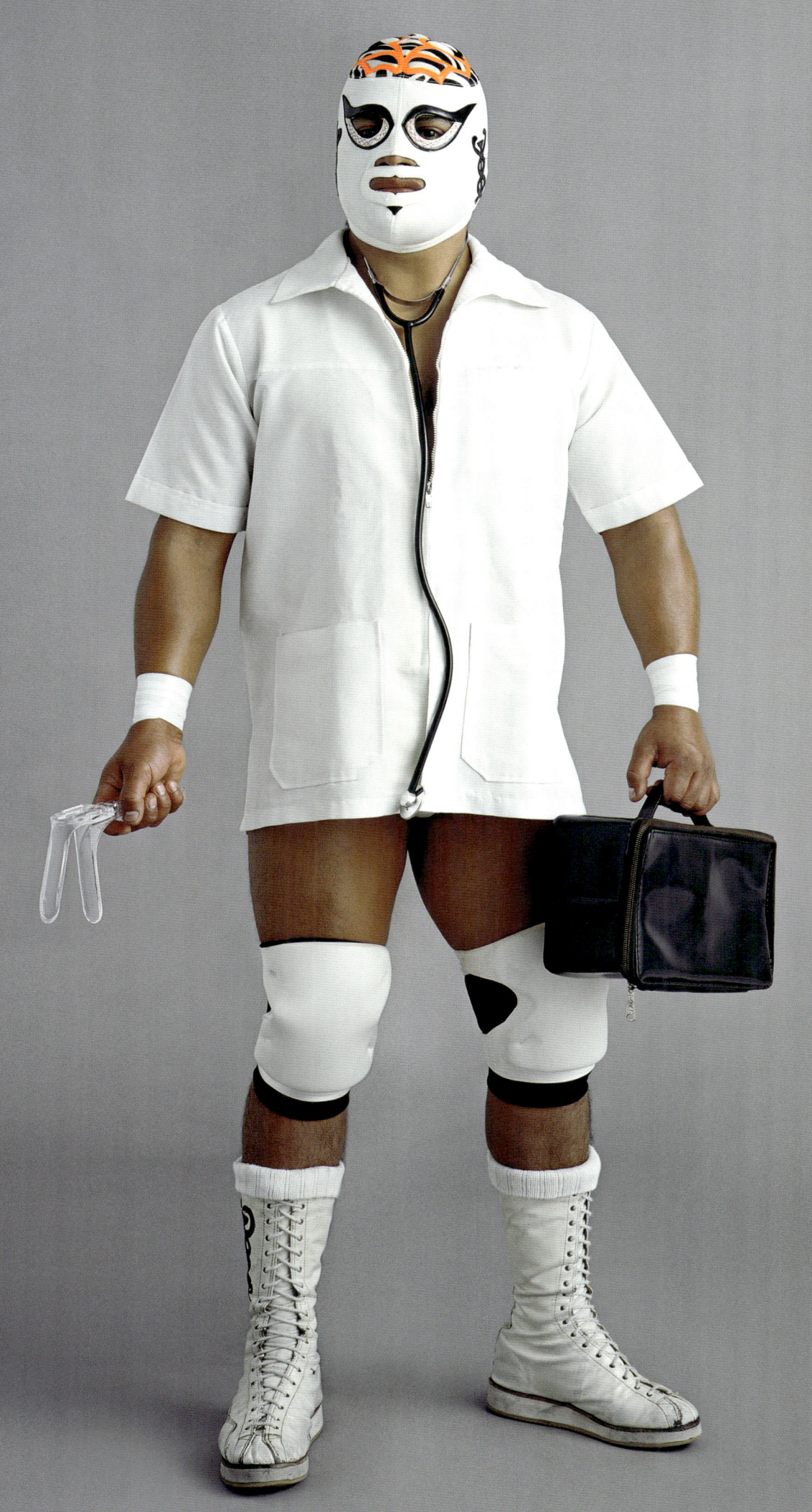

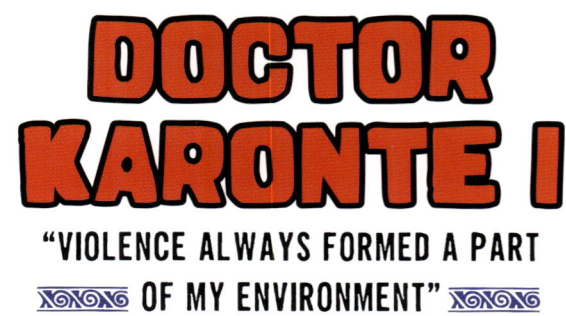

DOCTOR KARONTE I

"VIOLENCE ALWAYS FORMED A PART OF MY ENVIRONMENT"

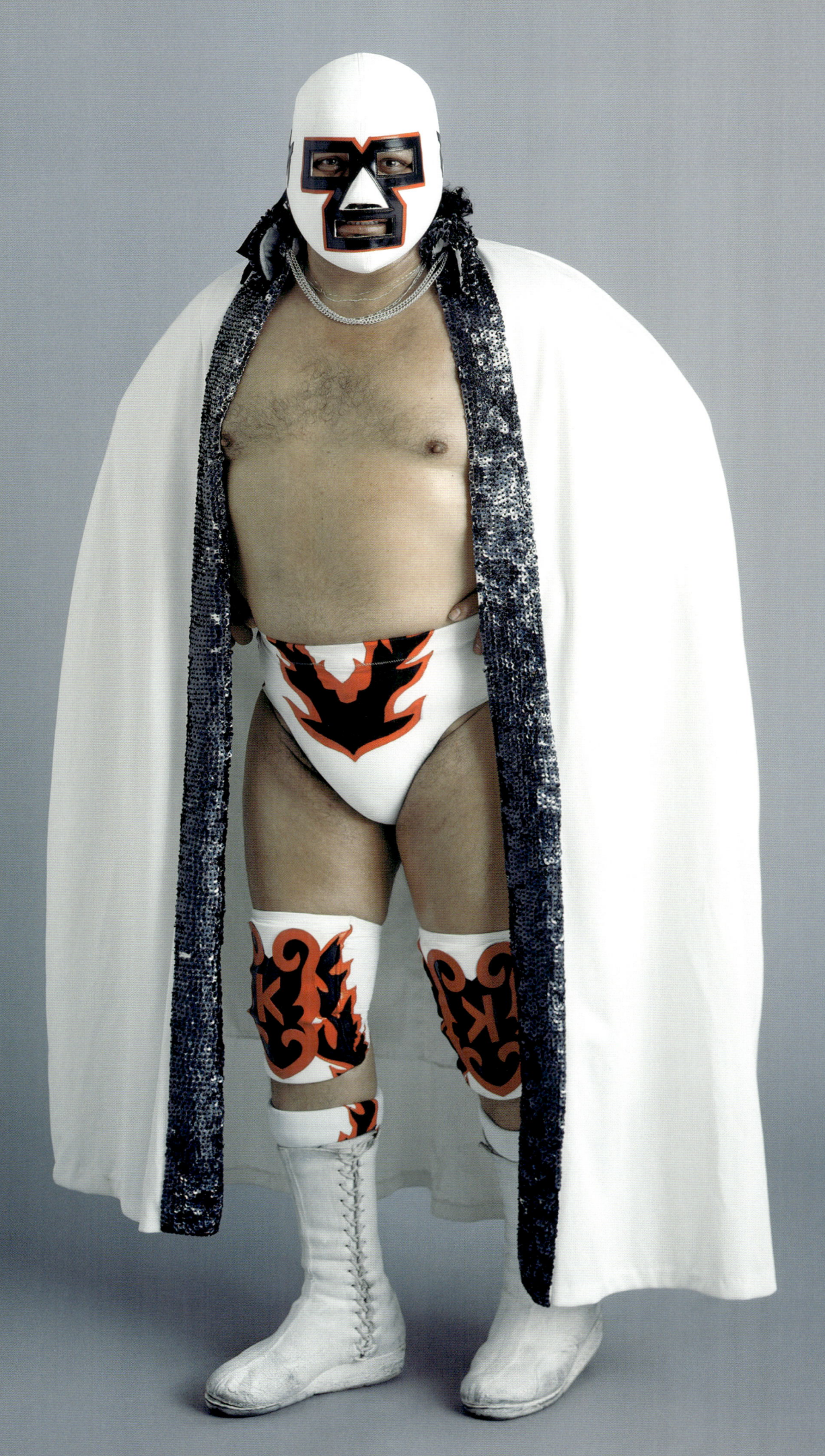

DOCTOR KARONTE III

"OUT OF THE RING I'M NOWHERE NEAR AS ROWDY...
PRETTY DECENT ACTUALLY"

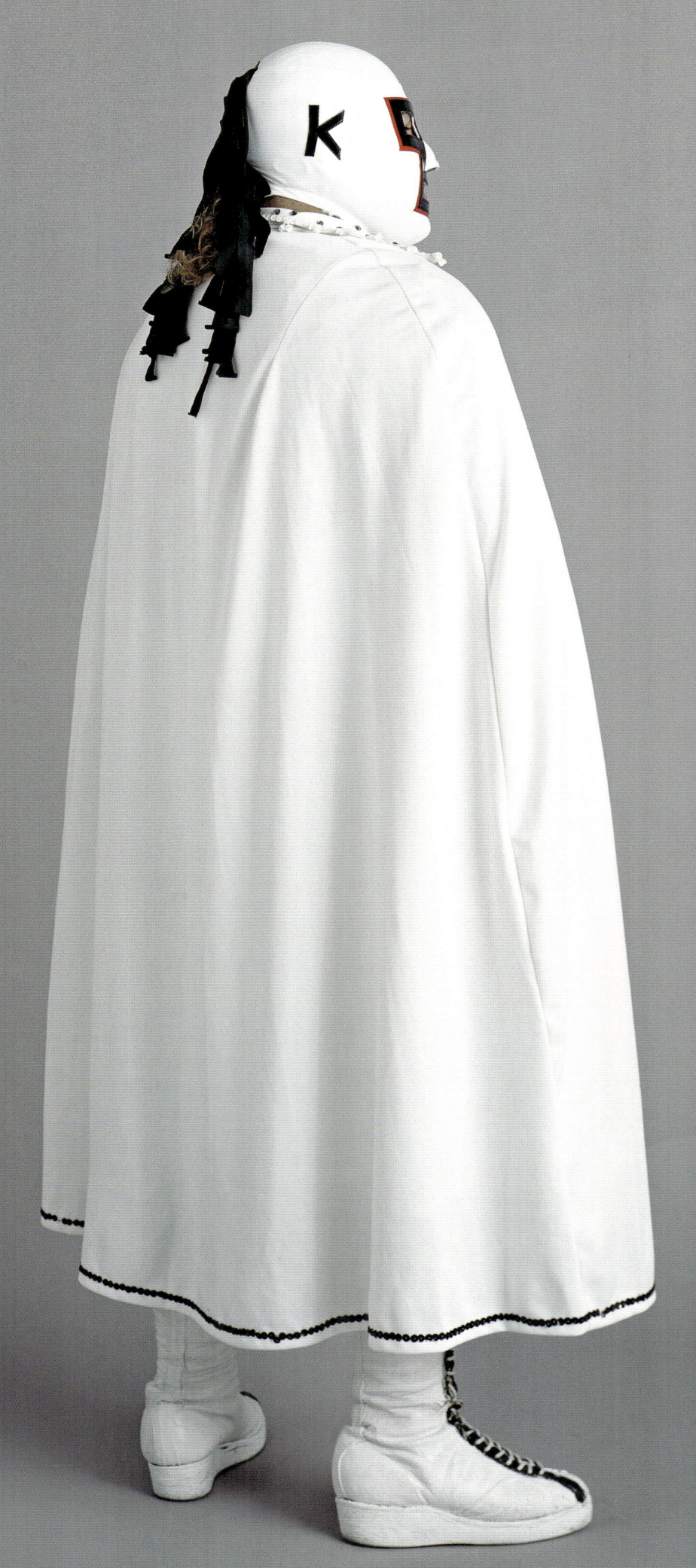

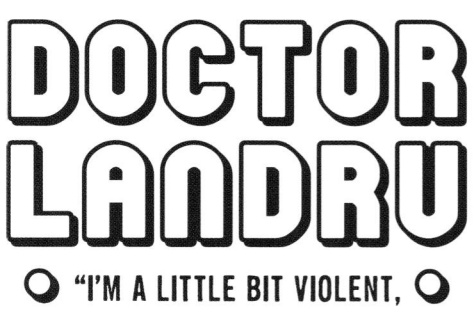

DOCTOR LANDRU

○ "I'M A LITTLE BIT VIOLENT, ○
I'VE EVEN SENT PEOPLE TO HOSPITAL"

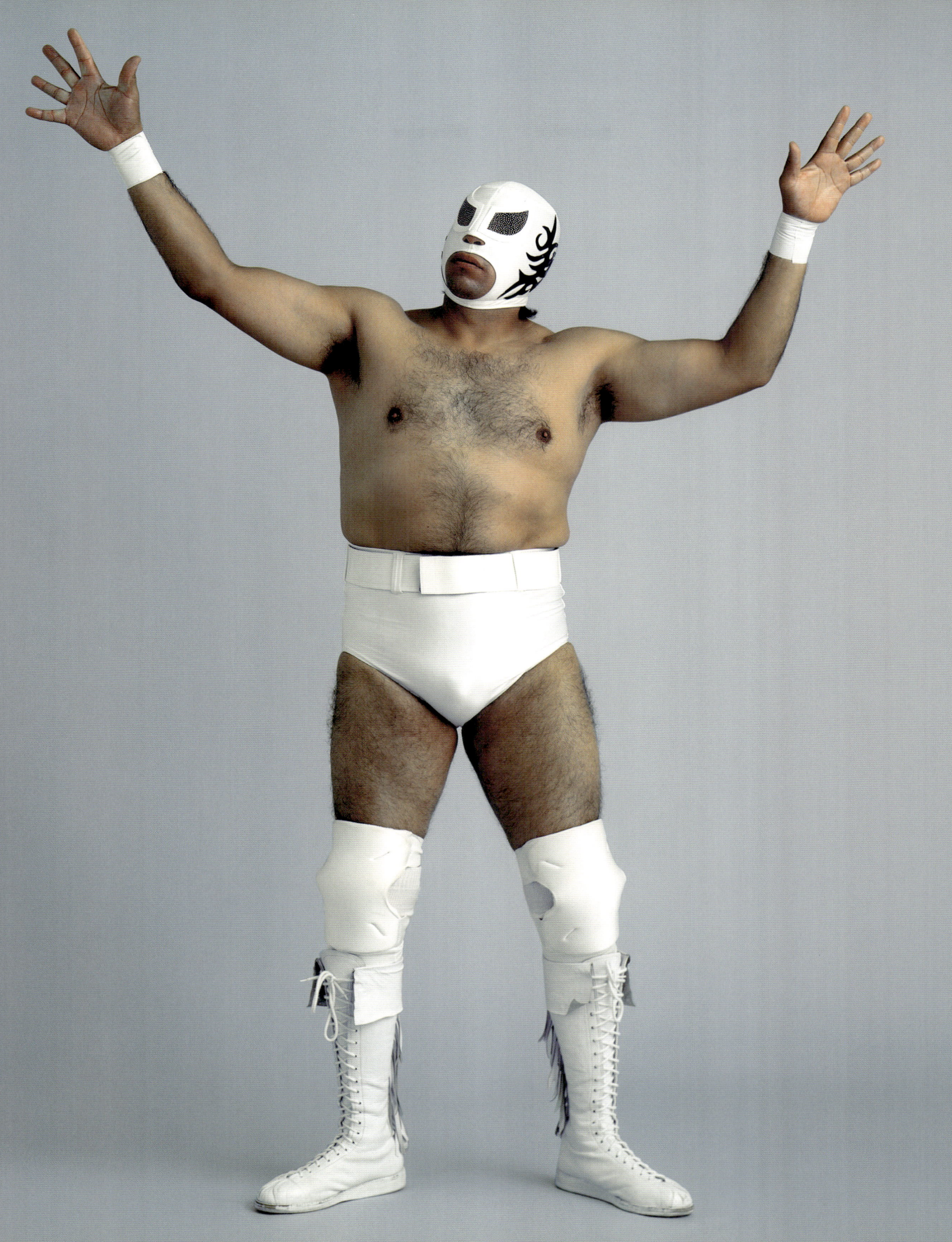

DR. MUERTE

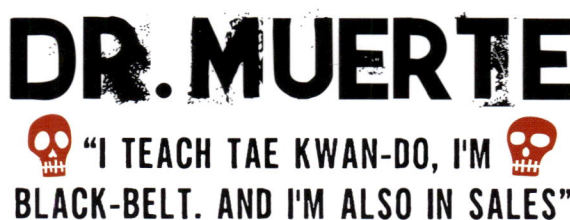 "I TEACH TAE KWAN-DO, I'M BLACK-BELT. AND I'M ALSO IN SALES"

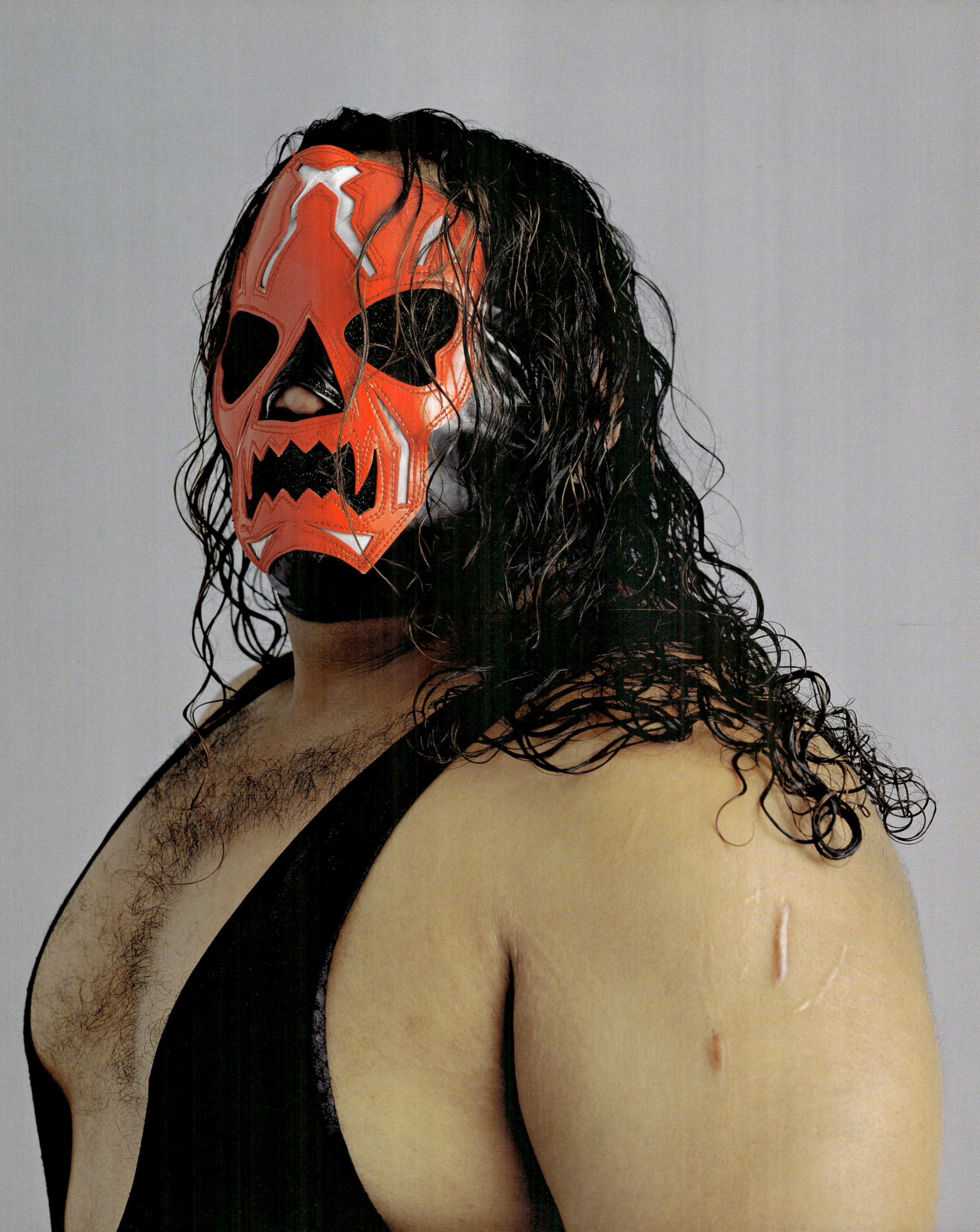

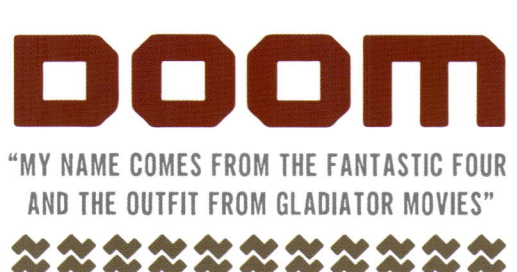

DOOM

"MY NAME COMES FROM THE FANTASTIC FOUR
AND THE OUTFIT FROM GLADIATOR MOVIES"

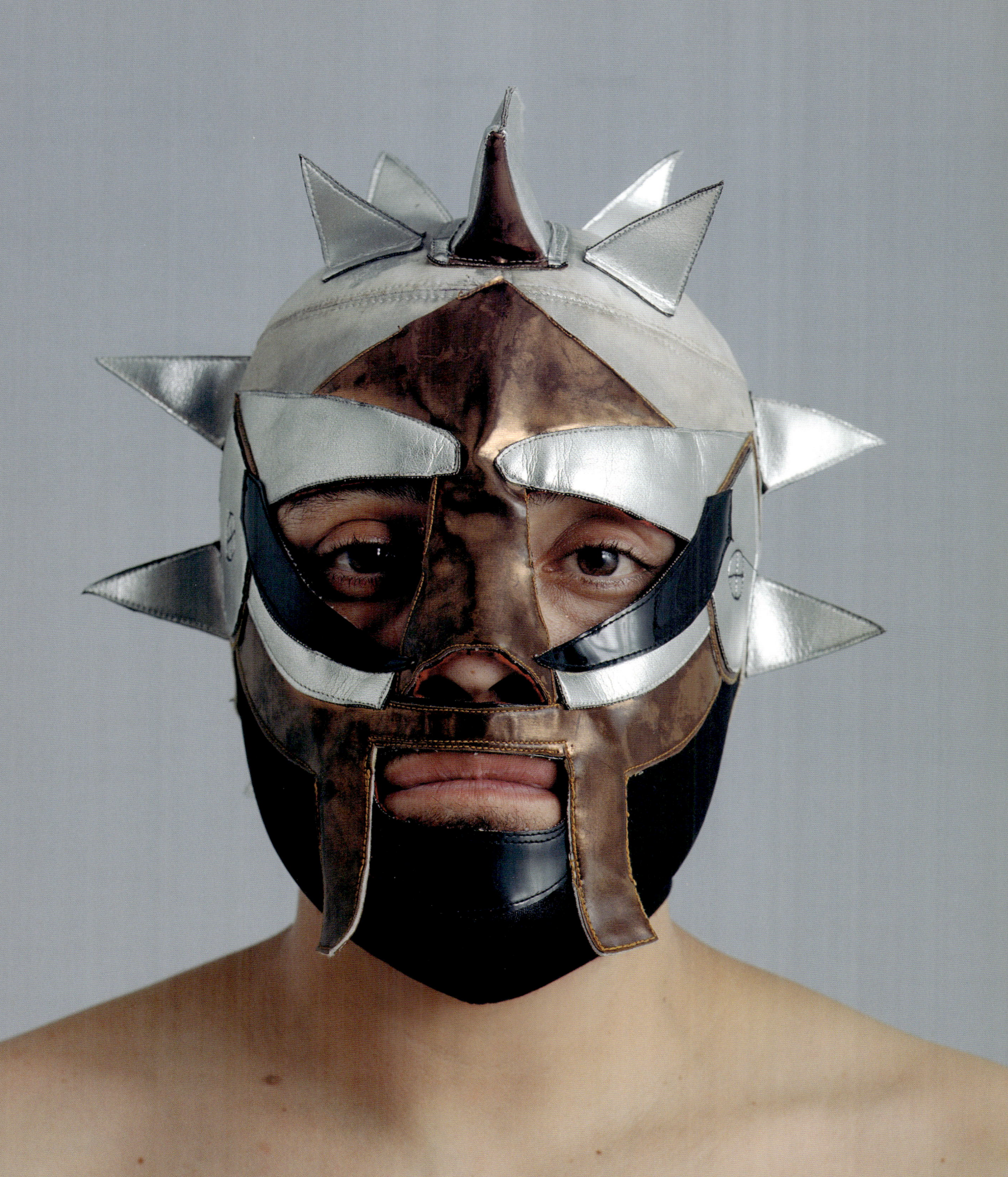

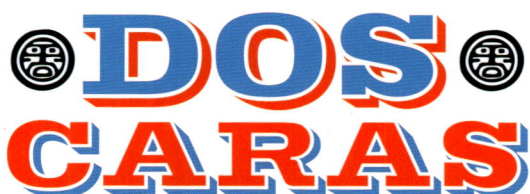

DOS CARAS

"WHEN HE CAME TO MEXICO, THE POPE MADE A BIG
IMPRESSION ON ME. I WILL ALWAYS REMEMBER HIM"

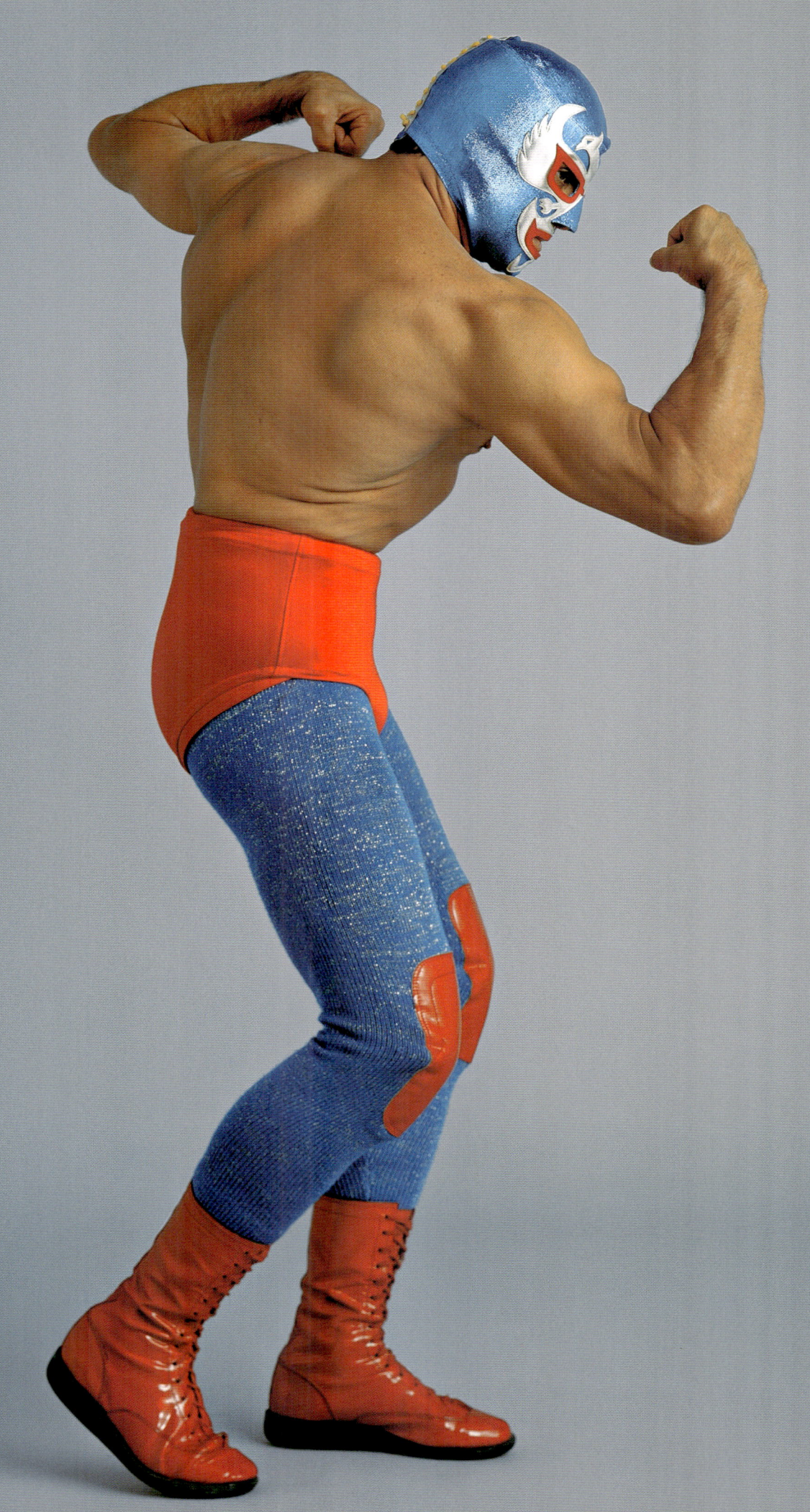

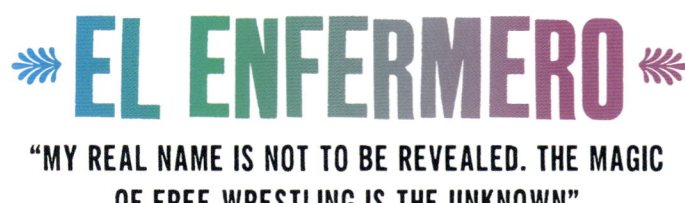

EL ENFERMERO

"MY REAL NAME IS NOT TO BE REVEALED. THE MAGIC
OF FREE WRESTLING IS THE UNKNOWN"

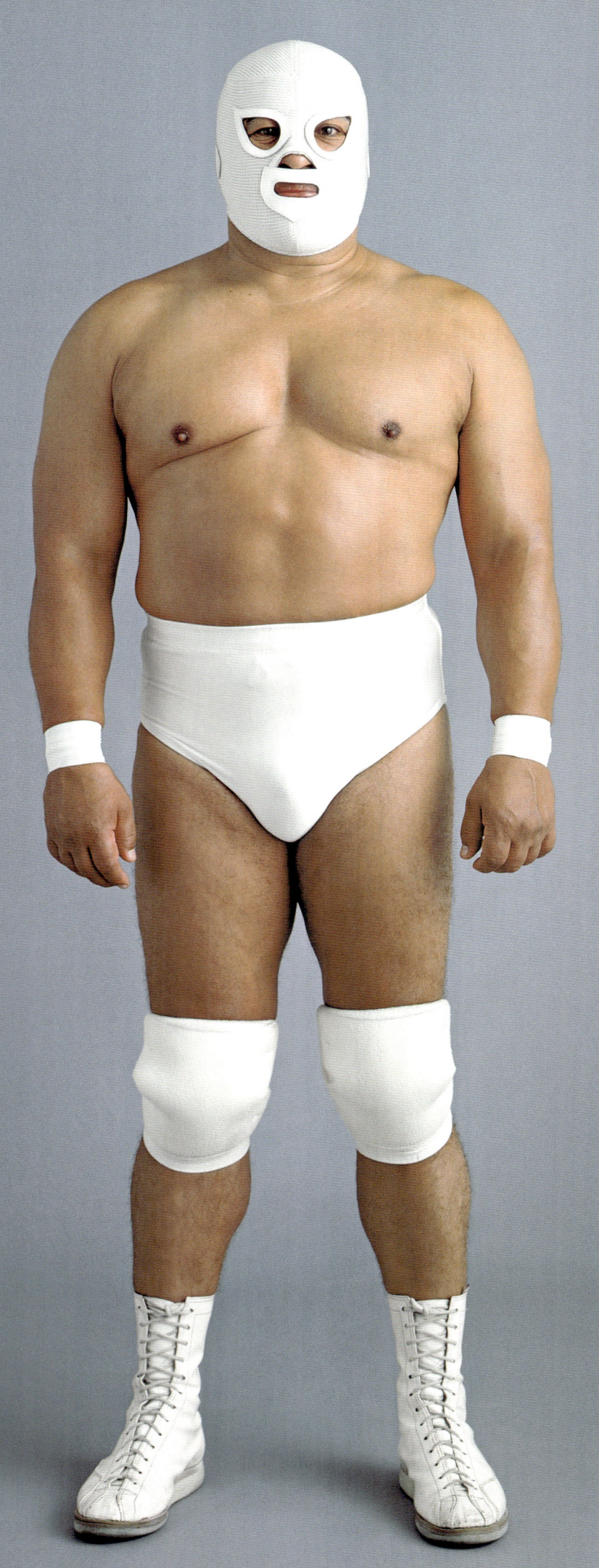

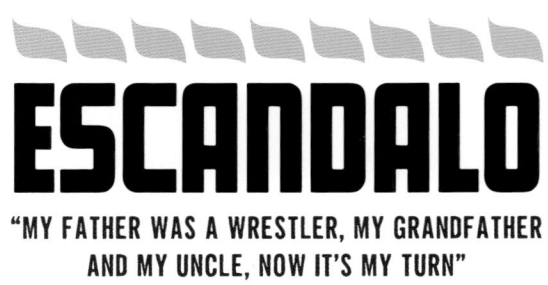

ESCANDALO

"MY FATHER WAS A WRESTLER, MY GRANDFATHER
AND MY UNCLE, NOW IT'S MY TURN"

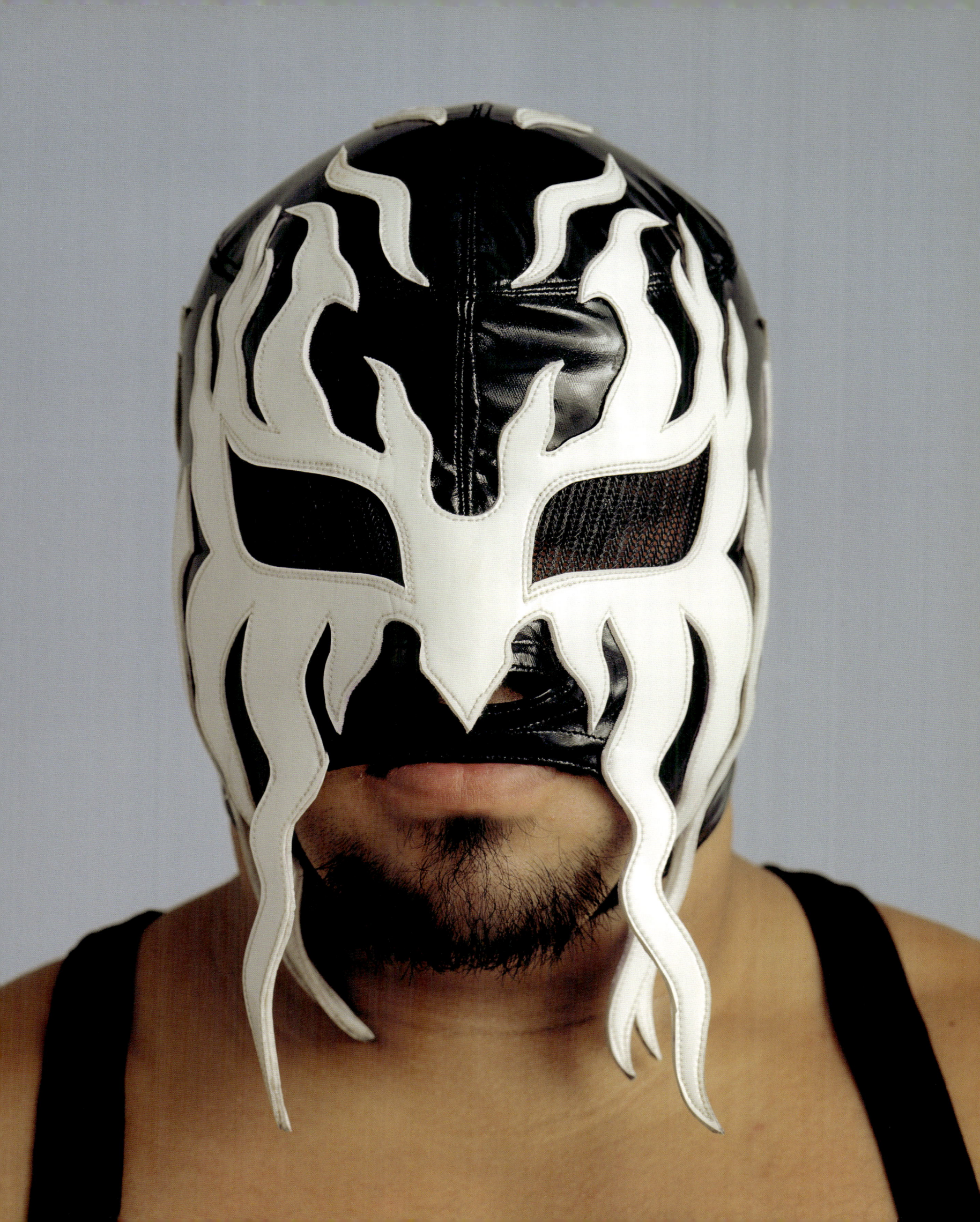

ESCORPION JR.

"I STUDIED ECONOMICS BUT AFTER I GRADUATED, I DEDICATED MYSELF TO WRESTLING"

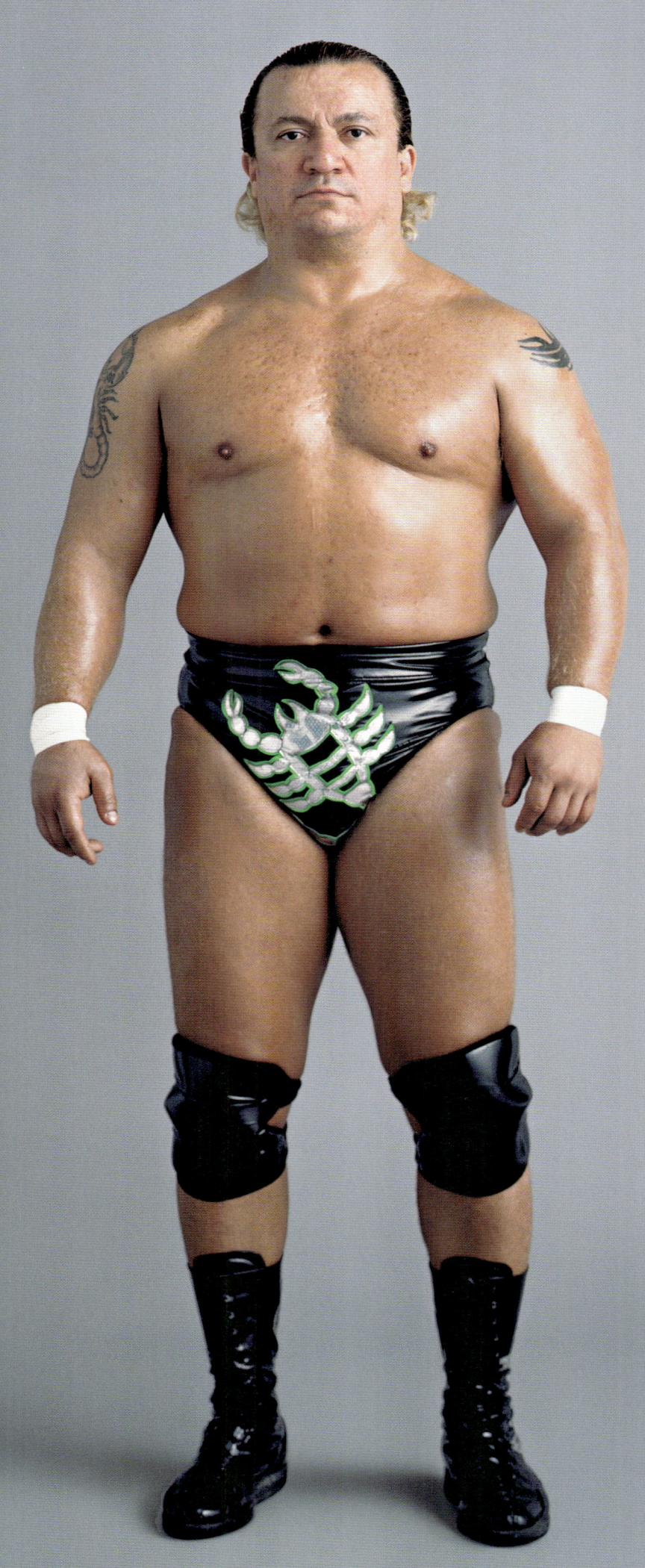

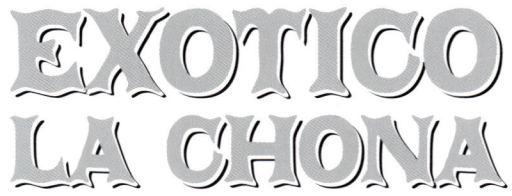

EXOTICO
LA CHONA

"I QUIT MY STUDIES AS AN ENGINEER AND AM DEDICATING MYSELF TO WRESTLING"

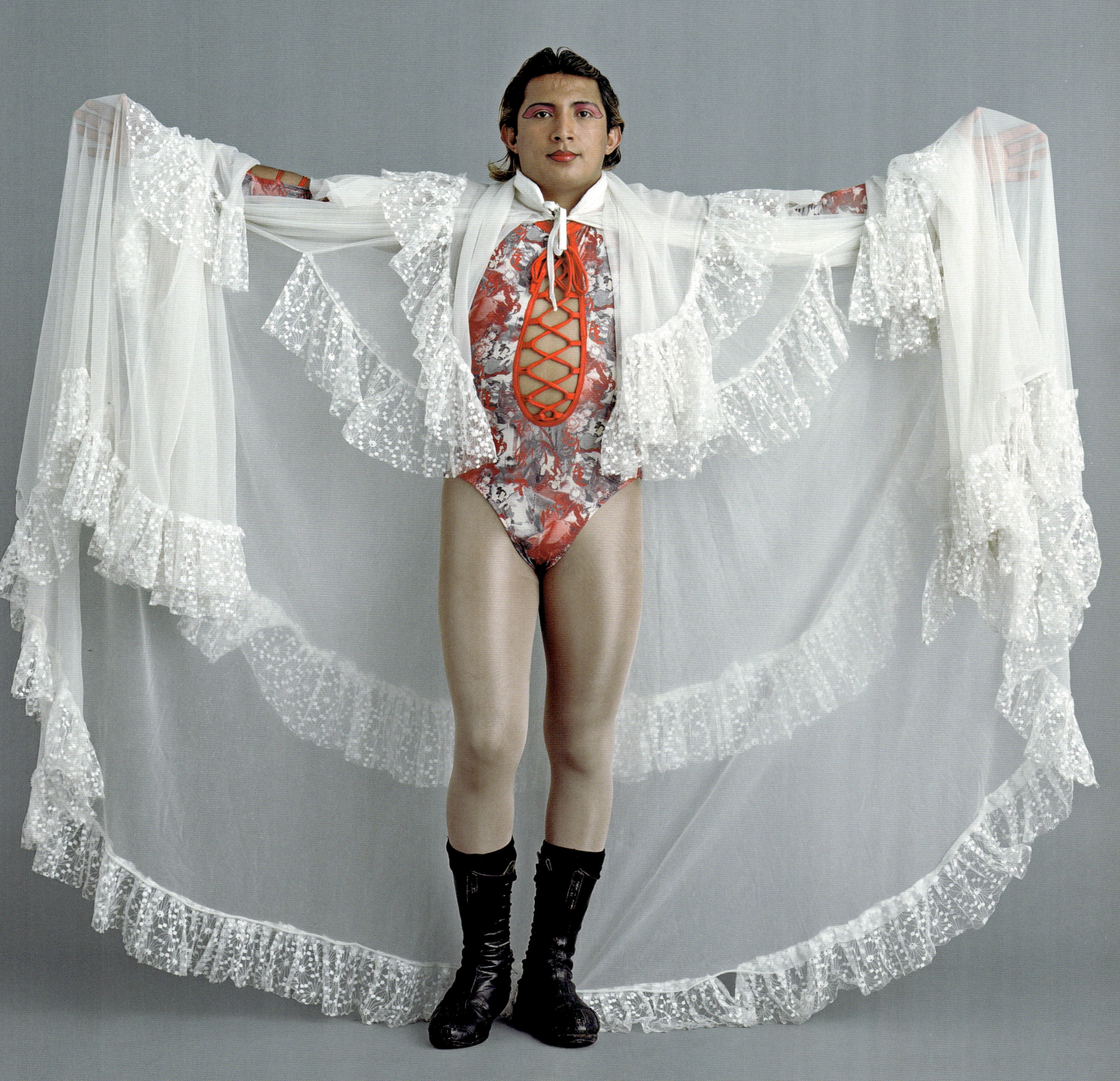

FANTASMA DE LA OPERA

"SURE, THERE HAVE BEEN SOME THAT HAVE
●●●● DIED DURING A FIGHT" ●●●●

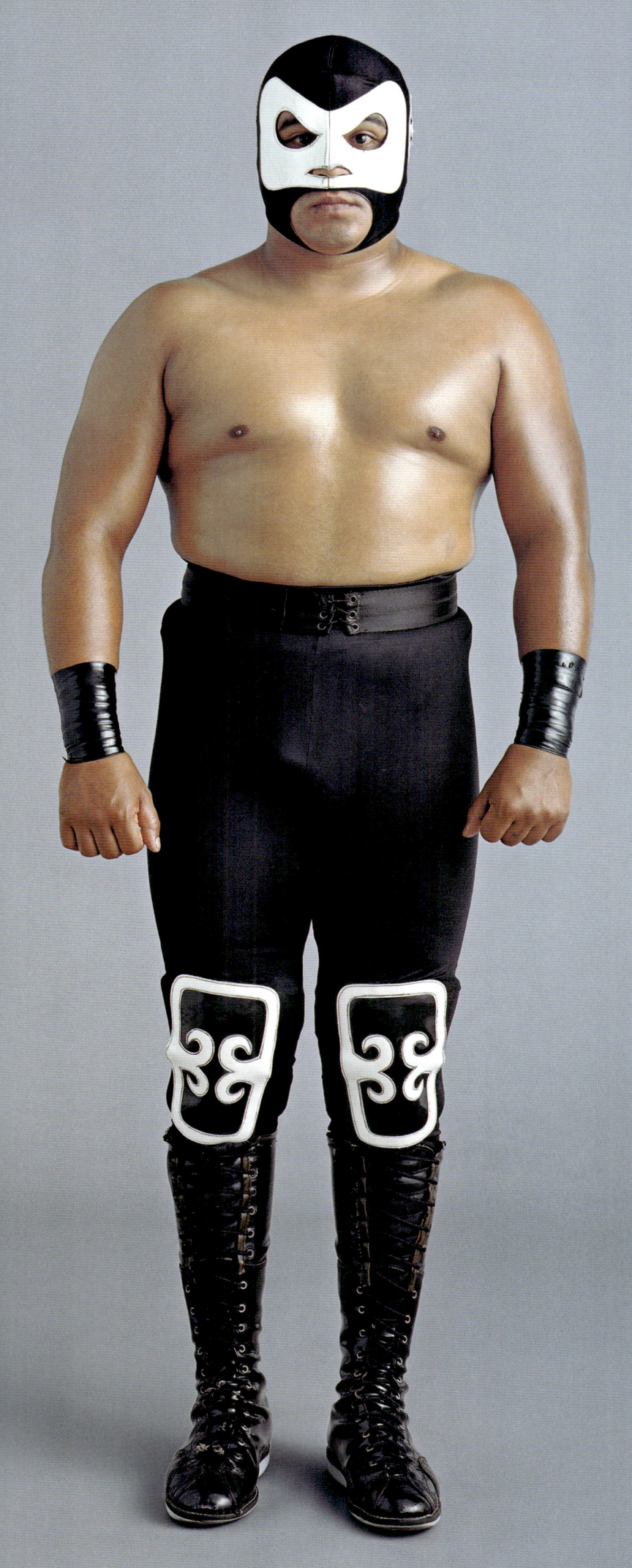

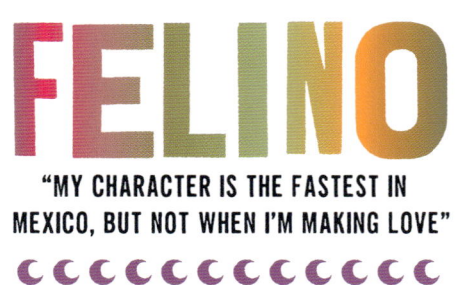

FELINO

"MY CHARACTER IS THE FASTEST IN MEXICO, BUT NOT WHEN I'M MAKING LOVE"

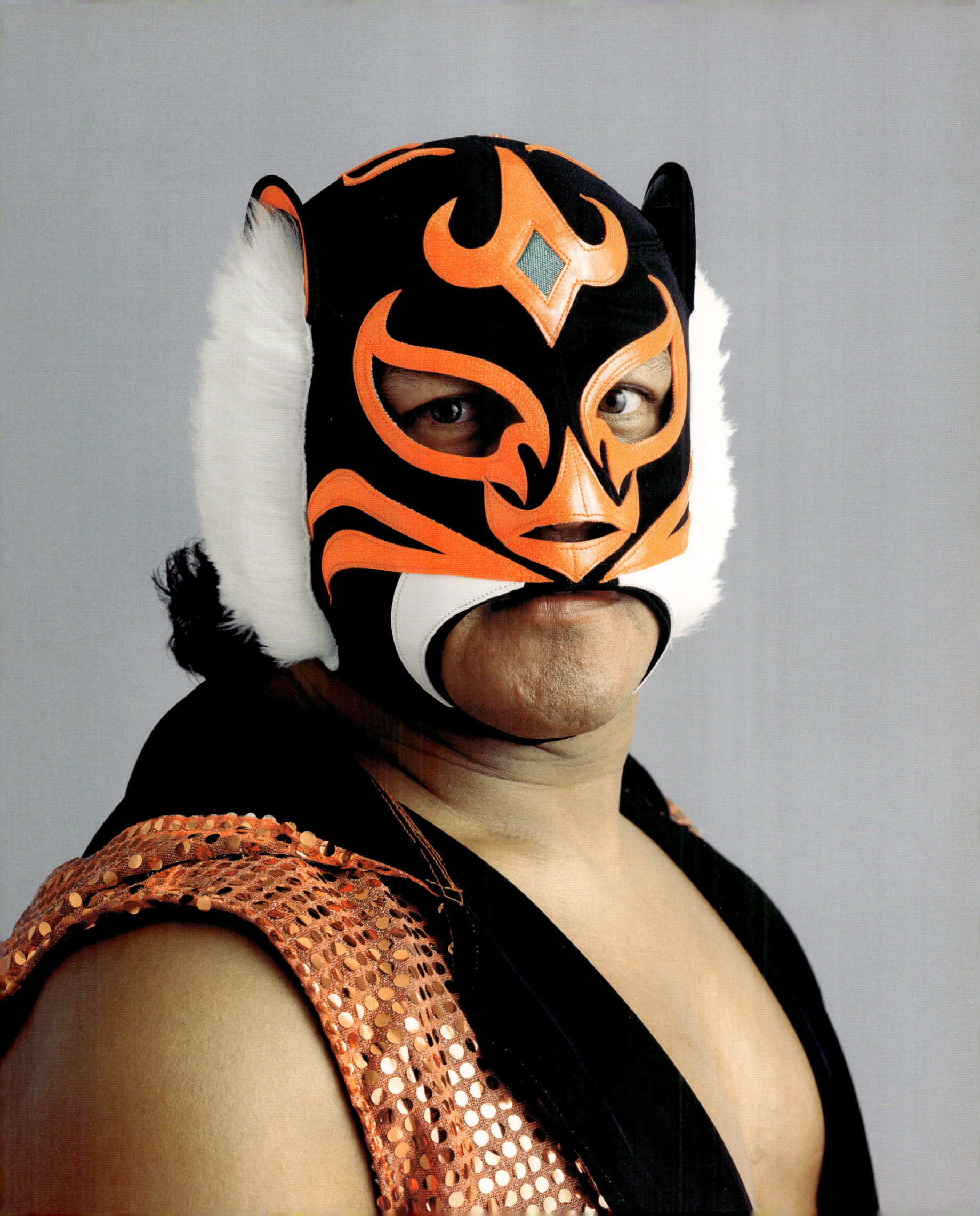

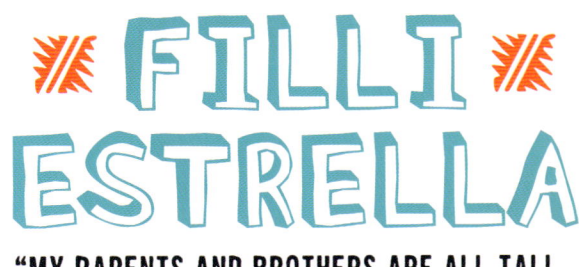

FILLI ESTRELLA

"MY PARENTS AND BROTHERS ARE ALL TALL,
I'M THE ONLY SHORT ONE"

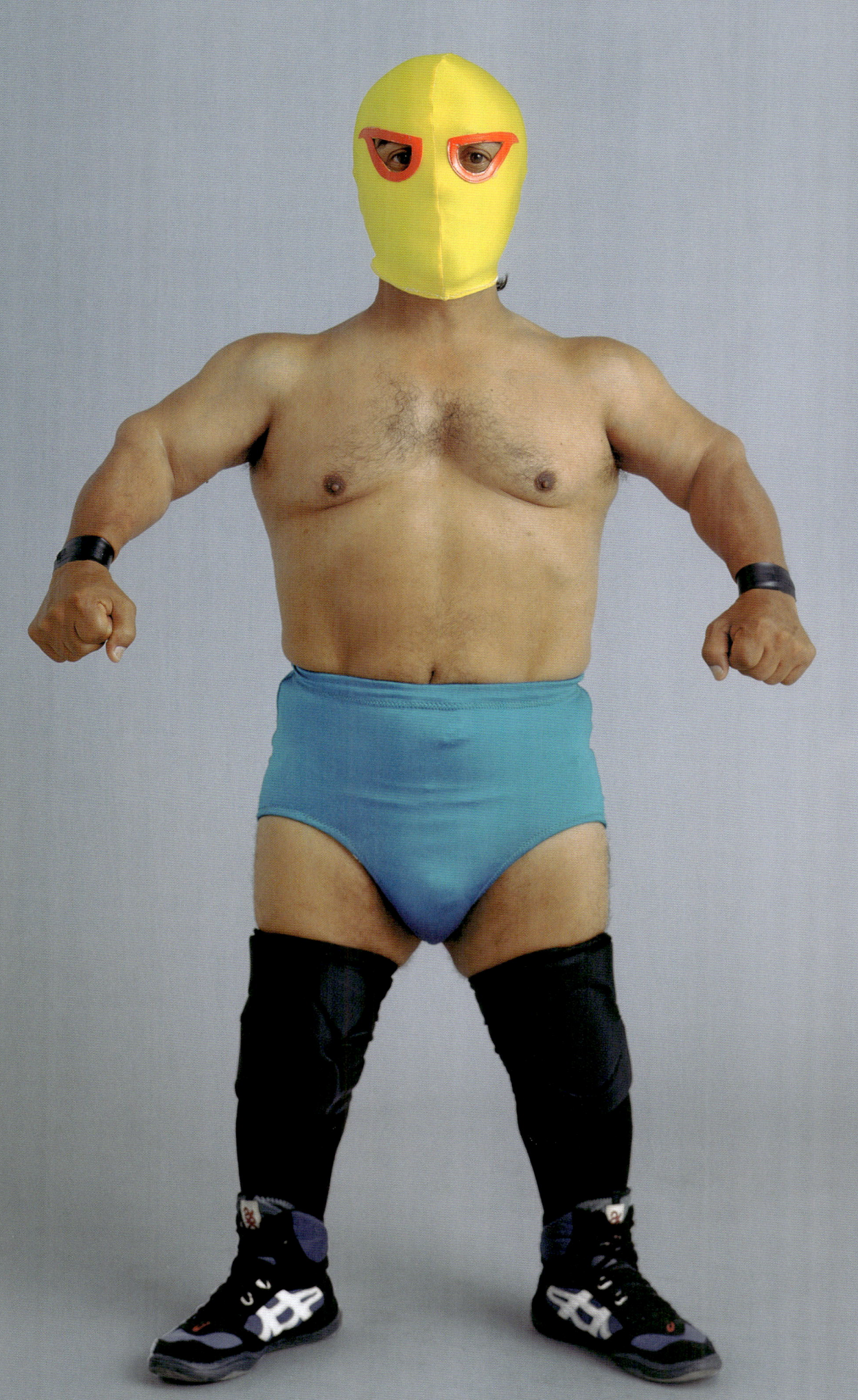

GALENO

"I WAS VERY VIOLENT WHEN I WAS YOUNGER,
WRESTLING HAS CALMED ME DOWN"

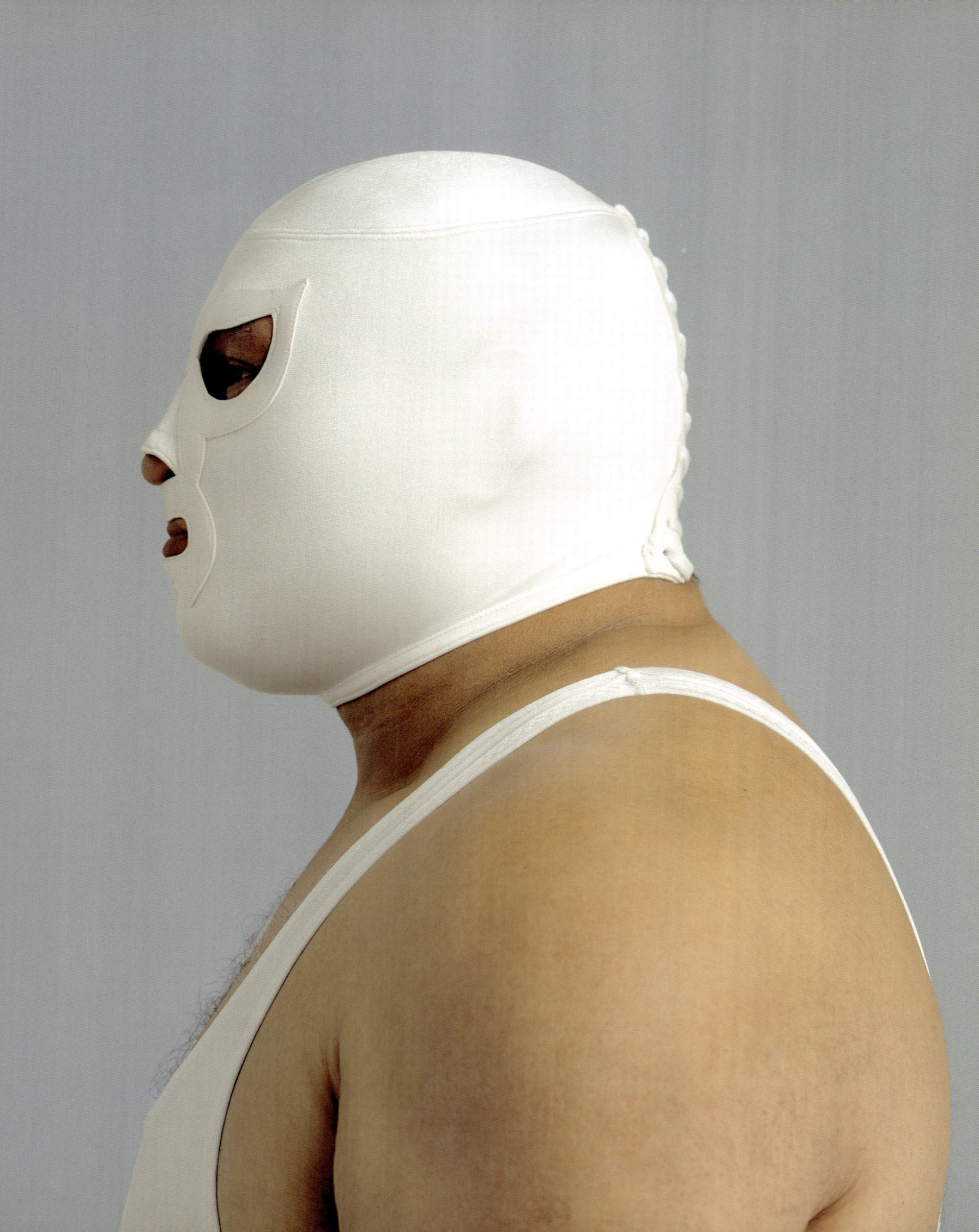

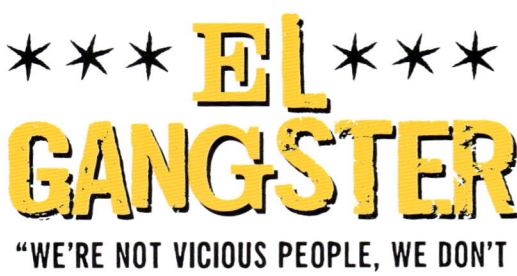
★★★ EL ★★★
GANGSTER
"WE'RE NOT VICIOUS PEOPLE, WE DON'T DRINK OR SMOKE"

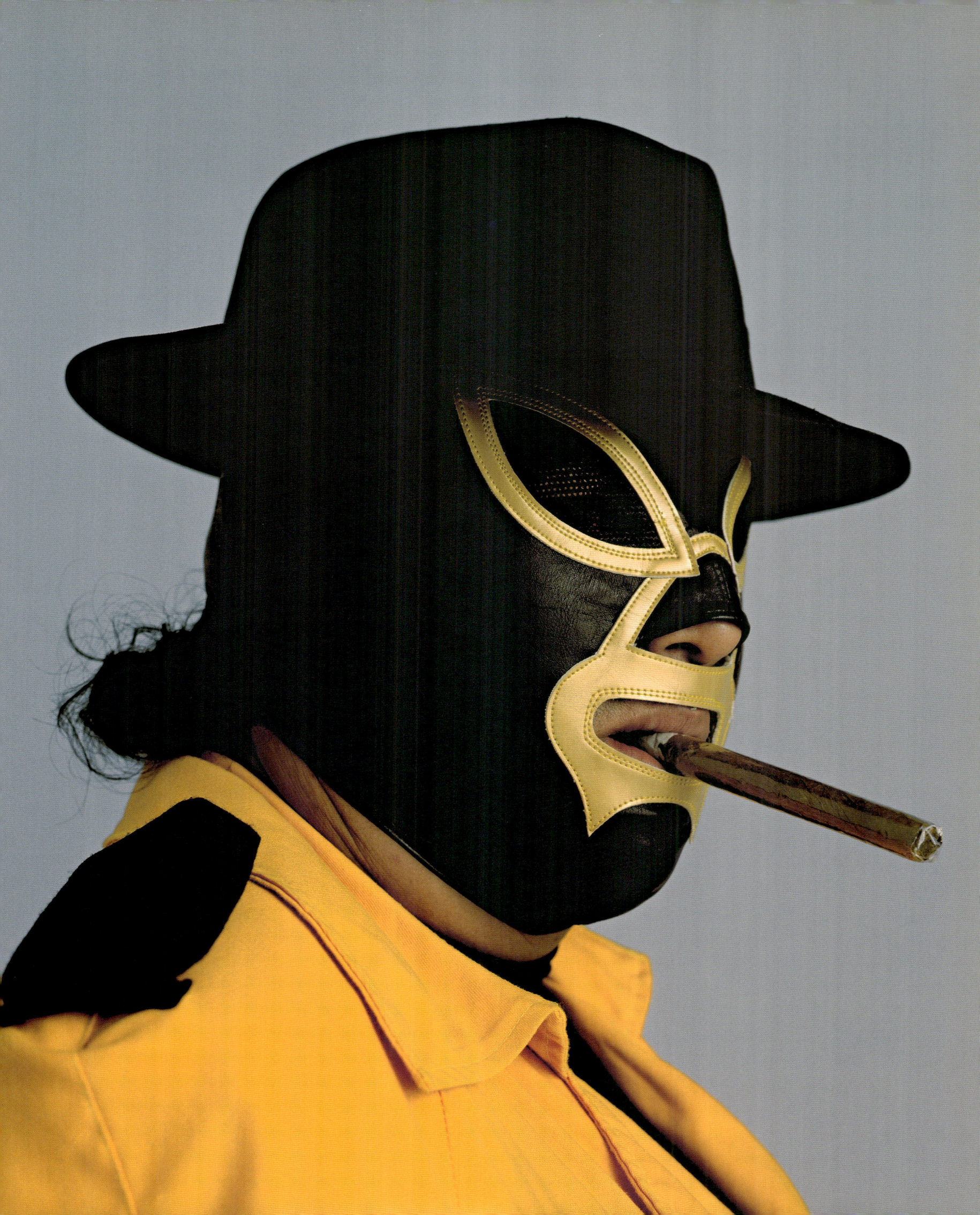

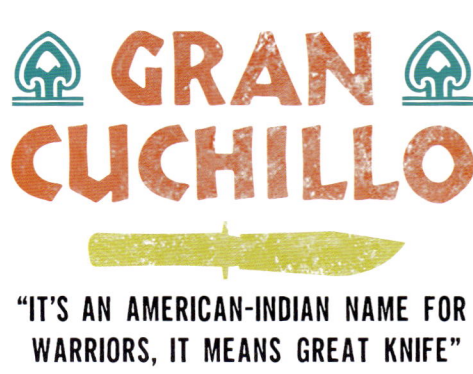

"IT'S AN AMERICAN-INDIAN NAME FOR
WARRIORS, IT MEANS GREAT KNIFE"

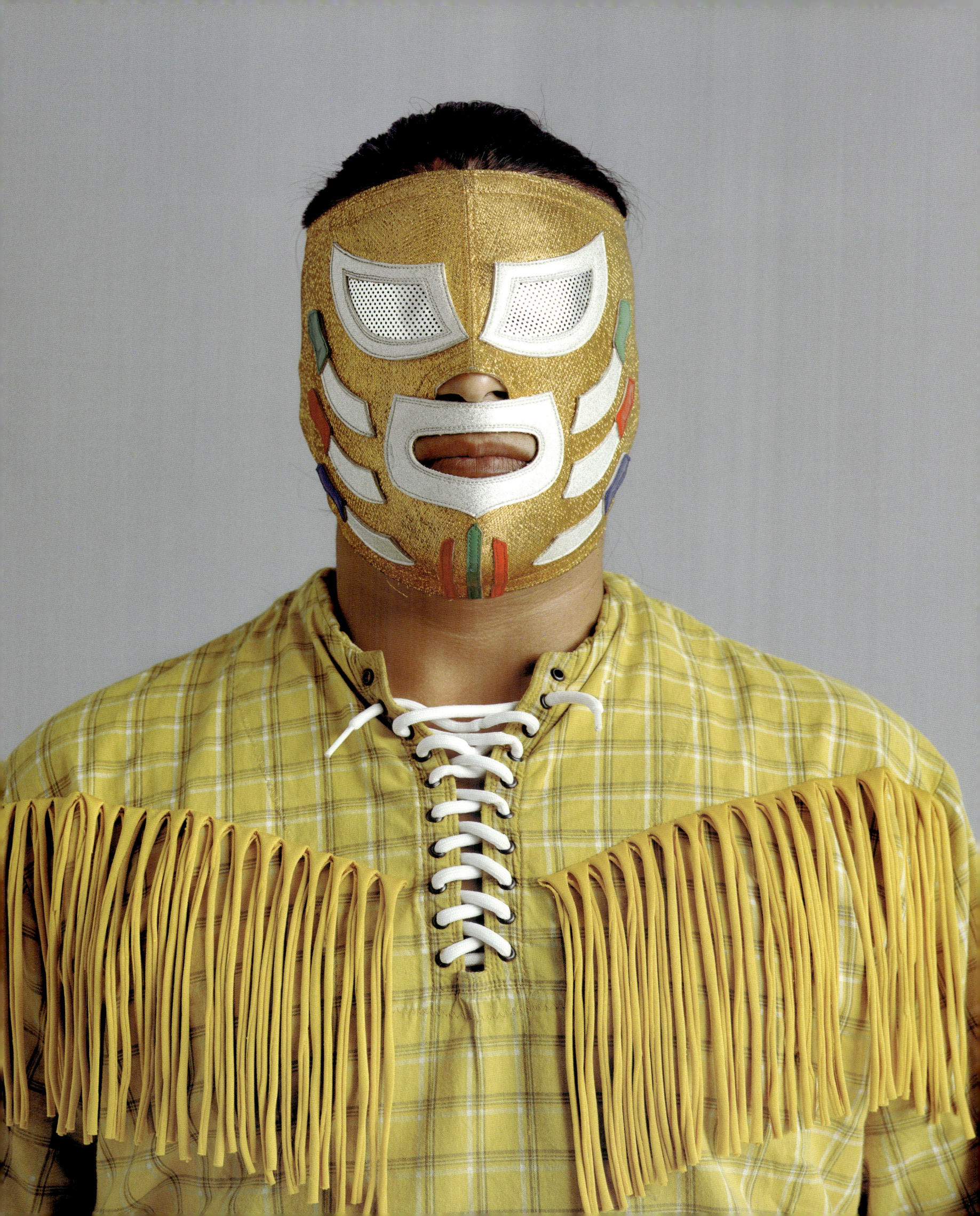

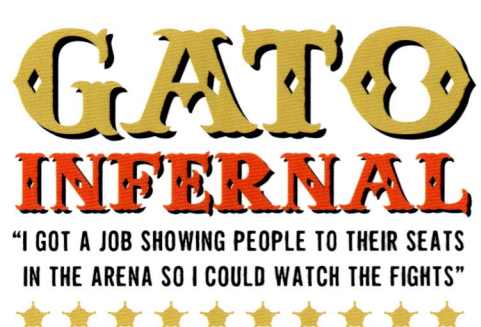

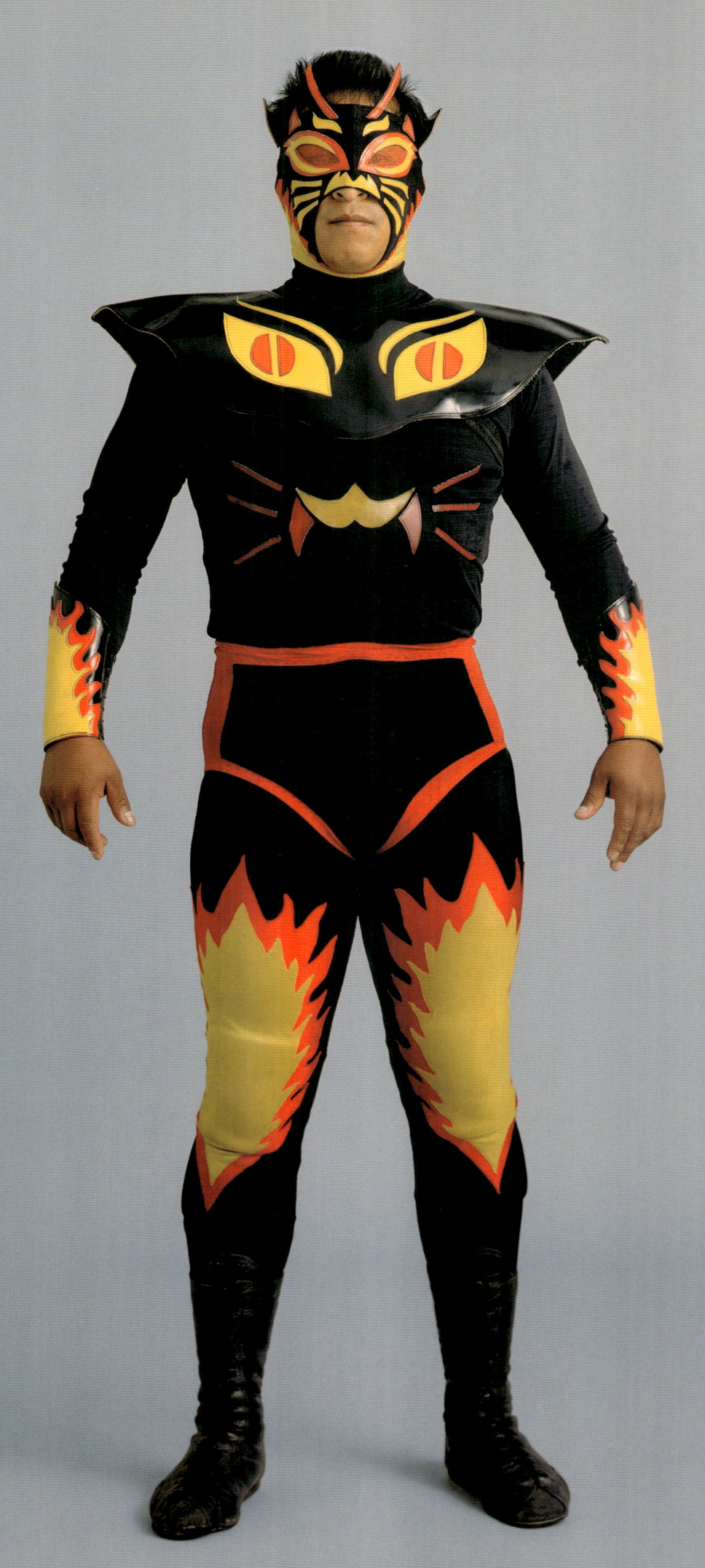

GRAN MARCUS

"BESIDES WRESTLING I'M ALSO AN ACCOUNTANT AT THE AIRPORT CUSTOMS OFFICE"

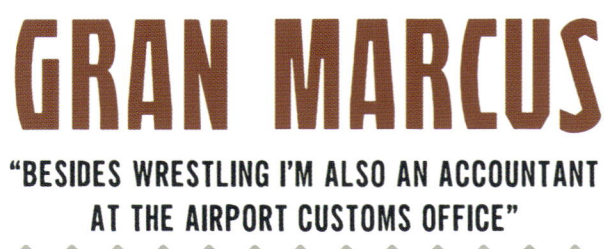

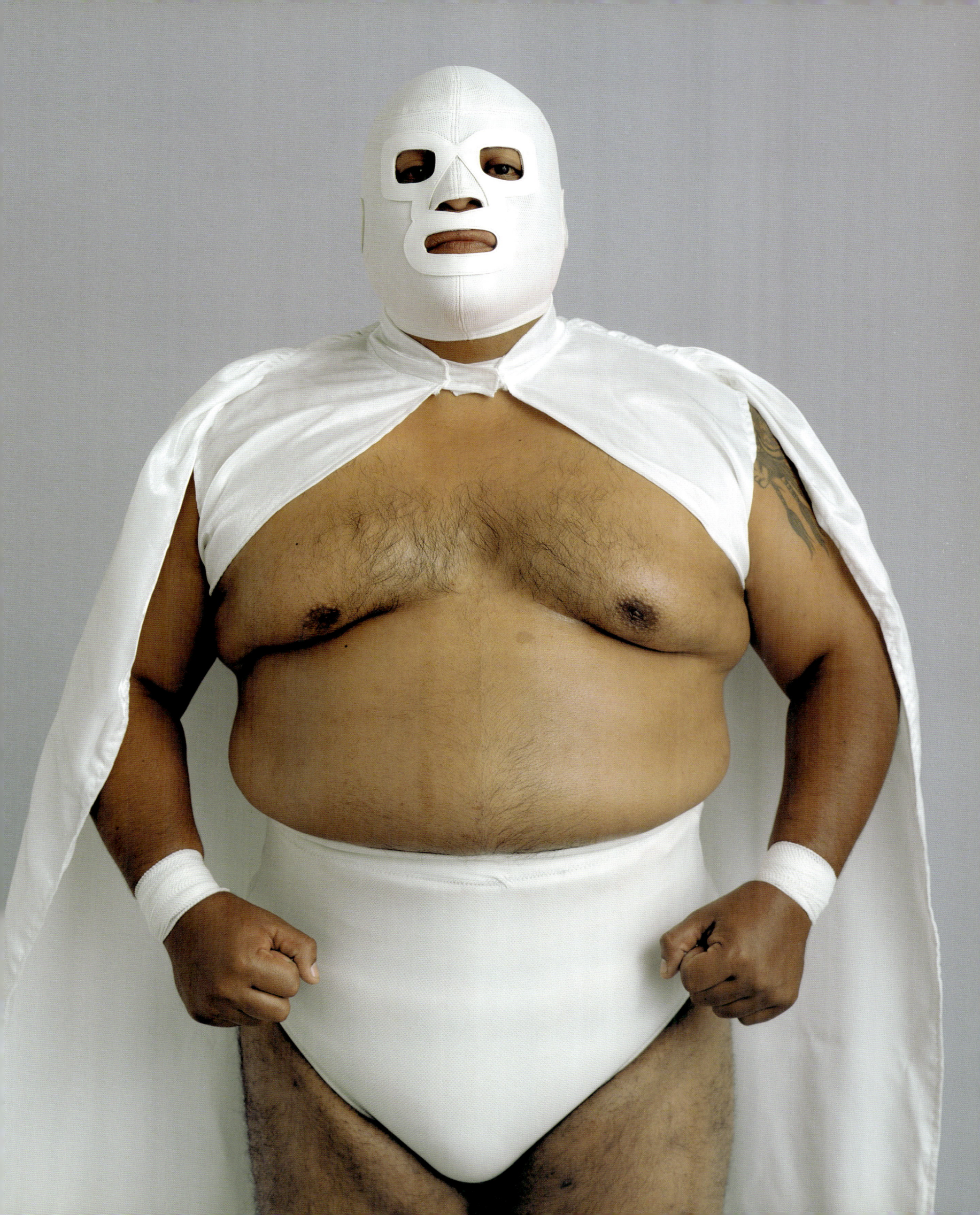

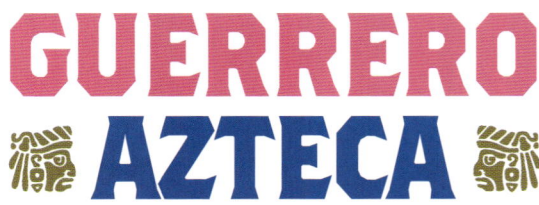

"I CAN'T TELL YOU MY REAL NAME, IT'S IMPORTANT FOR US TO HIDE OUR FACE AND IDENTITIES"

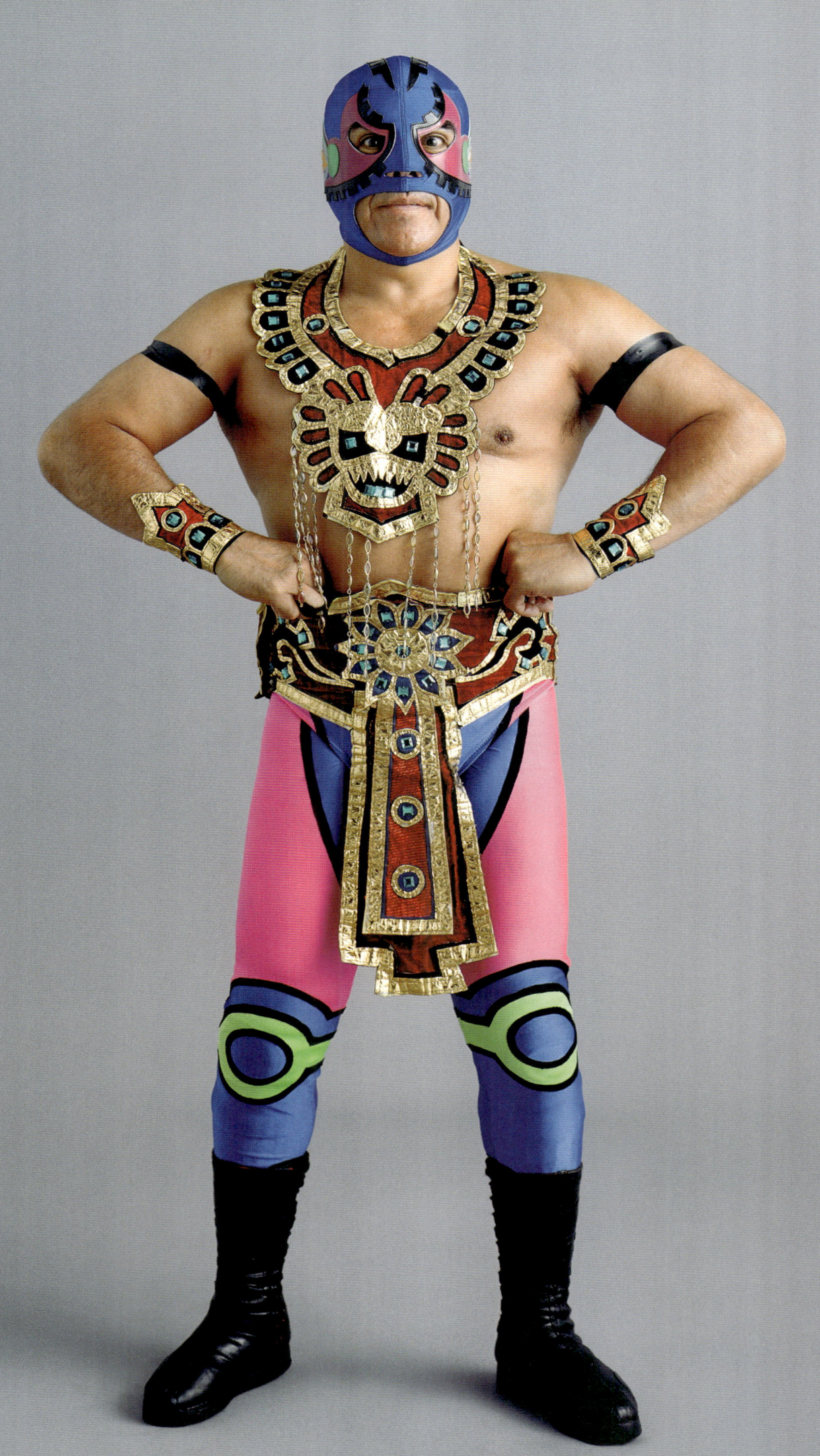

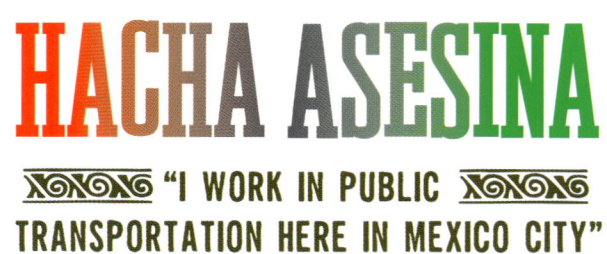

HACHA ASESINA

"I WORK IN PUBLIC TRANSPORTATION HERE IN MEXICO CITY"

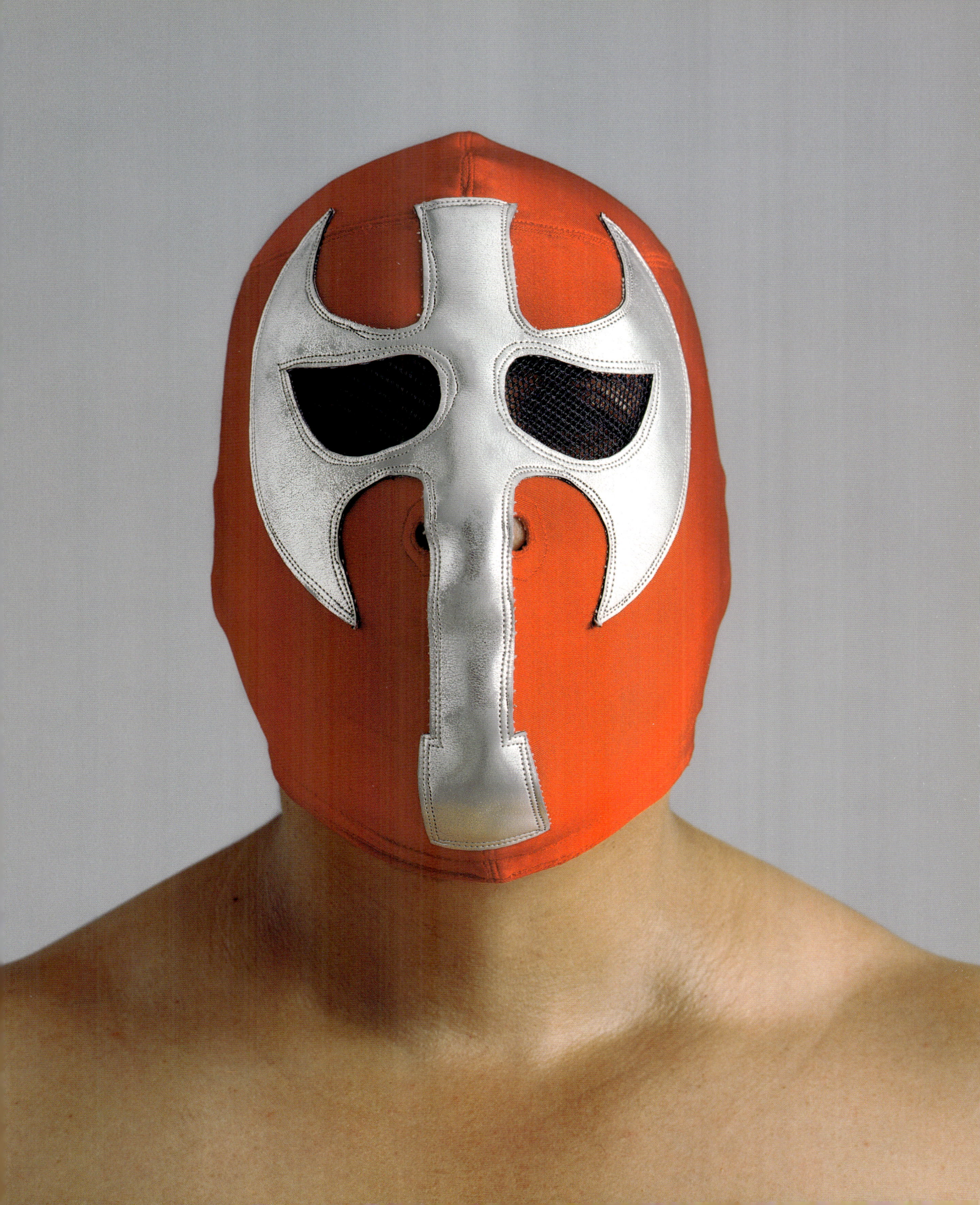

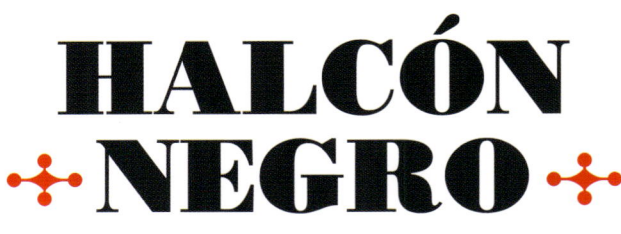

HALCÓN NEGRO

"I ONCE MADE LOVE WITH EIGHT WOMEN,
THEY HAVE ALWAYS LOVED MY HAIR"

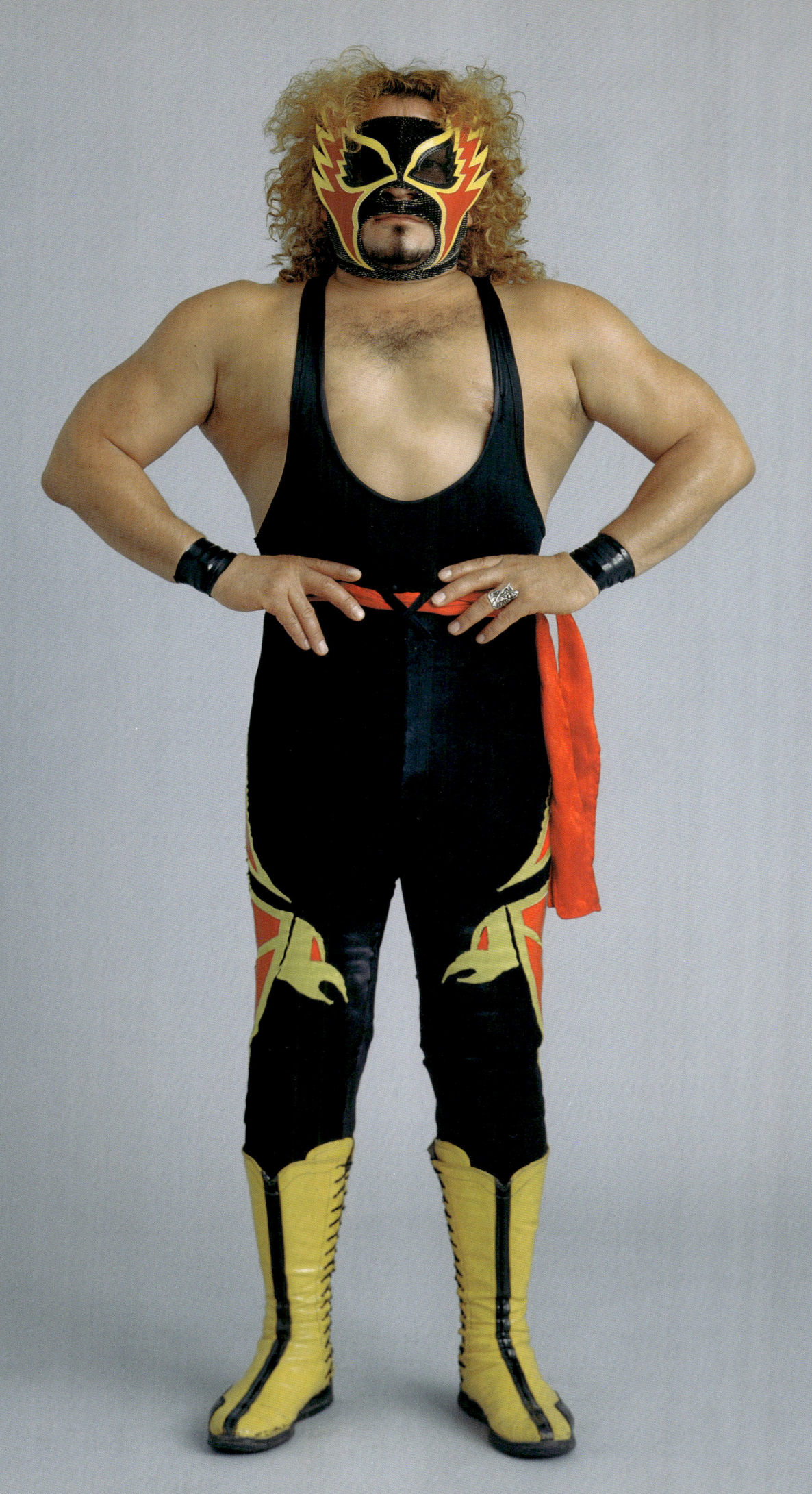

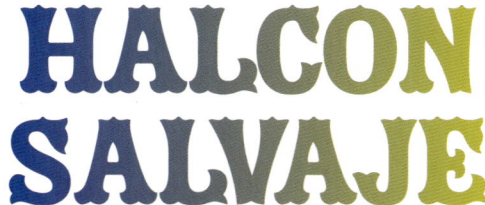

HALCON SALVAJE

"WHEN I WAS YOUNG I HAD TO DEFEND MYSELF IN
THE NEIGHBORHOOD, SO I LEARNED TO WRESTLE"

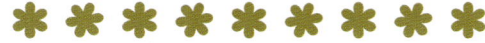

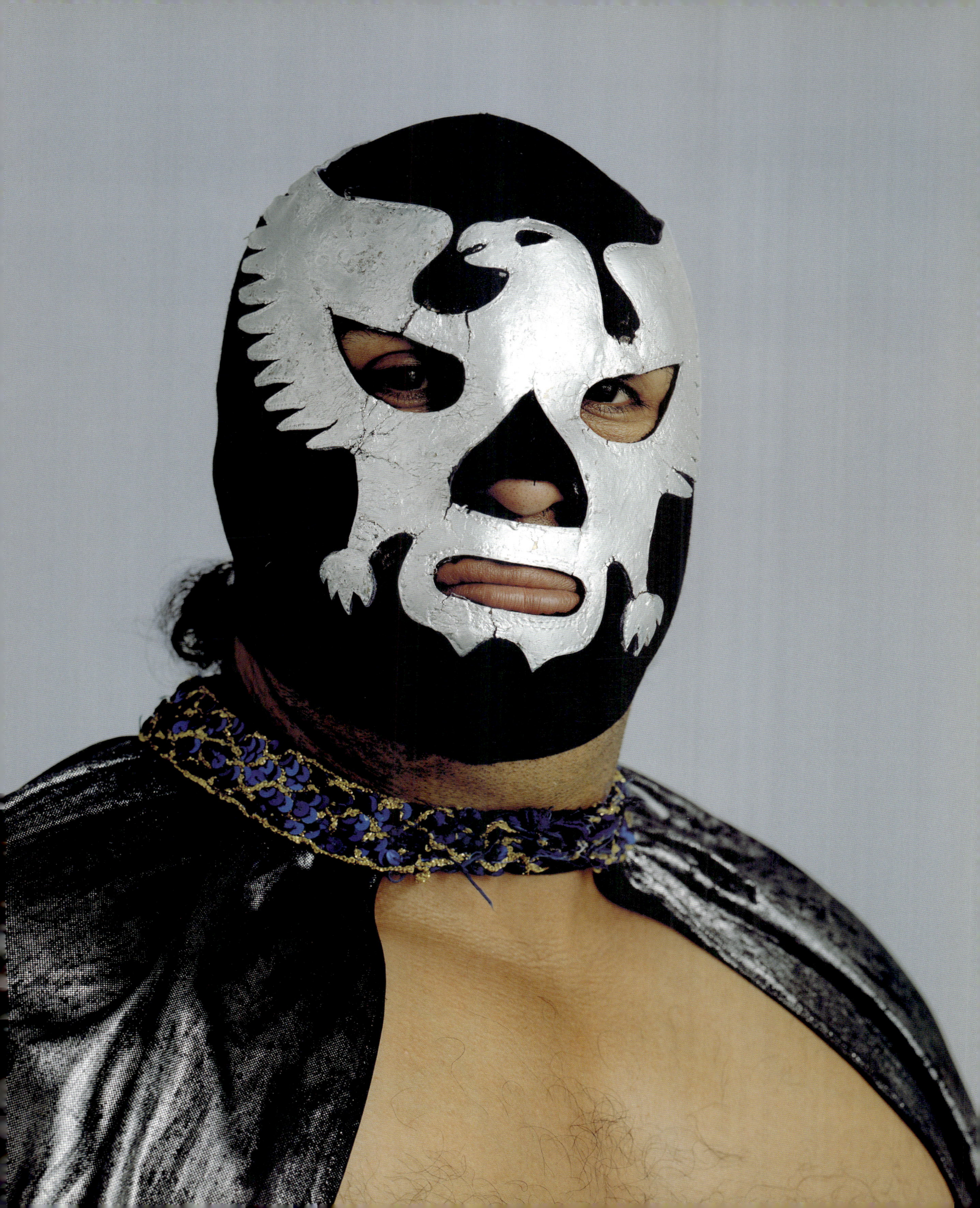

HERMANO MUERTO

"I PREPARE ALL WEEK LONG IN ORDER
TO DEFEAT MY RIVAL"

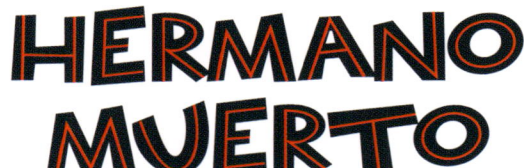

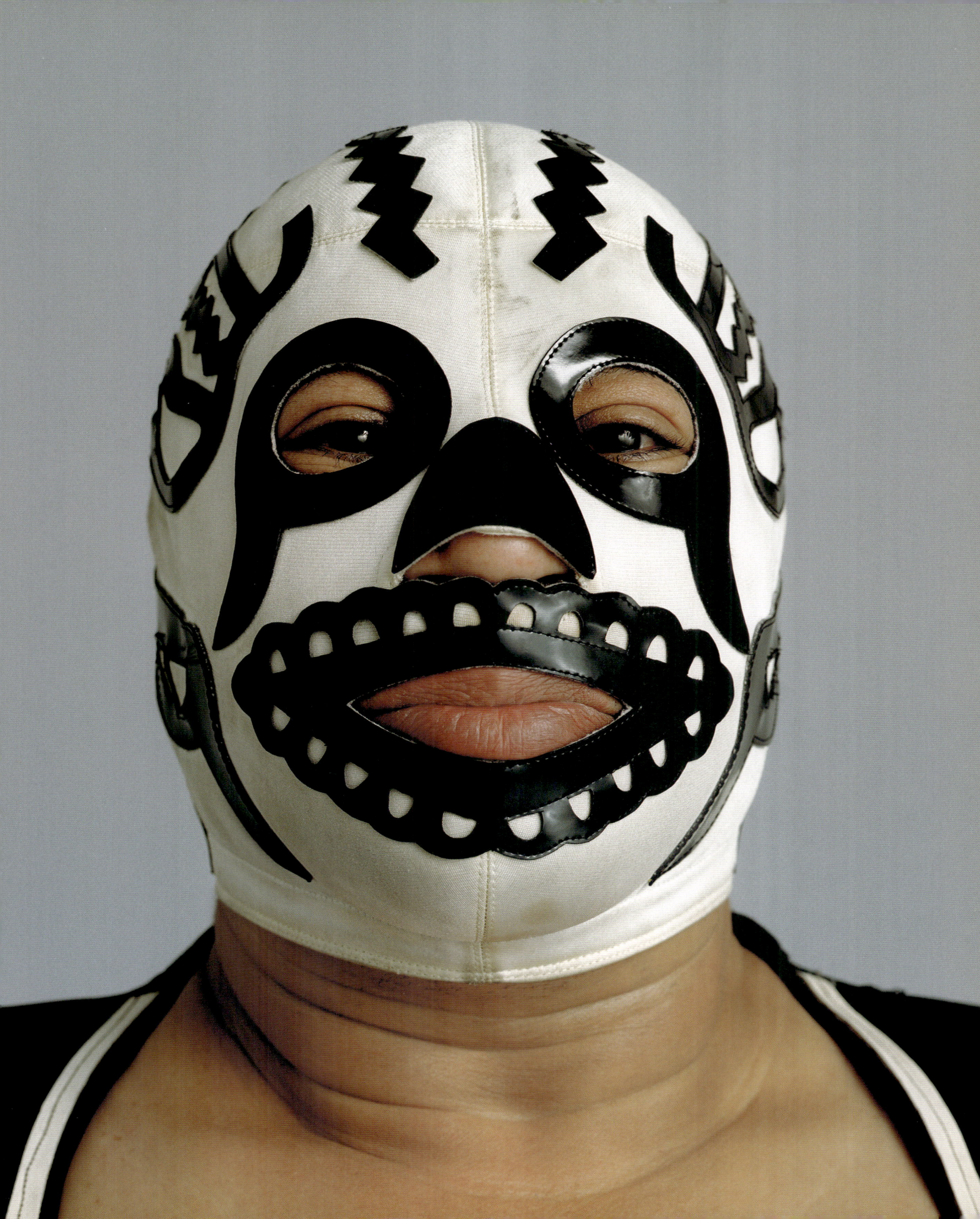

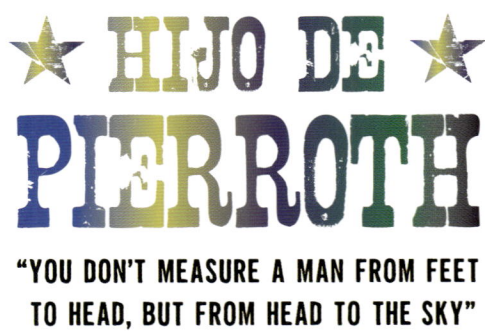

★ HIJO DE ★
PIERROTH

"YOU DON'T MEASURE A MAN FROM FEET
TO HEAD, BUT FROM HEAD TO THE SKY"

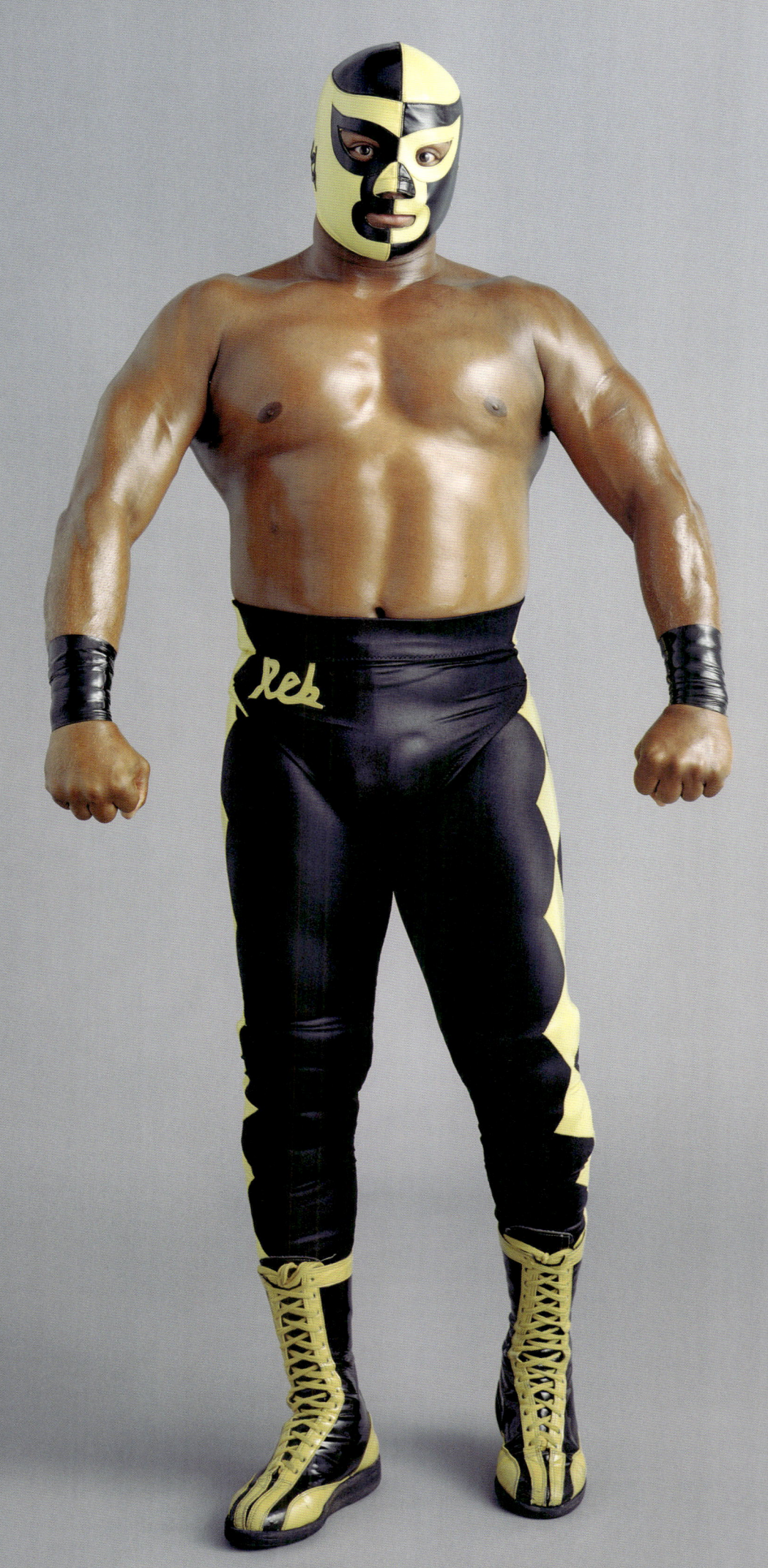

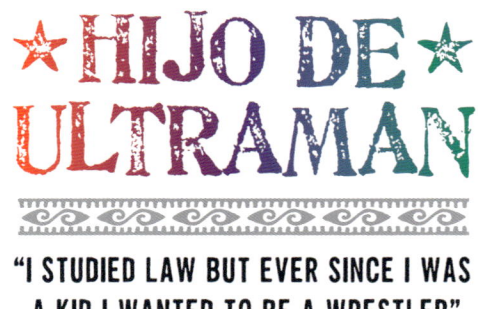

★HIJO DE★ ULTRAMAN

"I STUDIED LAW BUT EVER SINCE I WAS A KID I WANTED TO BE A WRESTLER"

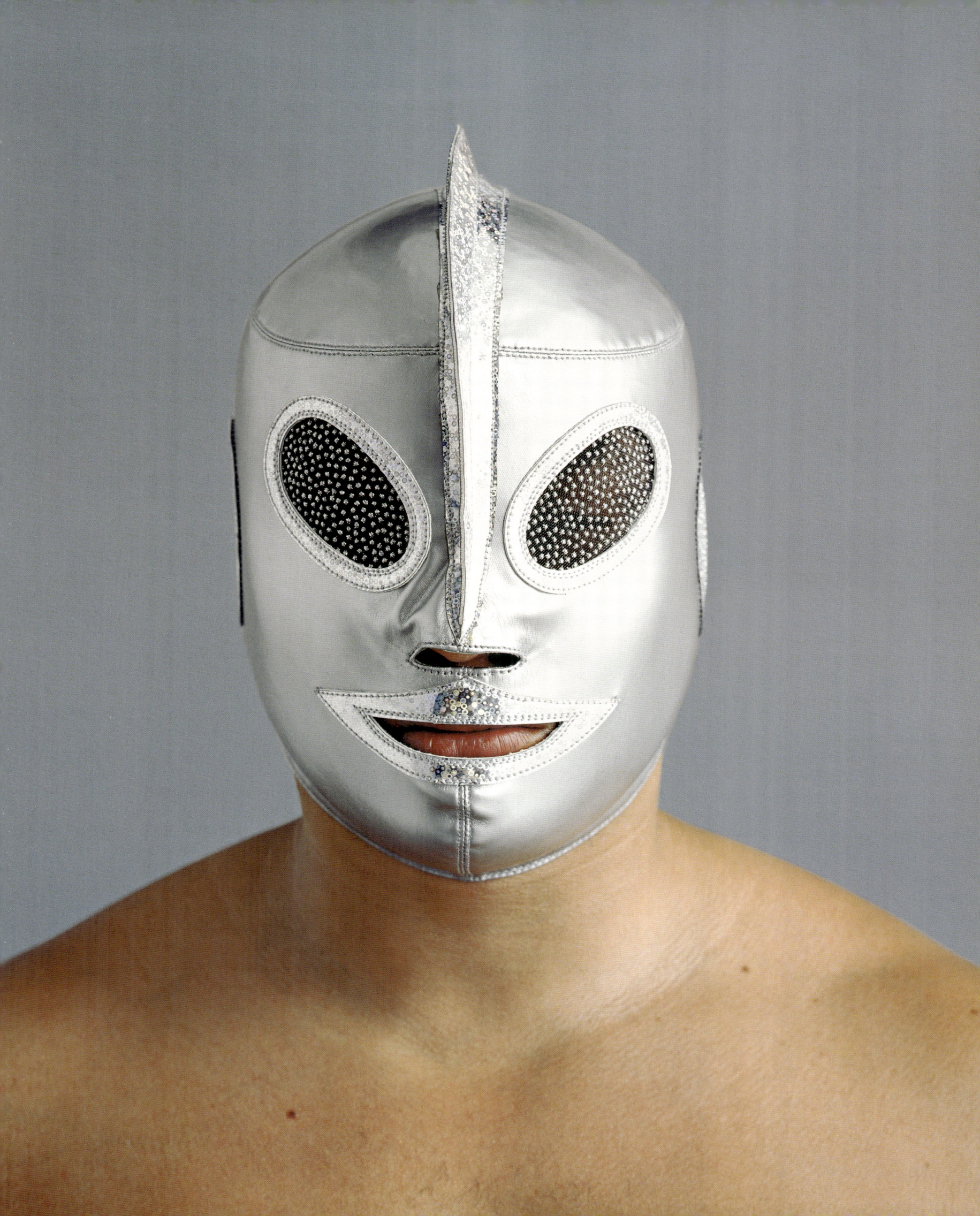

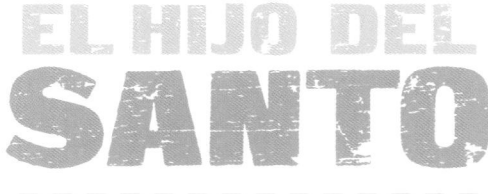

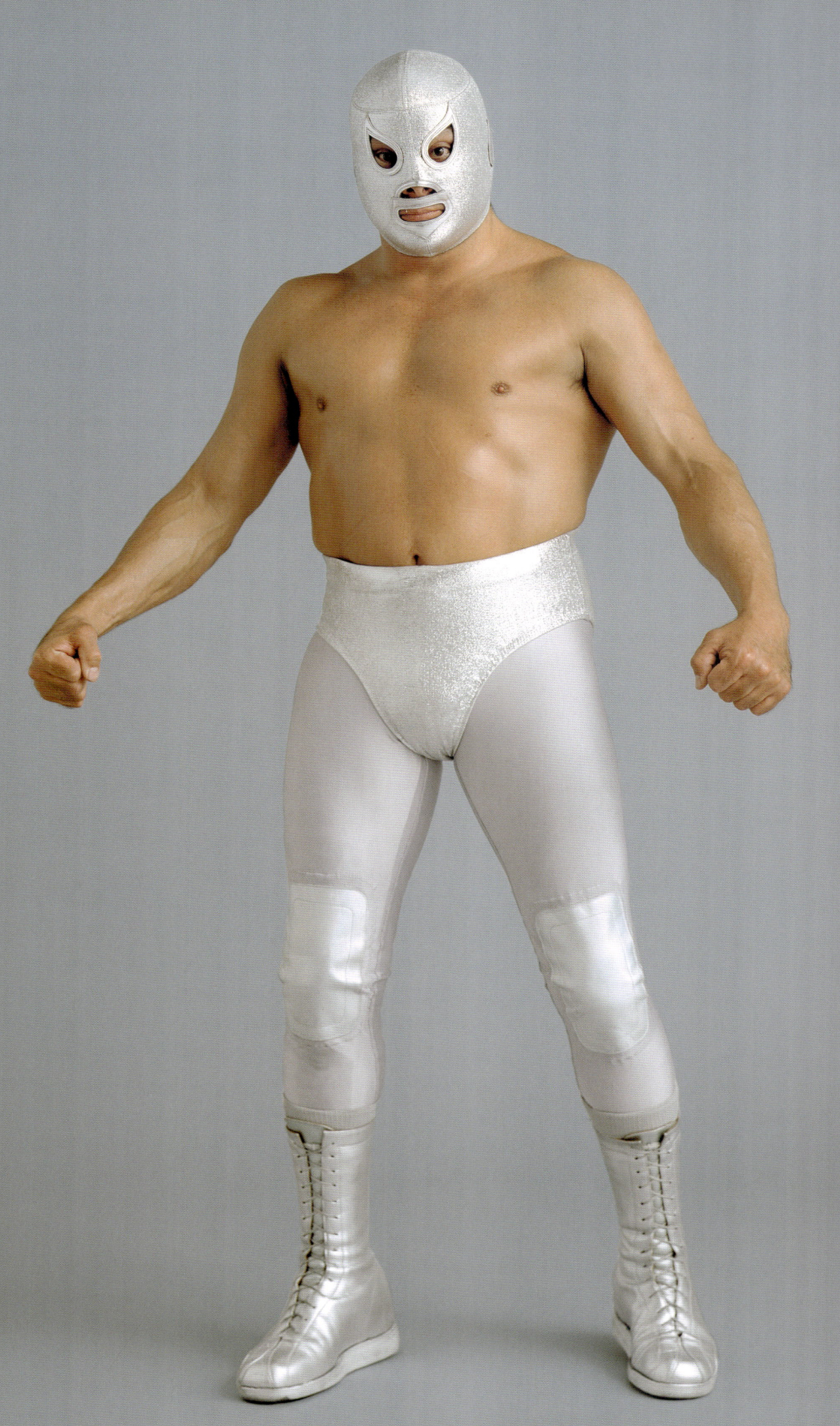

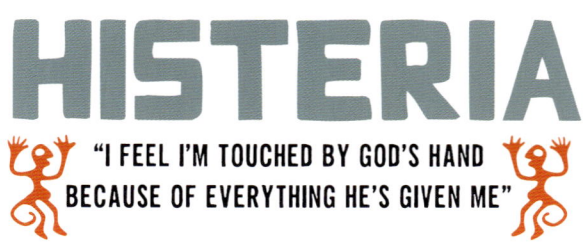

HISTERIA

"I FEEL I'M TOUCHED BY GOD'S HAND
BECAUSE OF EVERYTHING HE'S GIVEN ME"

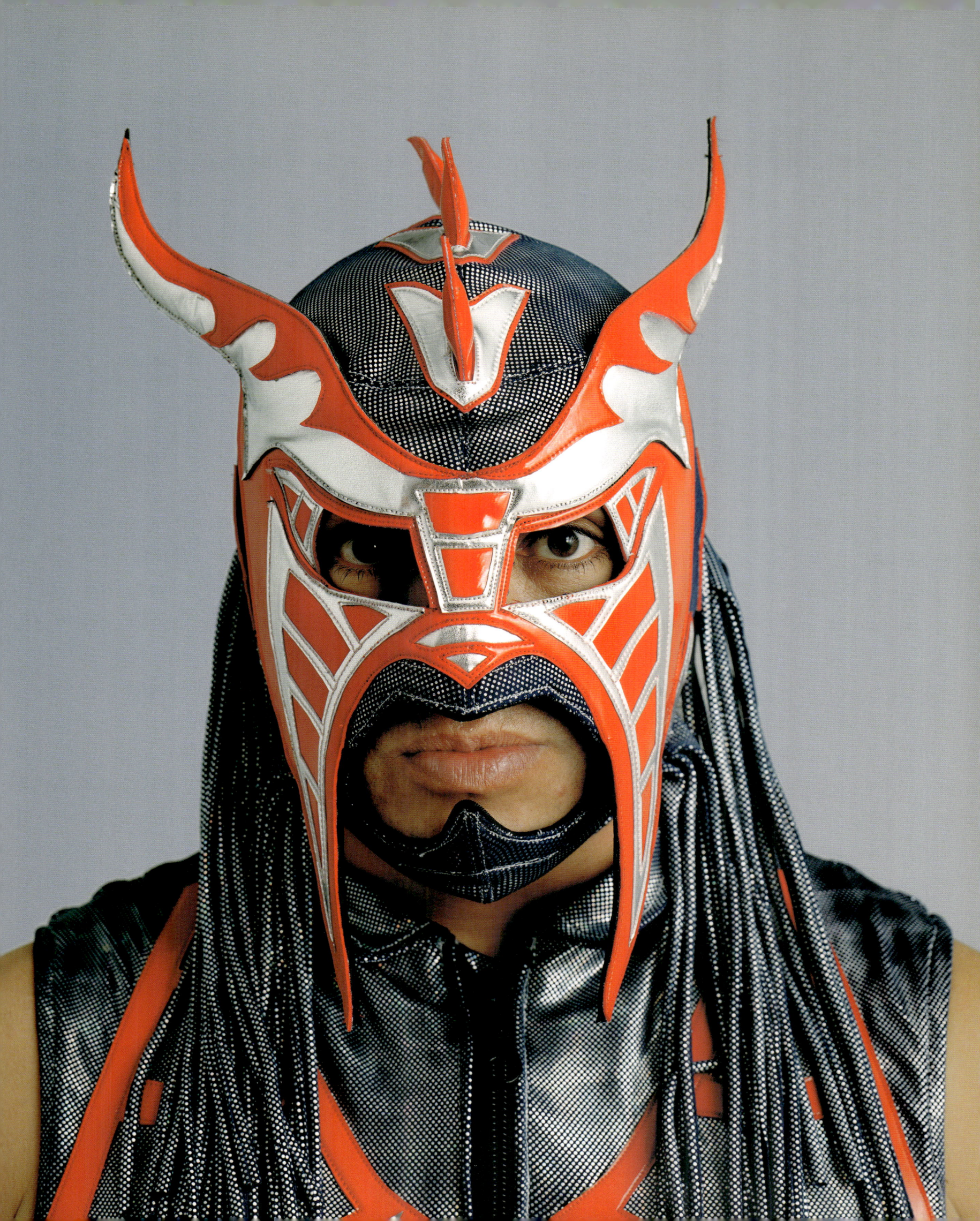

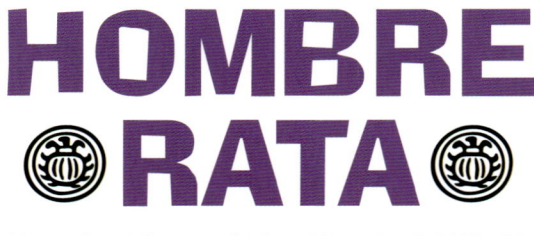

HOMBRE
RATA

"I'M 42, I DEAL IN CLOTHES AND I DESIGNED THIS COSTUME MYSELF"

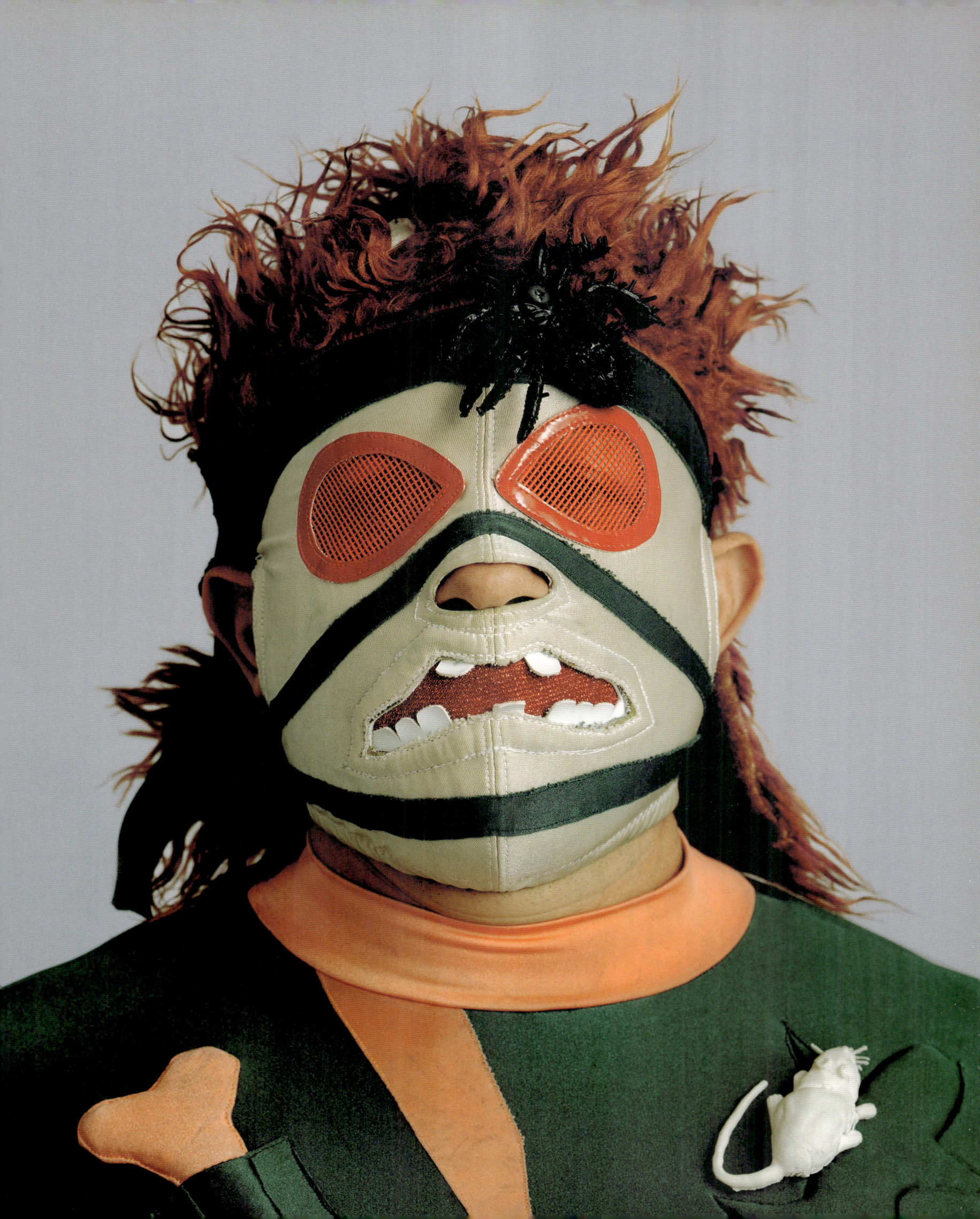

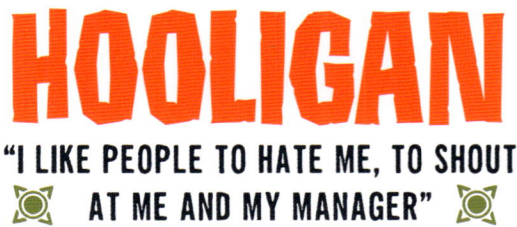

HOOLIGAN

"I LIKE PEOPLE TO HATE ME, TO SHOUT AT ME AND MY MANAGER"

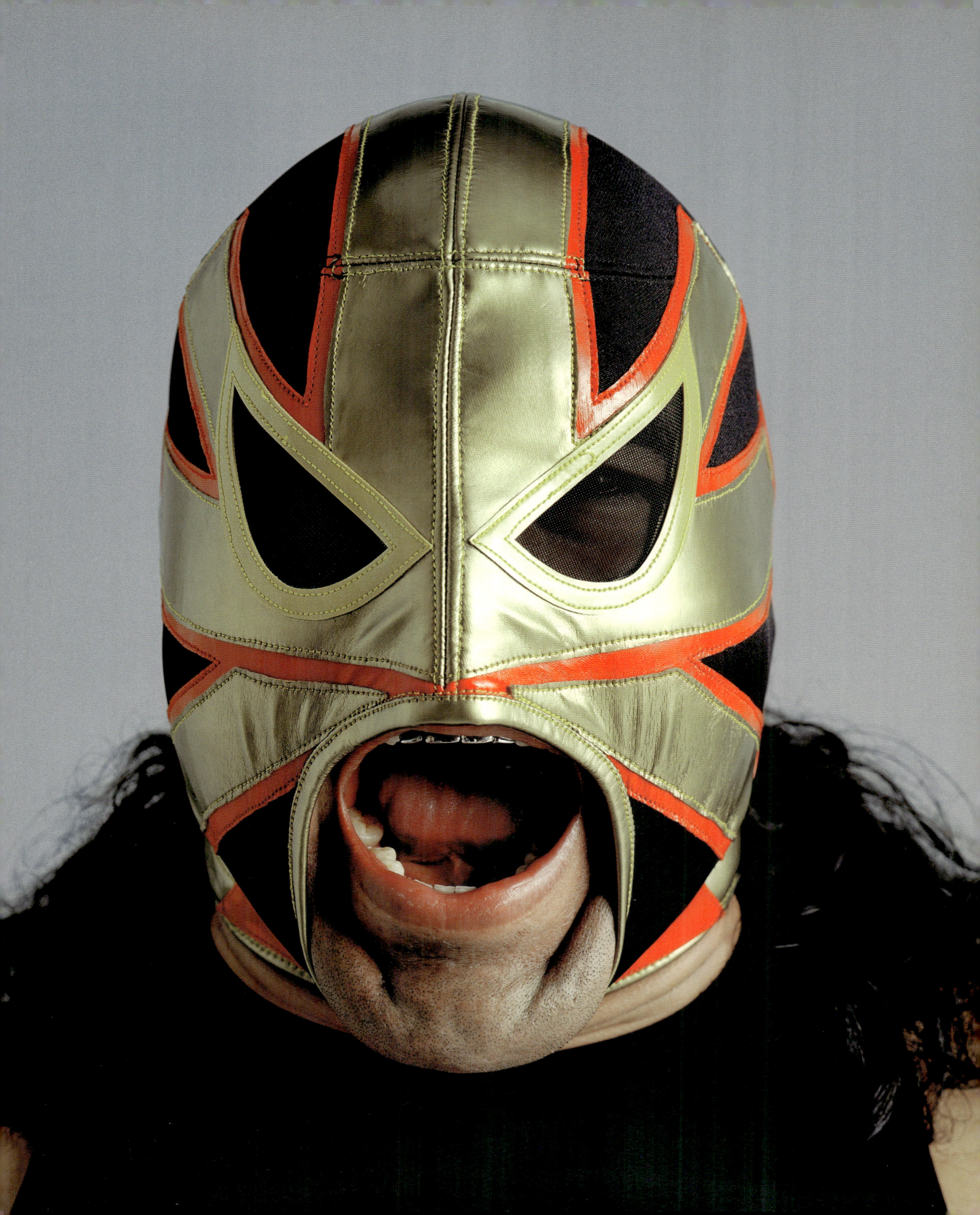

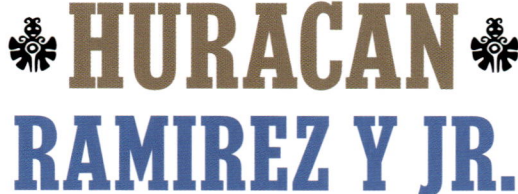

❖HURACAN❖

RAMIREZ Y JR.

"FOR US IT'S AN ART FORM, BEING ABLE TO
HIT THEM WITH ELEGANCE AND FINESSE"

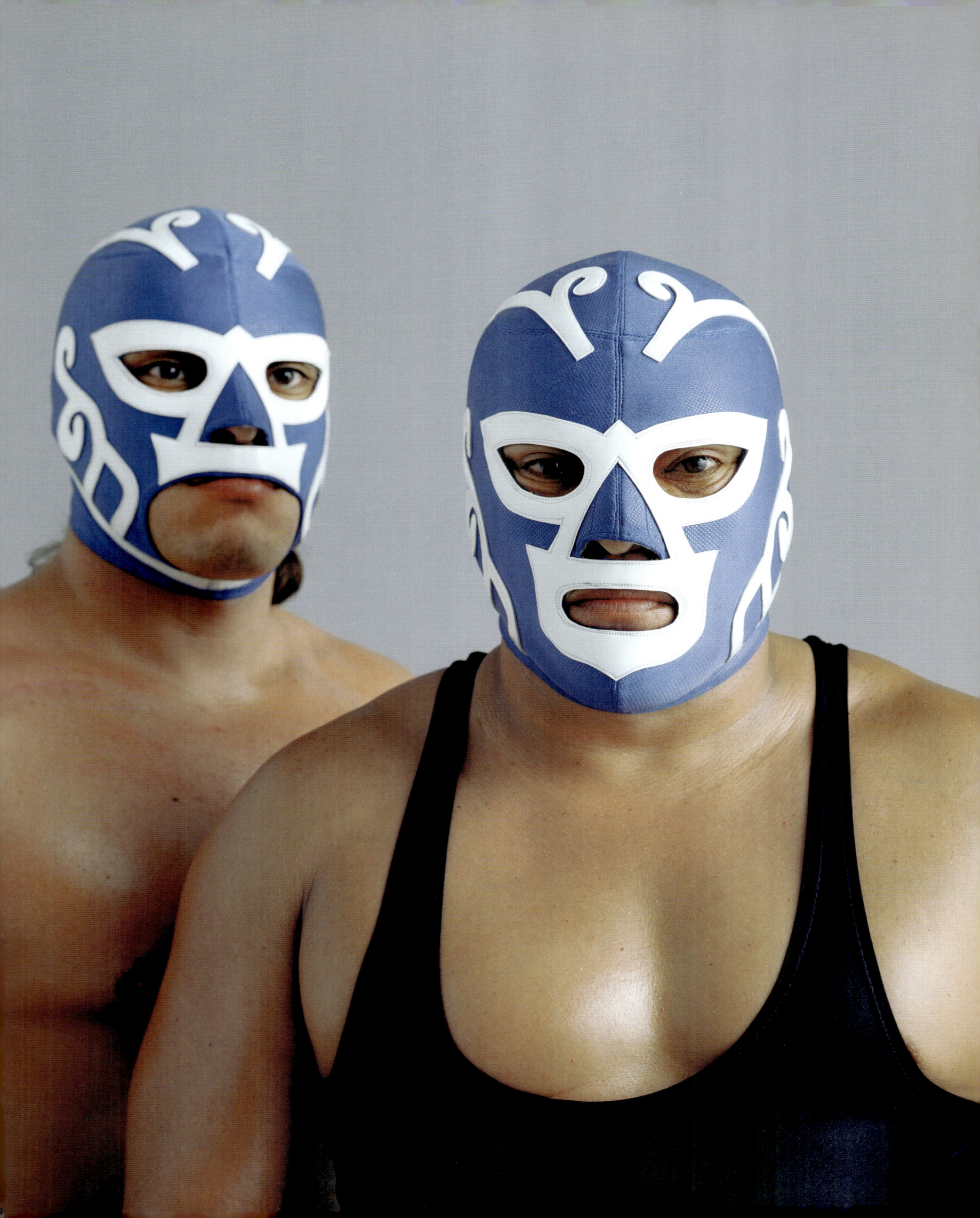

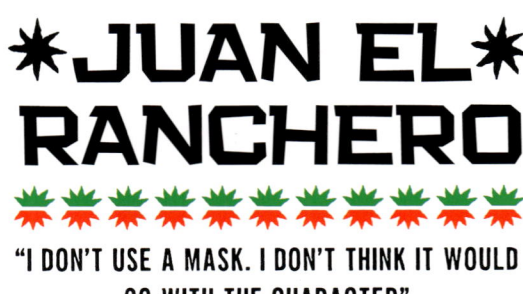

✳JUAN EL✳
RANCHERO

"I DON'T USE A MASK. I DON'T THINK IT WOULD
GO WITH THE CHARACTER"

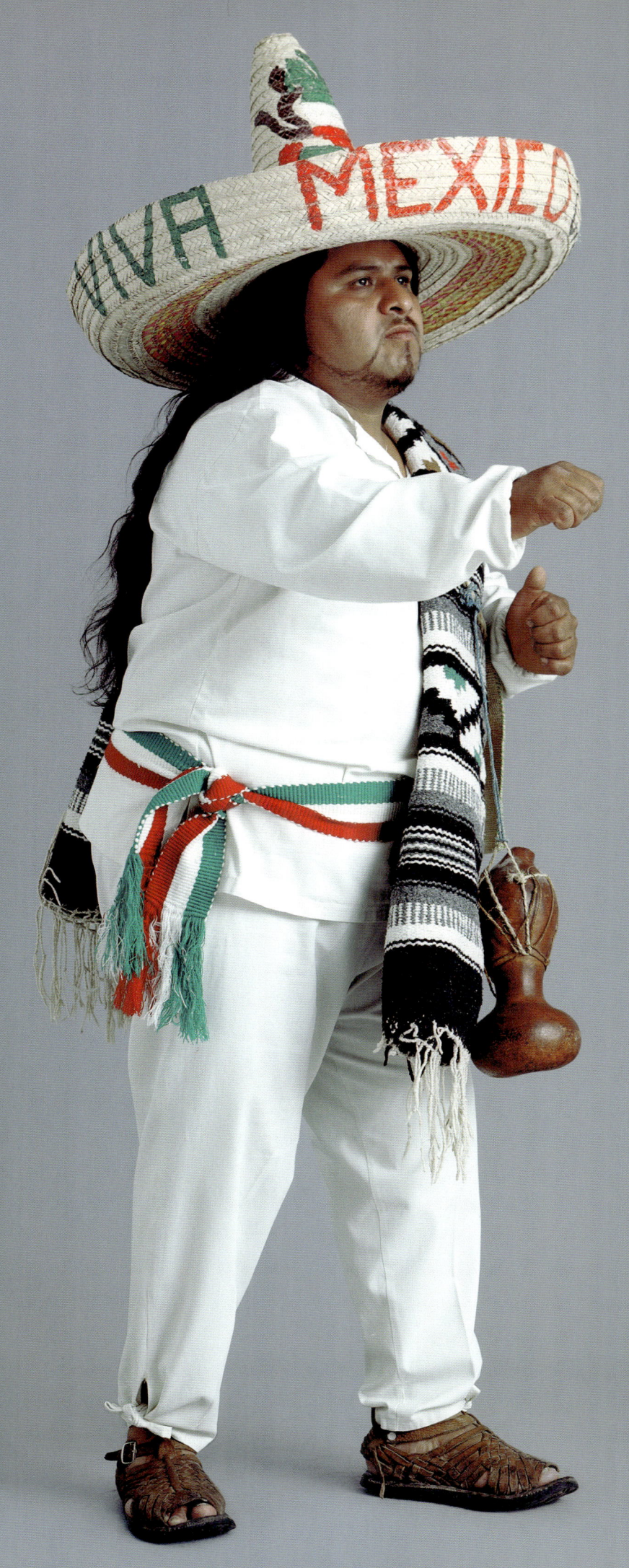

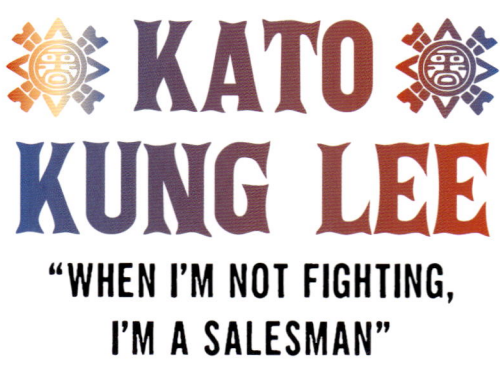

KATO
KUNG LEE
"WHEN I'M NOT FIGHTING,
I'M A SALESMAN"

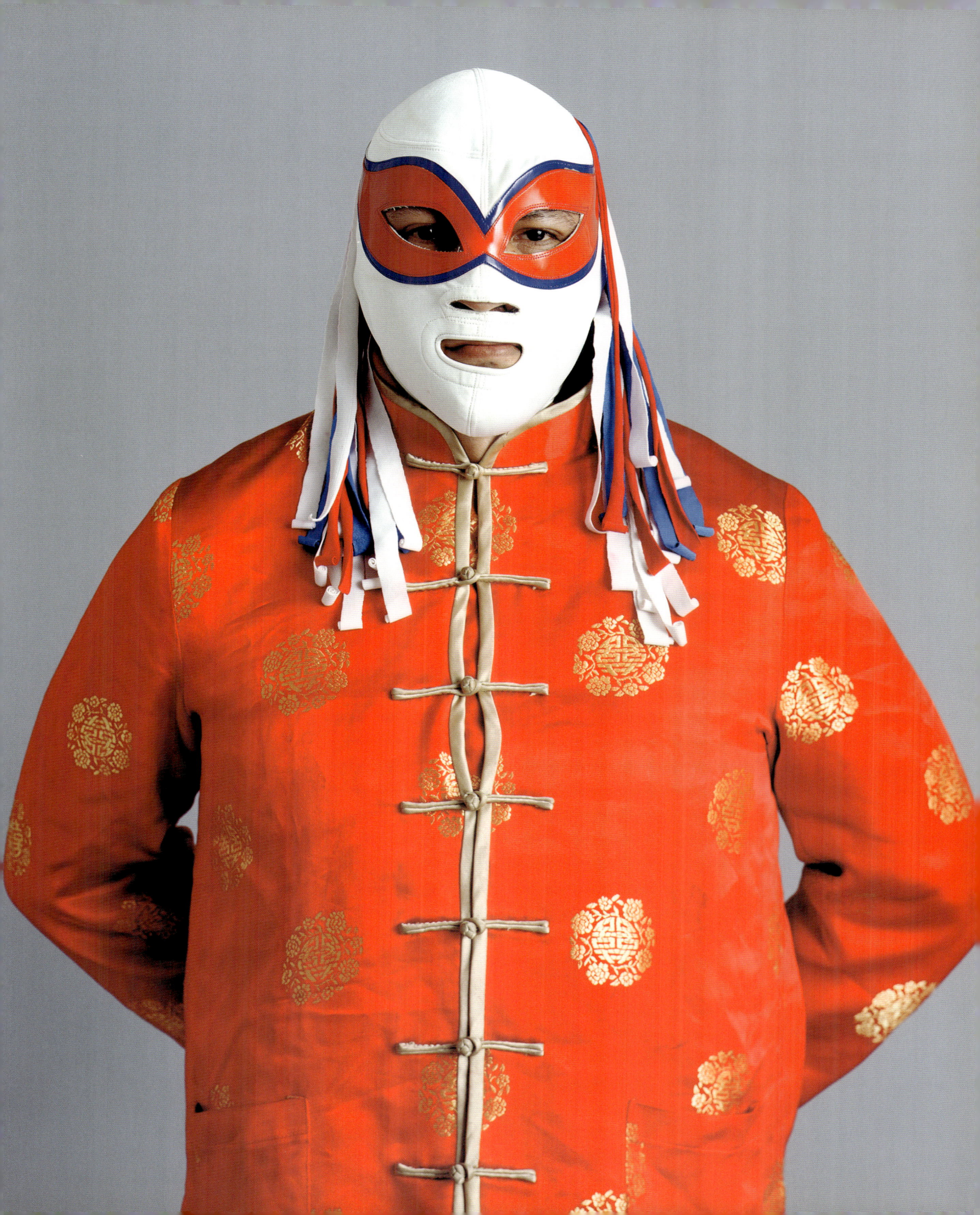

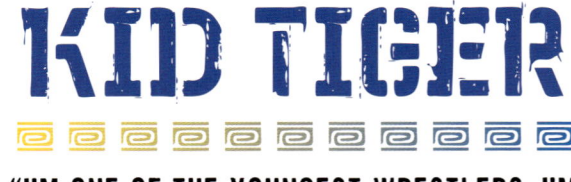

KID TIGER

"I'M ONE OF THE YOUNGEST WRESTLERS, I'M
STILL STUDYING AT HIGH SCHOOL"

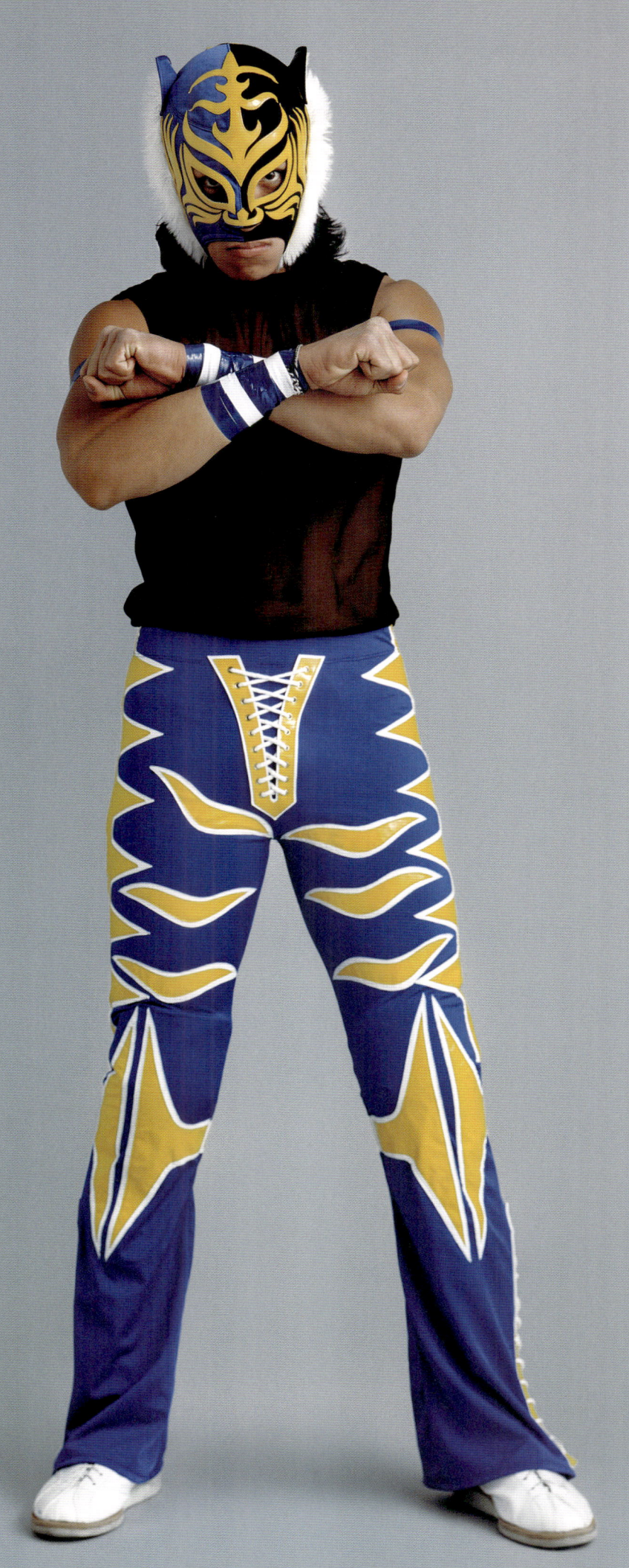

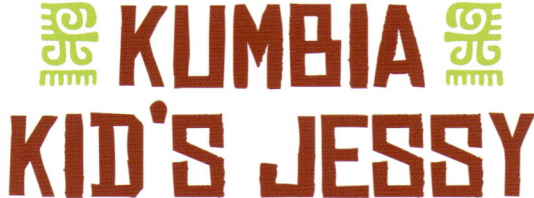

KUMBIA
KID'S JESSY

"I COME FROM A FAMILY OF WRESTLERS,
MY MOM, MY GRANDMOTHER, MY AUNT…"

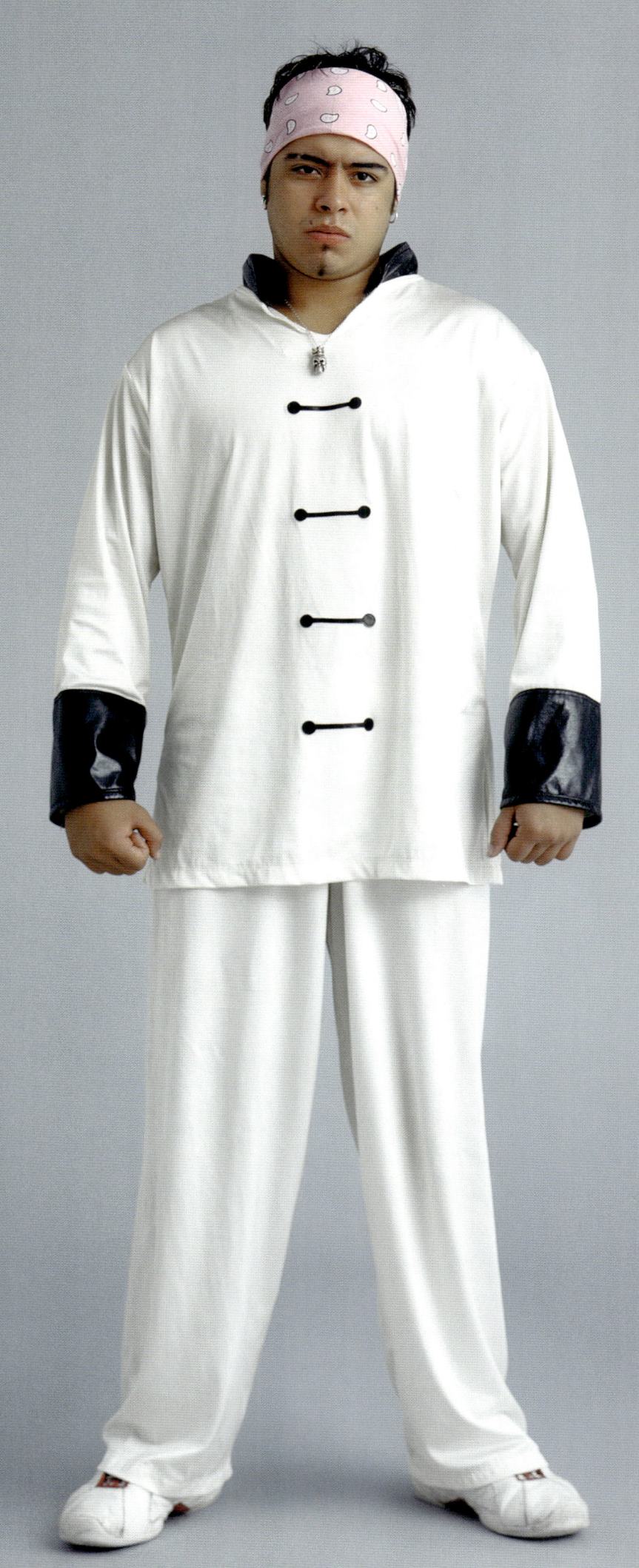

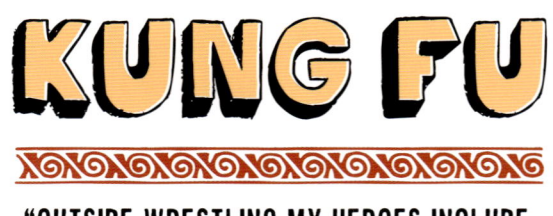

KUNG FU

"OUTSIDE WRESTLING MY HEROES INCLUDE
MOTHER THERESA AND MARTIN LUTHER KING"

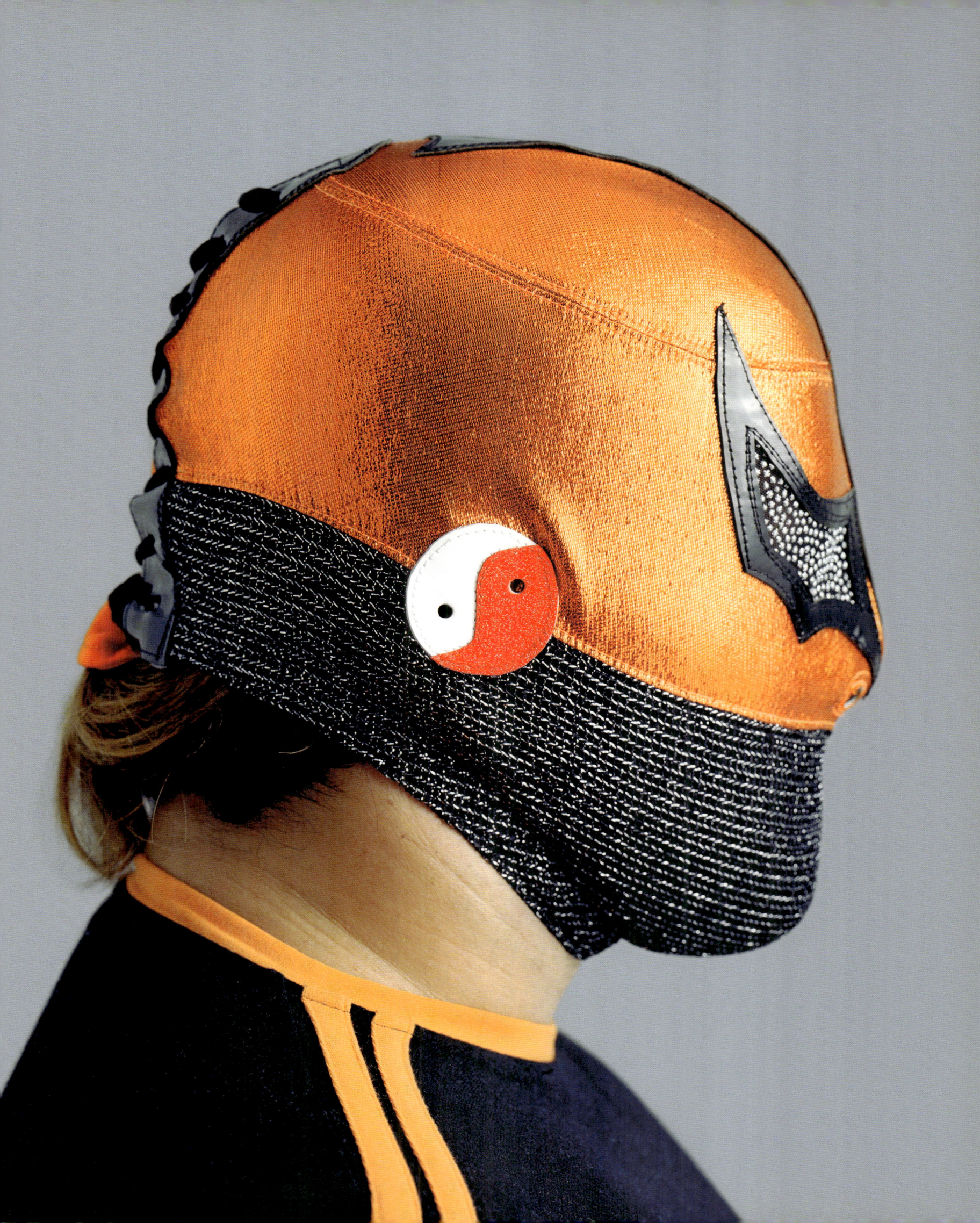

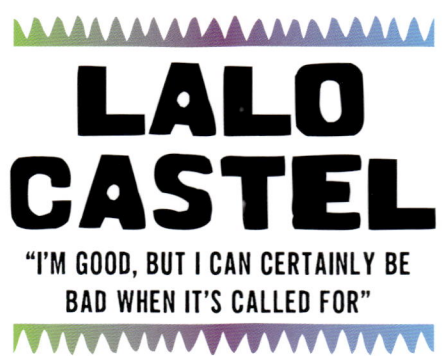

LALO CASTEL

"I'M GOOD, BUT I CAN CERTAINLY BE
BAD WHEN IT'S CALLED FOR"

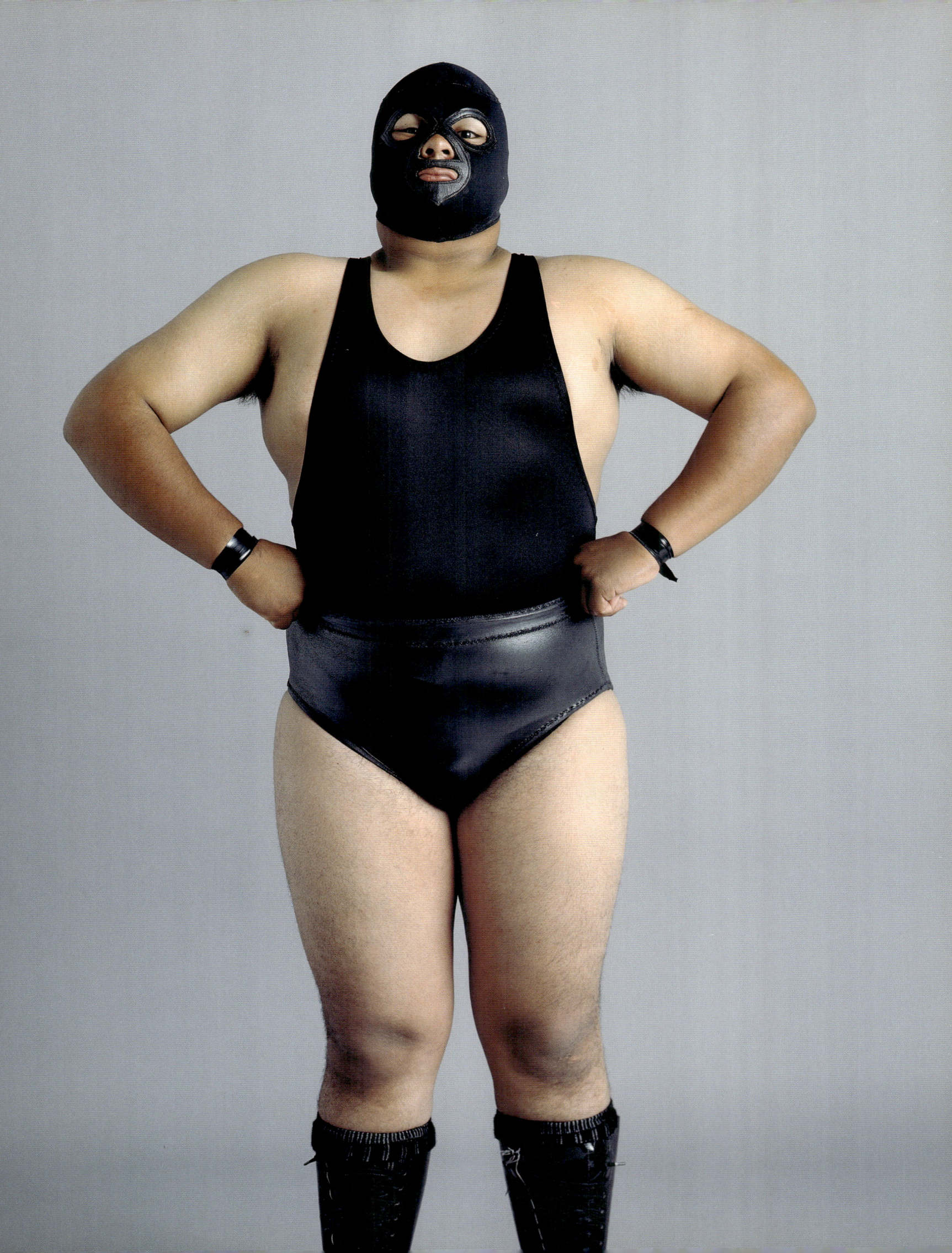

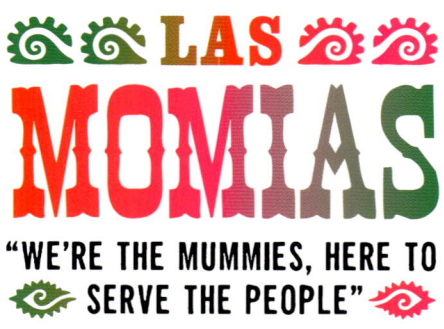

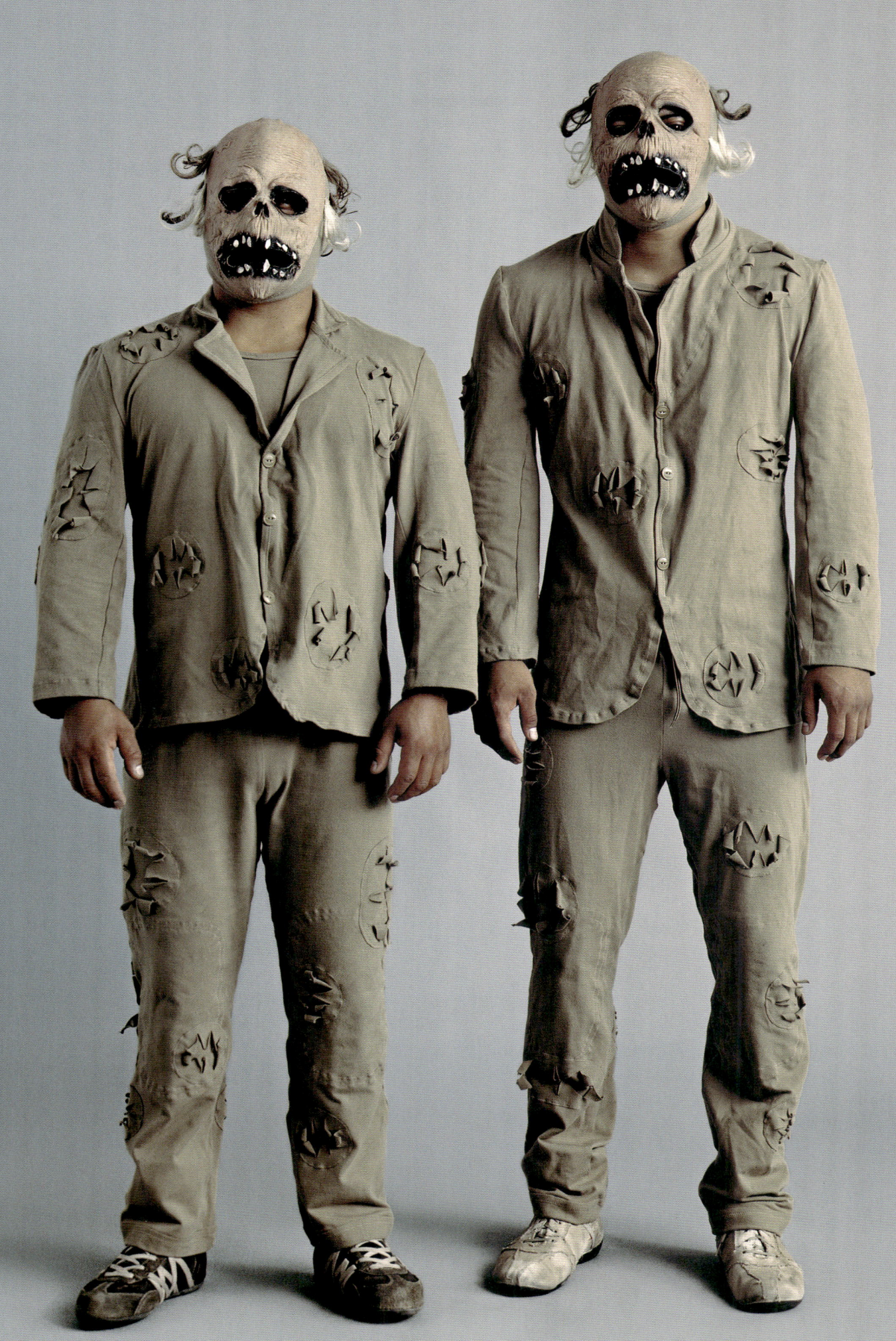

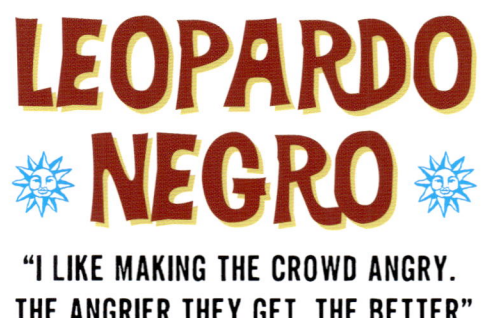

LEOPARDO NEGRO

"I LIKE MAKING THE CROWD ANGRY.
THE ANGRIER THEY GET, THE BETTER"

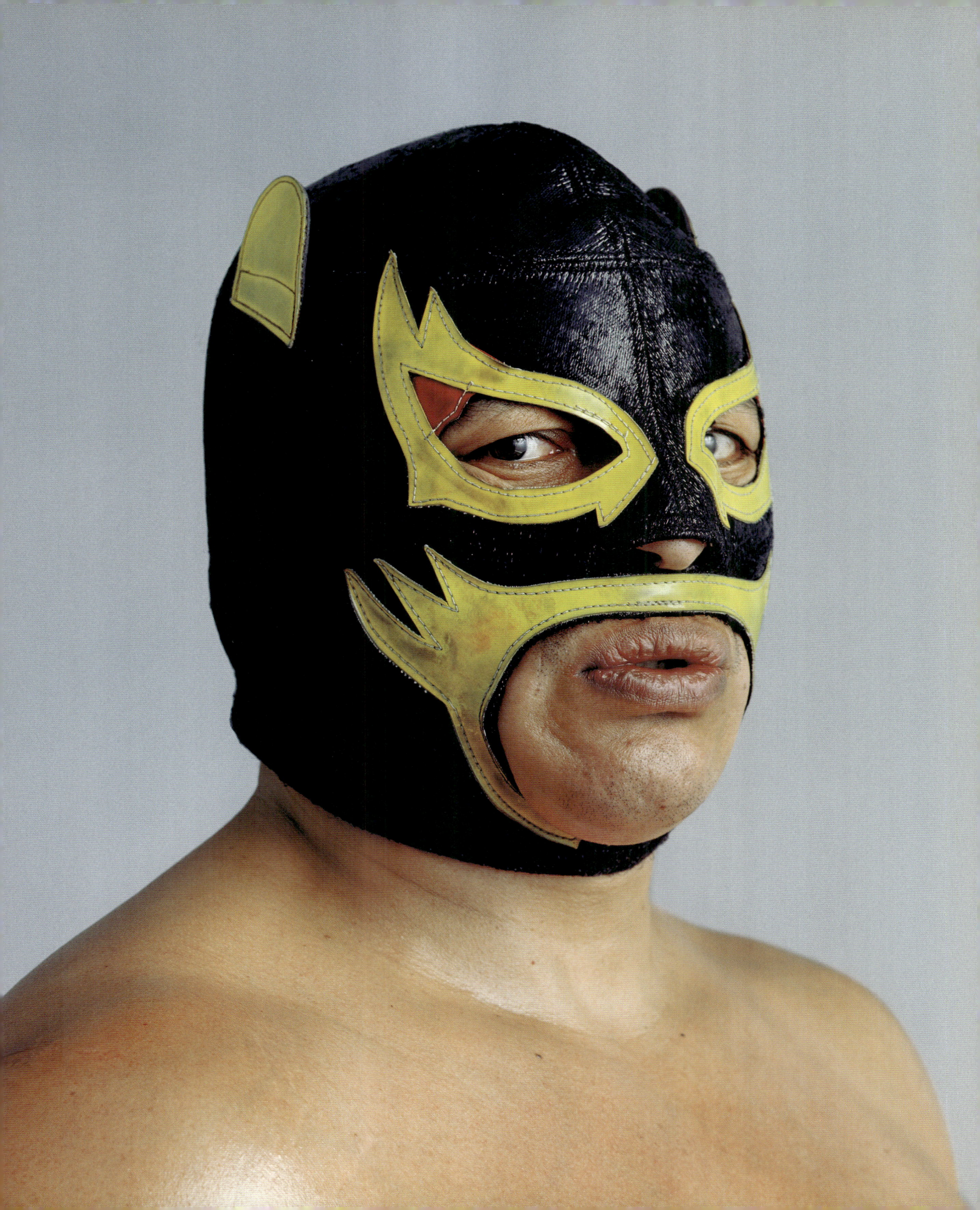

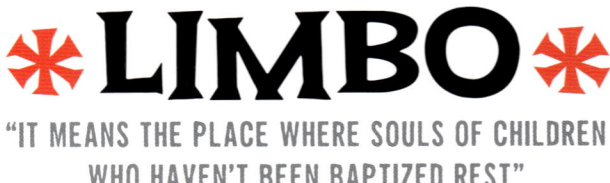

LIMBO

"IT MEANS THE PLACE WHERE SOULS OF CHILDREN
WHO HAVEN'T BEEN BAPTIZED REST"

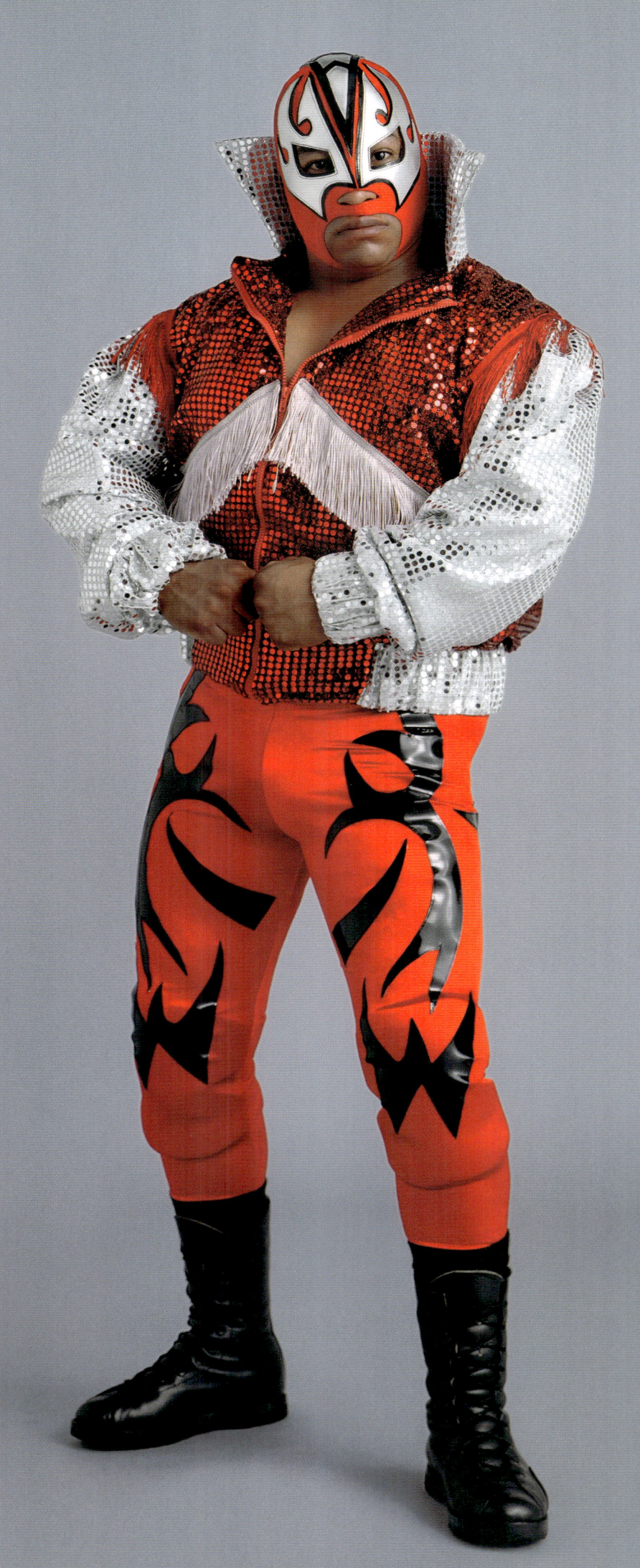

LISMARK

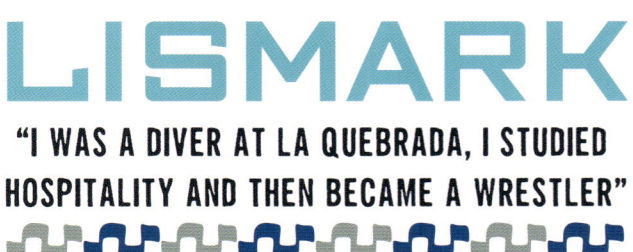

"I WAS A DIVER AT LA QUEBRADA, I STUDIED HOSPITALITY AND THEN BECAME A WRESTLER"

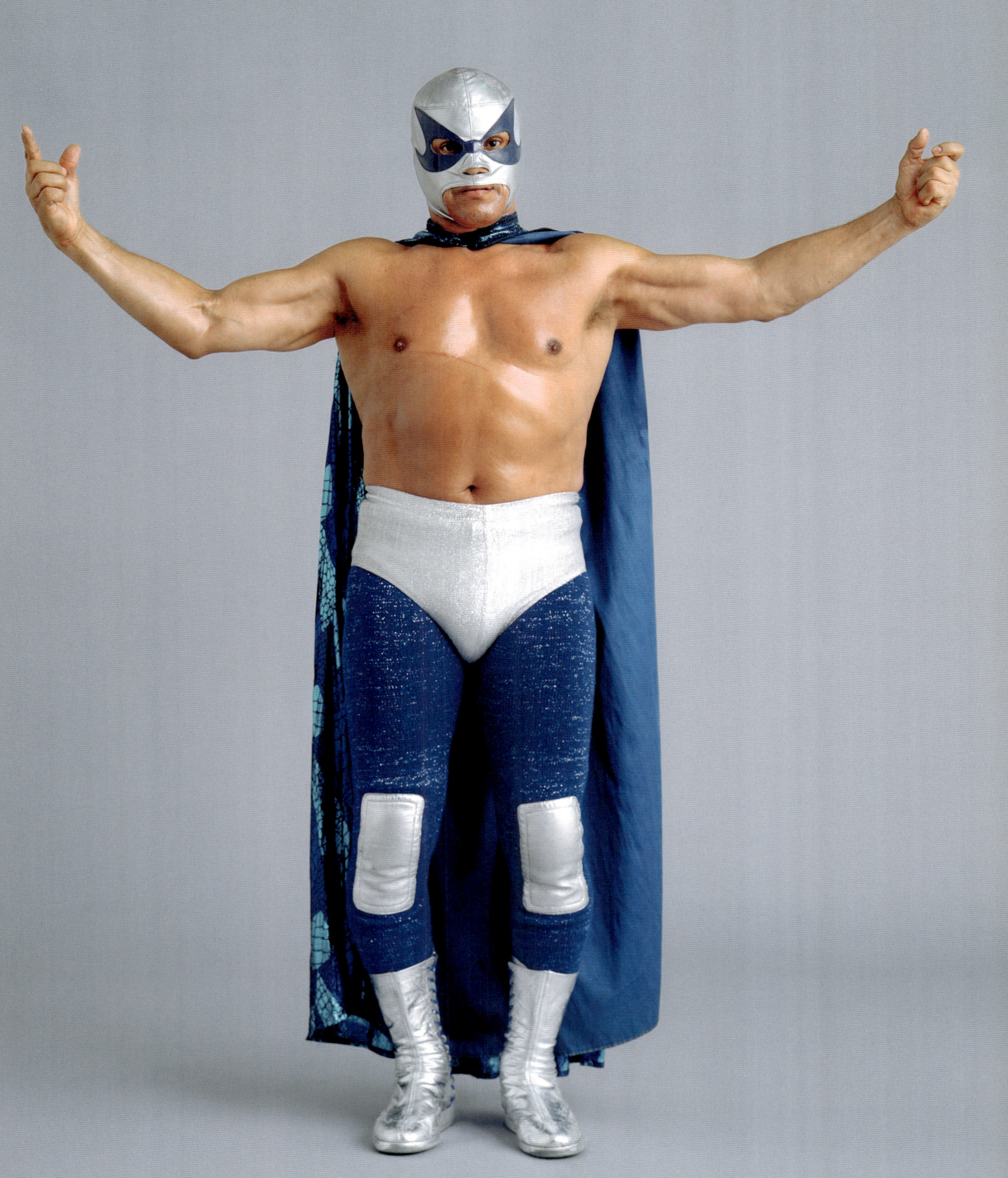

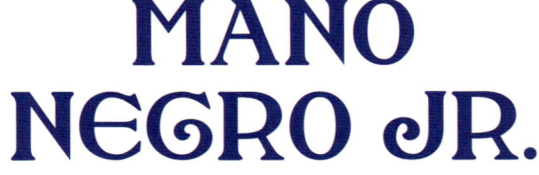

MANO NEGRO JR.

"WE'RE ARTISTS WHEN WE ARE WRESTLING, OTHERWISE WE'RE LIKE ANY OTHER PERSON"

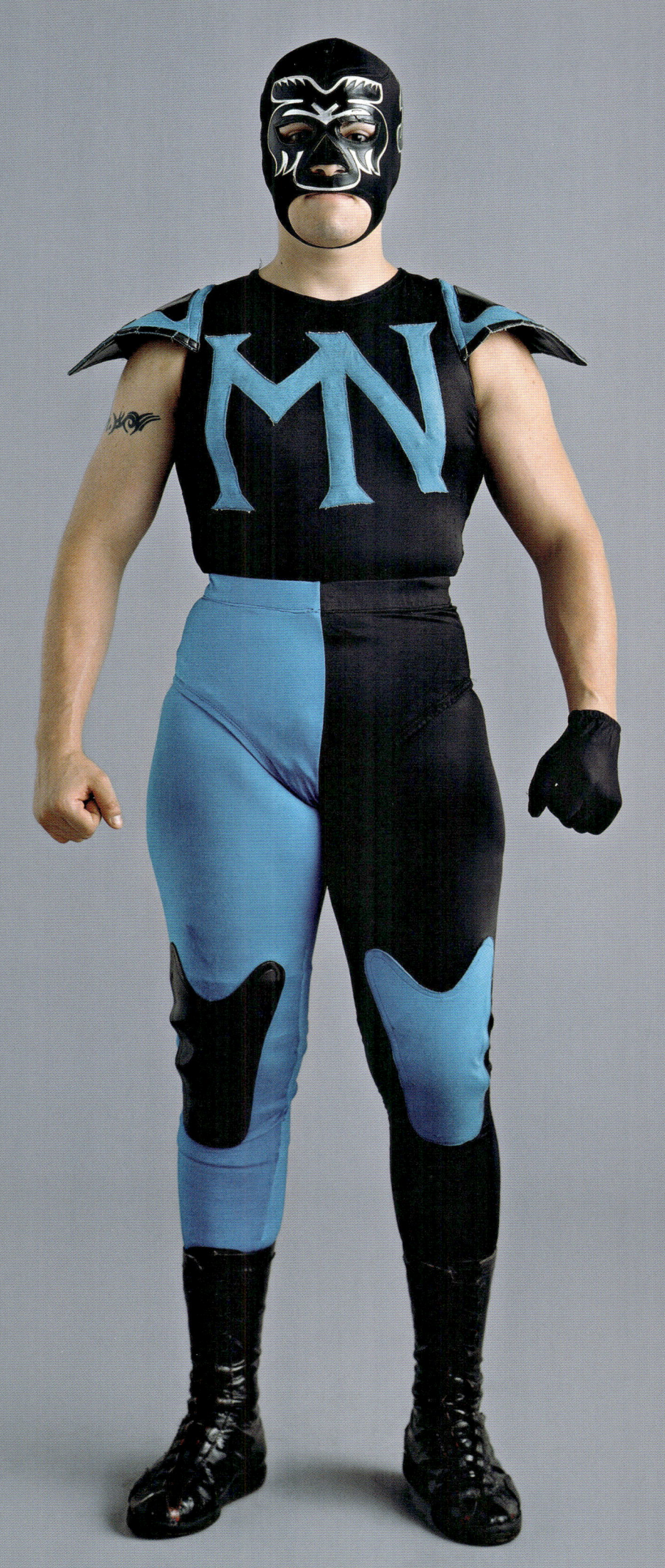

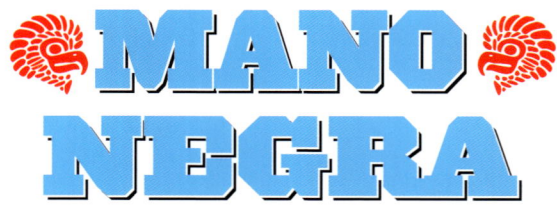

**"MUSIC IS THE UNIVERSAL LANGUAGE, YOU
HAVE TO KNOW HOW TO LISTEN TO IT"**

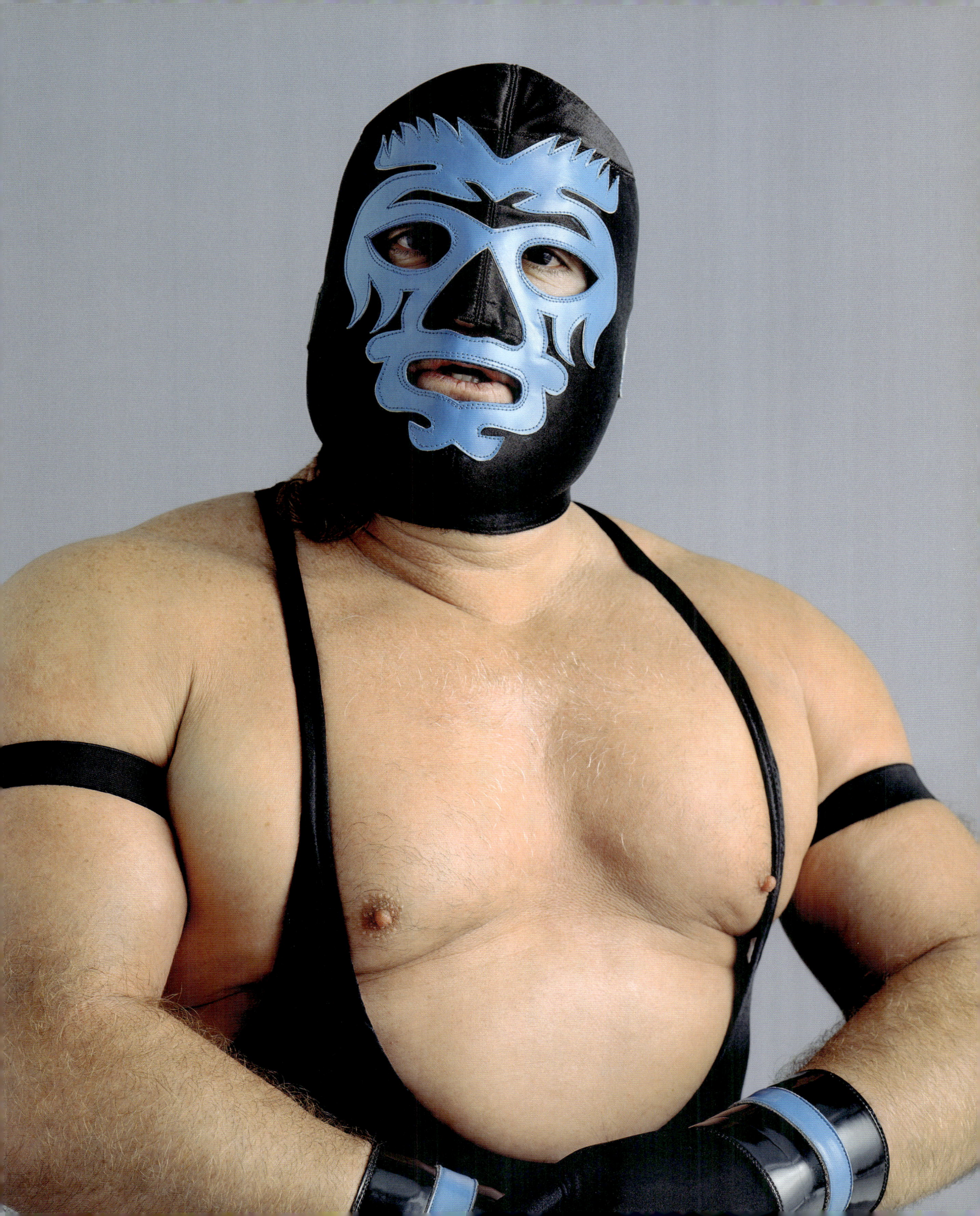

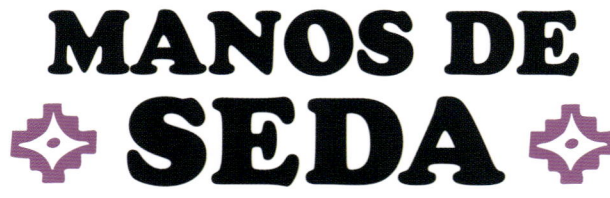

MANOS DE
✦ SEDA ✦

"YOU HIT YOUR RIVAL WITH A CHAIR TO
WEAKEN HIM, NOT TO INJURE HIM"

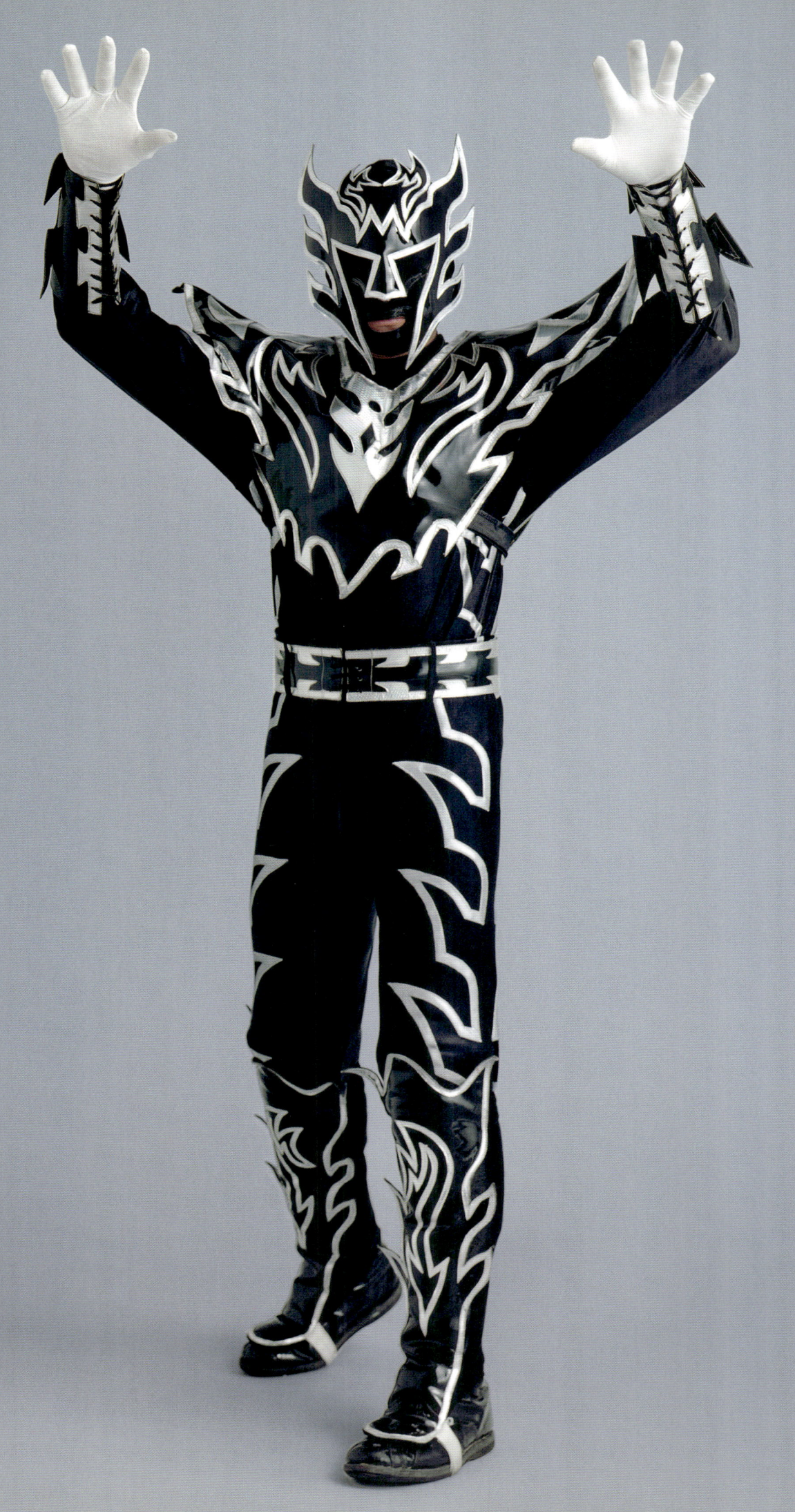

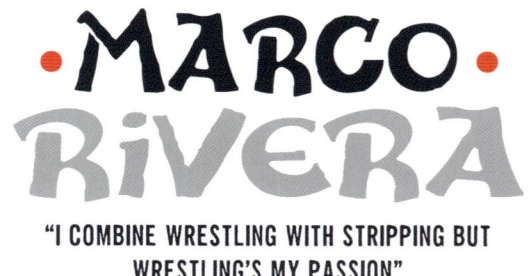

MARCO
RIVERA

"I COMBINE WRESTLING WITH STRIPPING BUT
WRESTLING'S MY PASSION"

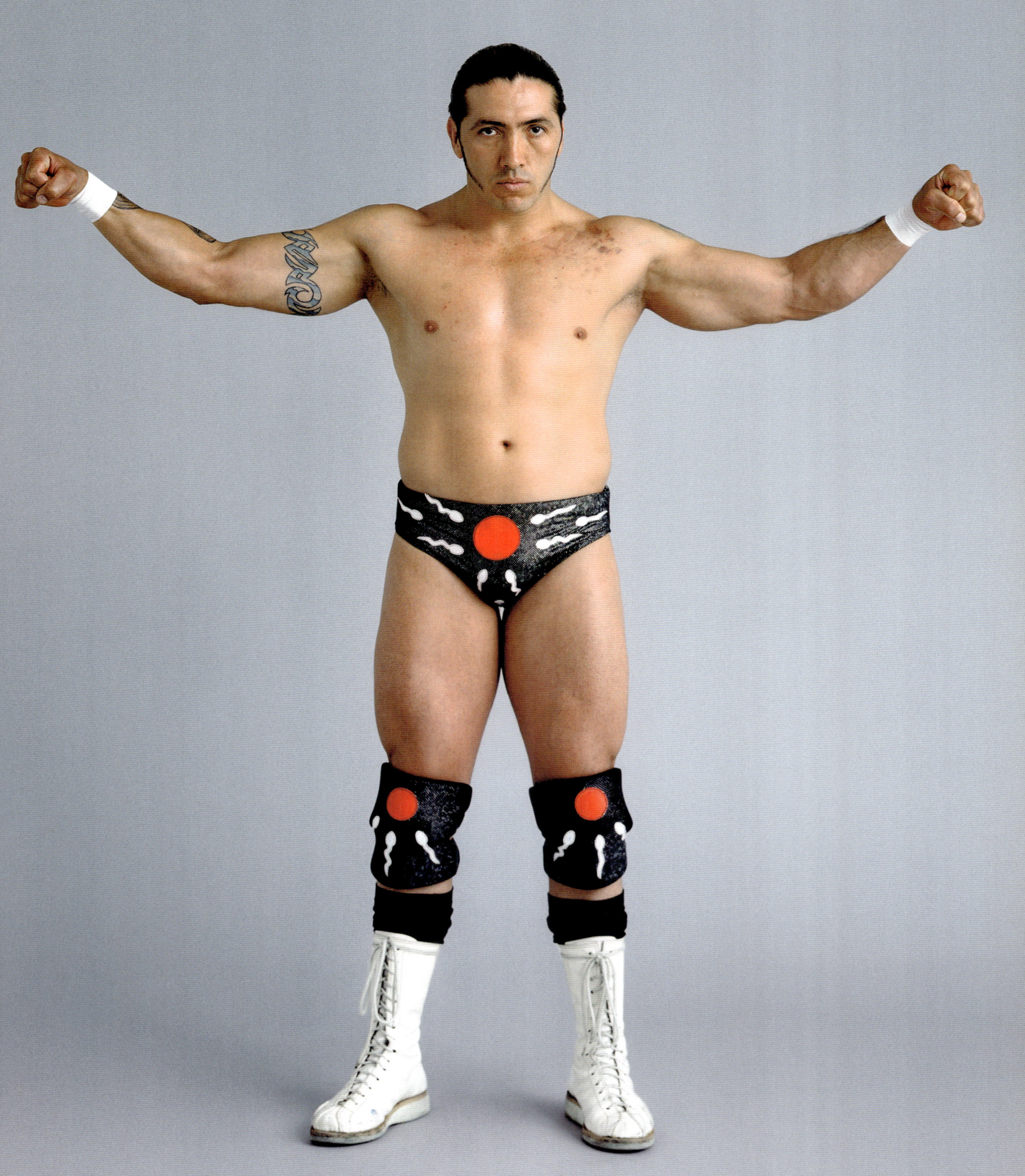

MATEMATICO 3

"THE MOST INTERESTING THING FOR ME WAS THE MASKS. I ALAWAYS WANTED TO WEAR A MASK"

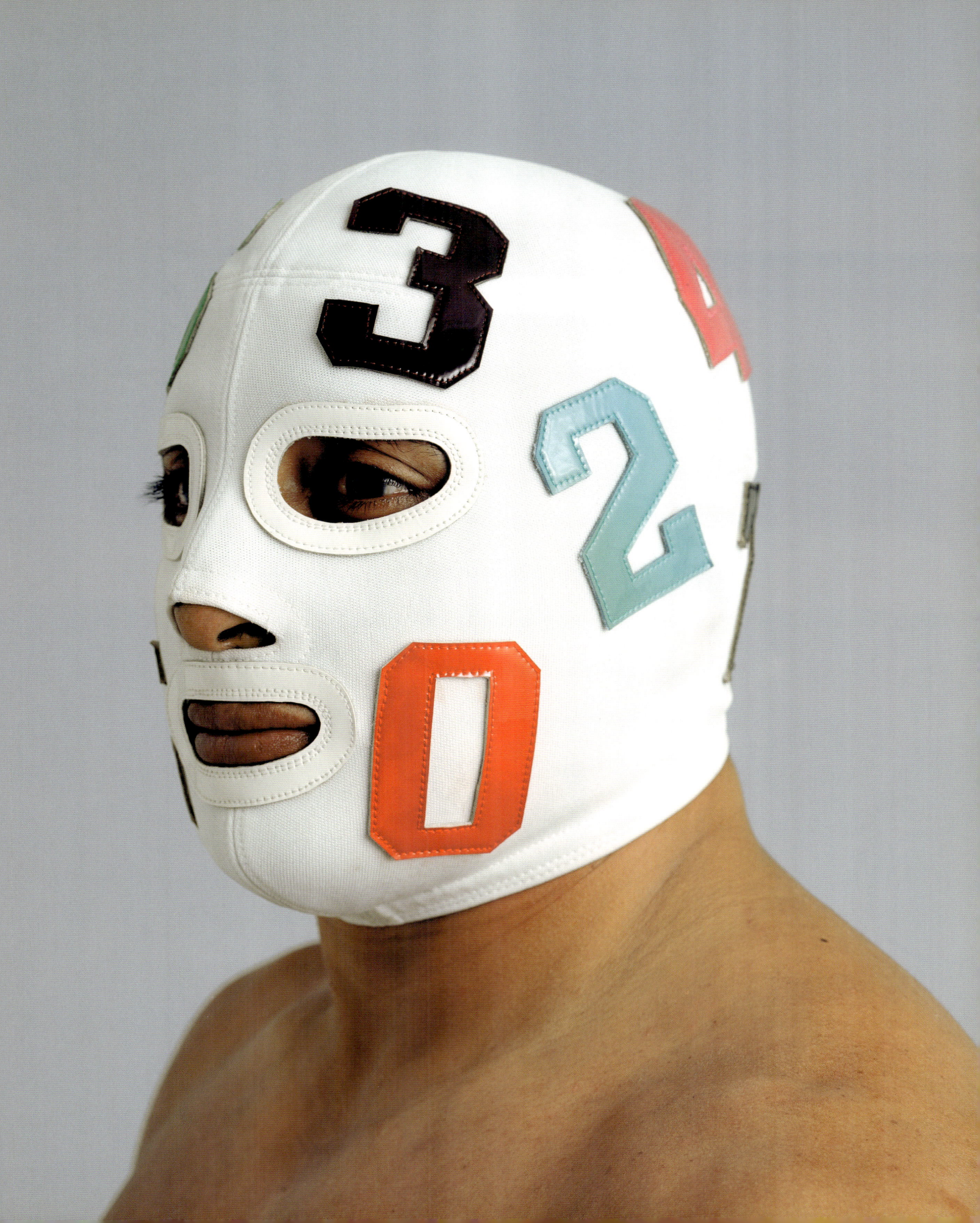

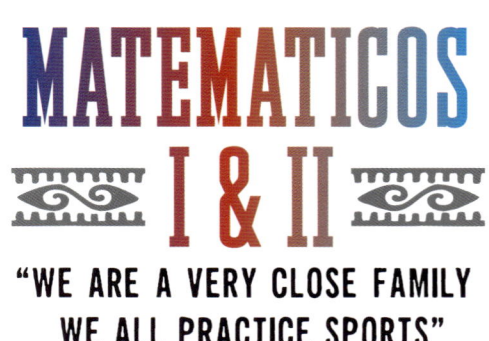

MATEMATICOS
I & II
"WE ARE A VERY CLOSE FAMILY
WE ALL PRACTICE SPORTS"

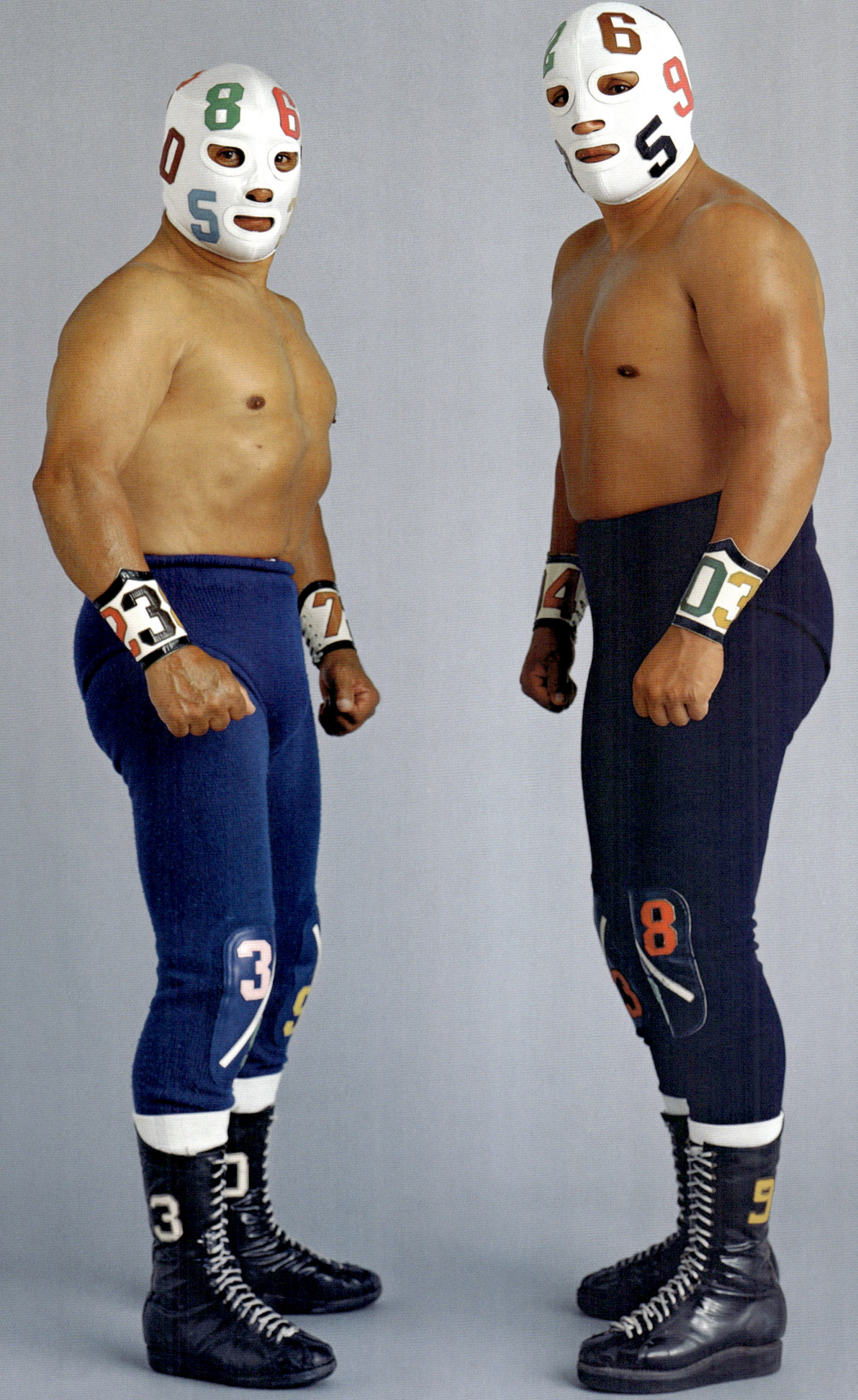

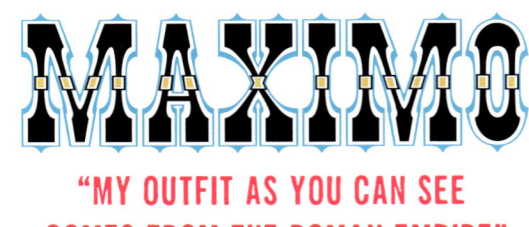

MAXIMO

"MY OUTFIT AS YOU CAN SEE
COMES FROM THE ROMAN EMPIRE"

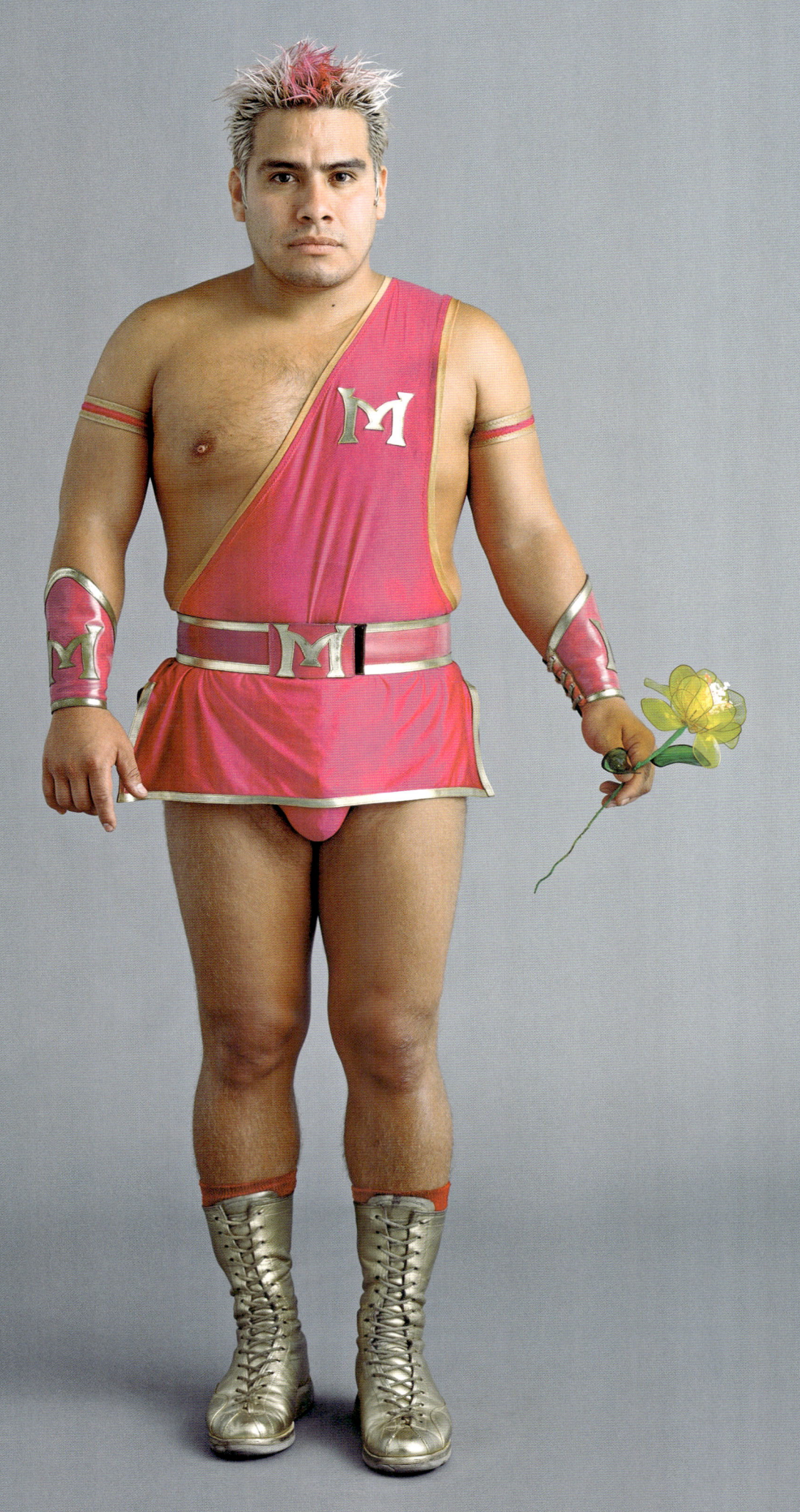

MISTERIOSO JR.

◈ "I HAVE 2 GIRLS AND 2 BOYS, ◈
I'M HOPING THEY FOLLOW IN MY FOOTSTEPS"

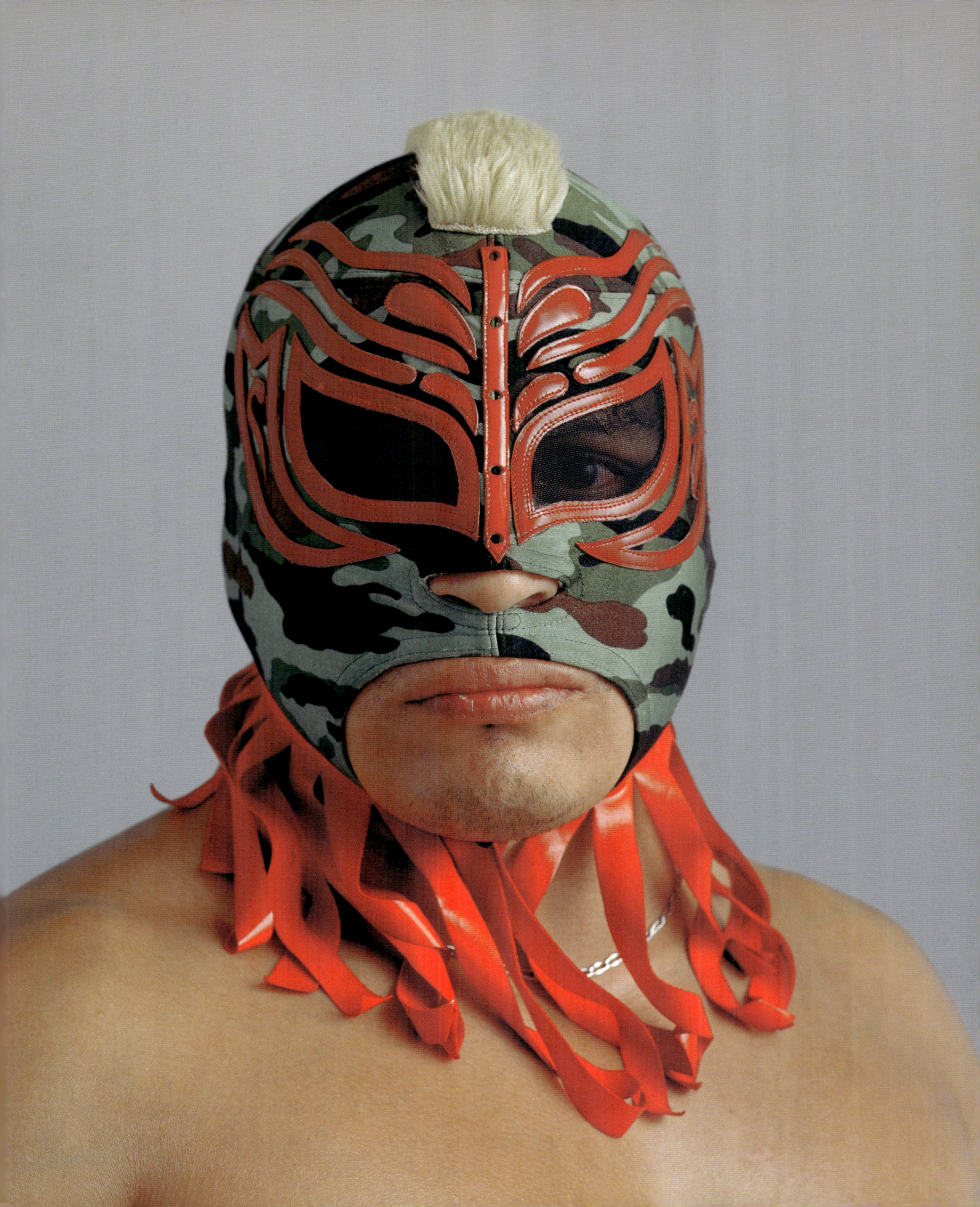

MISTERIO AZTECA

"I WANTED TO BE SOMETHING THAT REPRESENTED OUR COUNTRY AND OUR ANCESTORS"

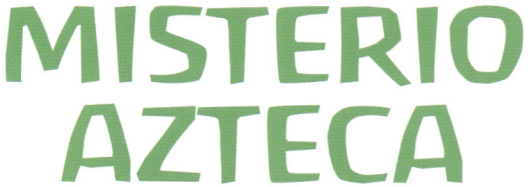

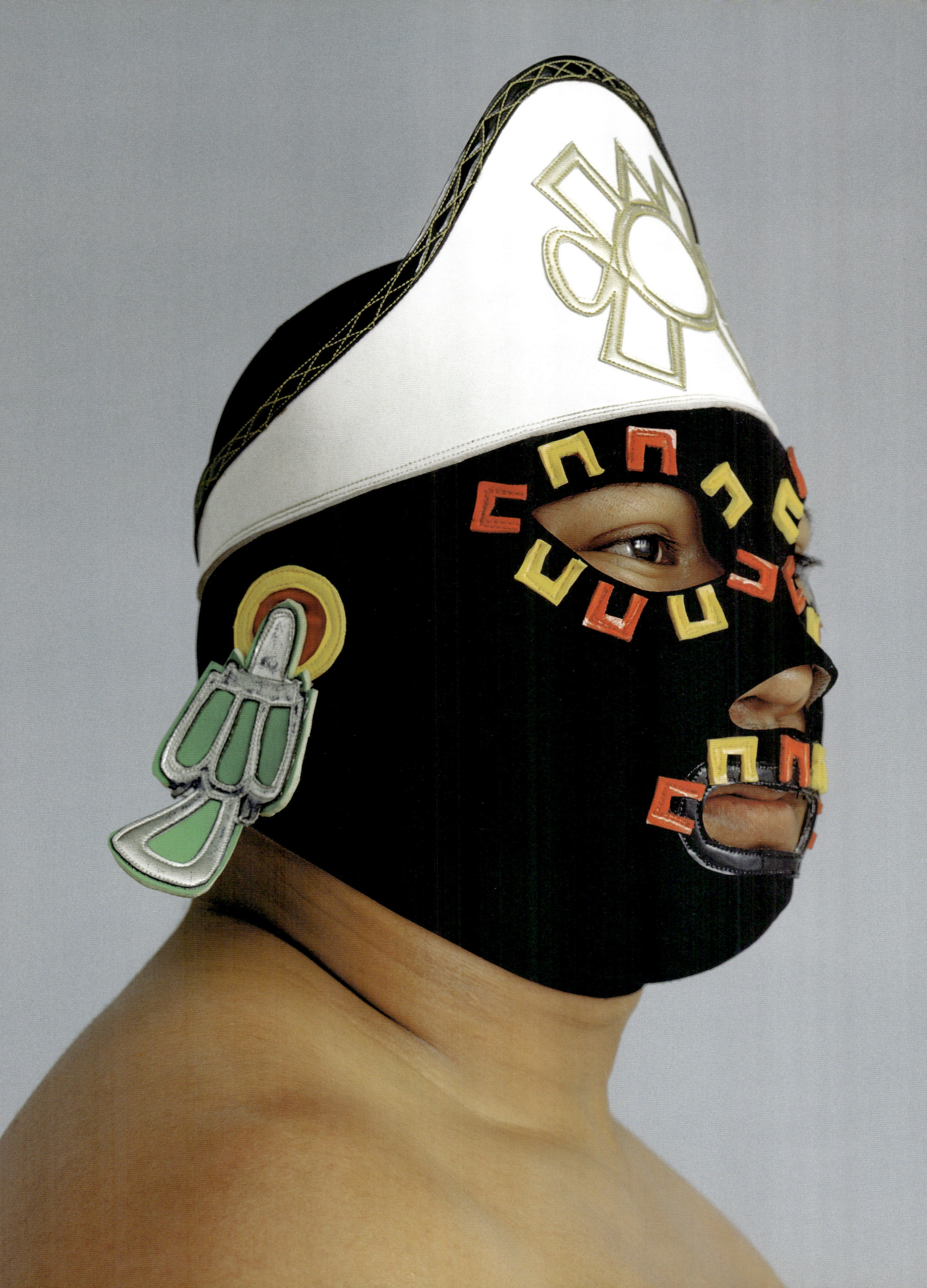

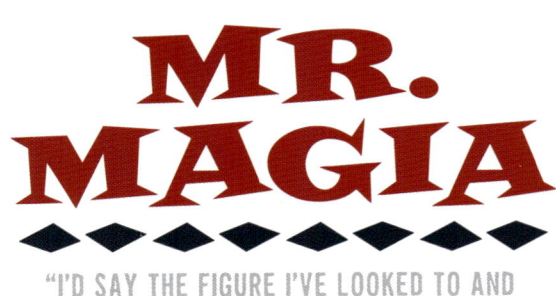

MR. MAGIA

"I'D SAY THE FIGURE I'VE LOOKED TO AND SHARED A CAUSE WITH HAS TO BE SUPERMAN"

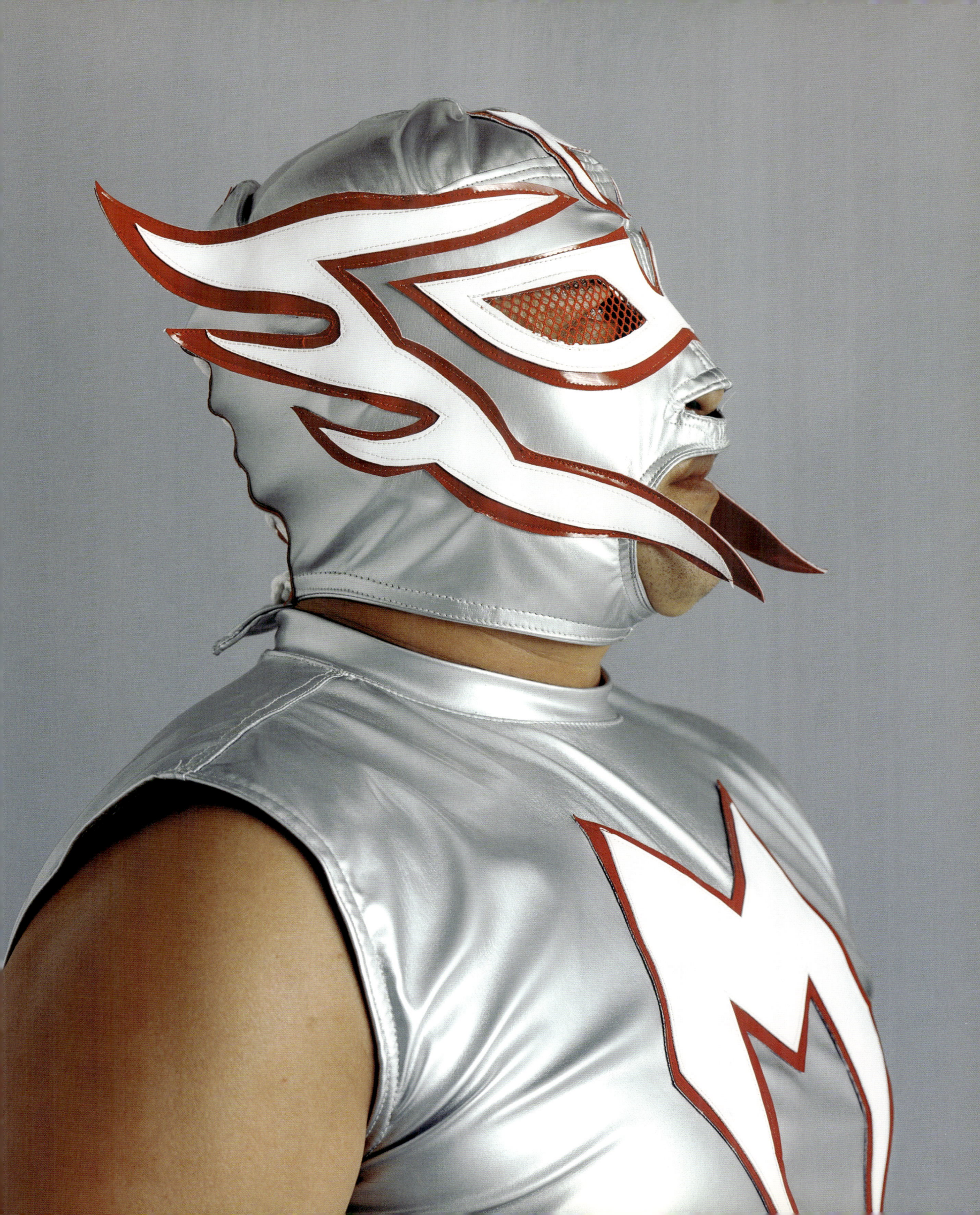

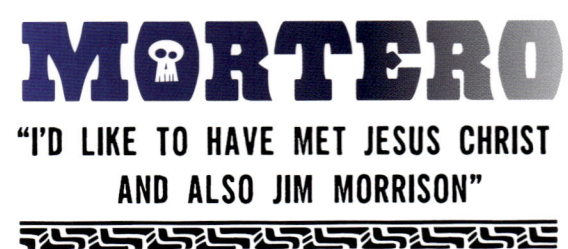

MORTERO

"I'D LIKE TO HAVE MET JESUS CHRIST
AND ALSO JIM MORRISON"

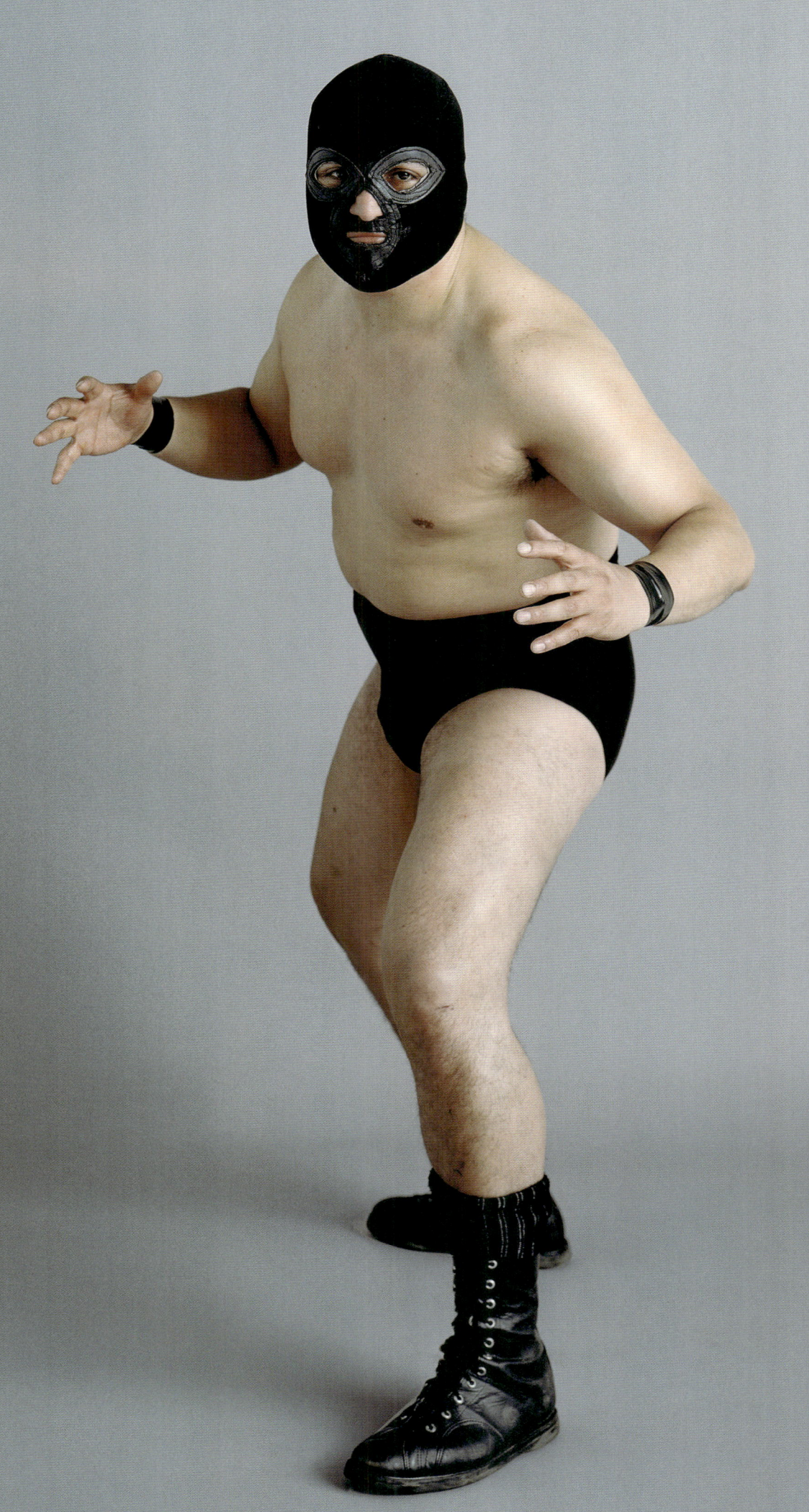

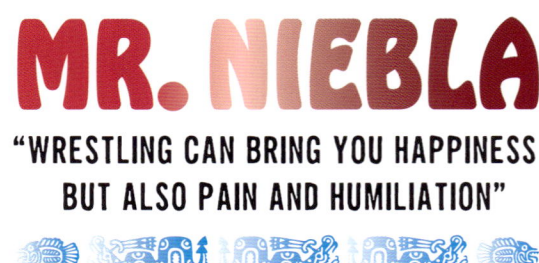

MR. NIEBLA

"WRESTLING CAN BRING YOU HAPPINESS
BUT ALSO PAIN AND HUMILIATION"

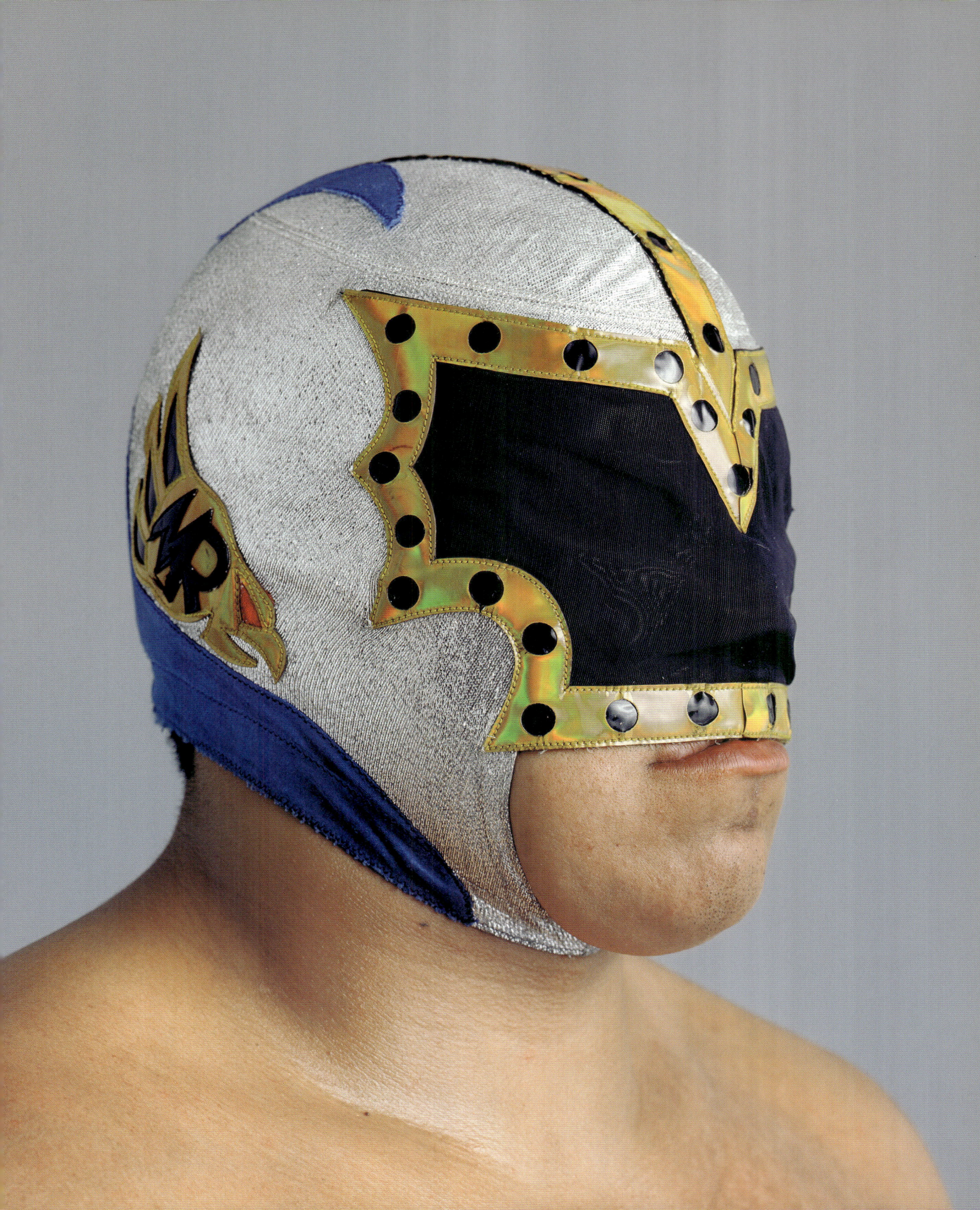

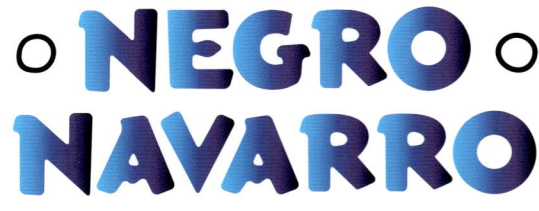

NEGRO NAVARRO

"I CAN'T WEAR A CLOSED LACE MASK BECAUSE
I SUFFER FROM CLAUSTROPHOBIA"

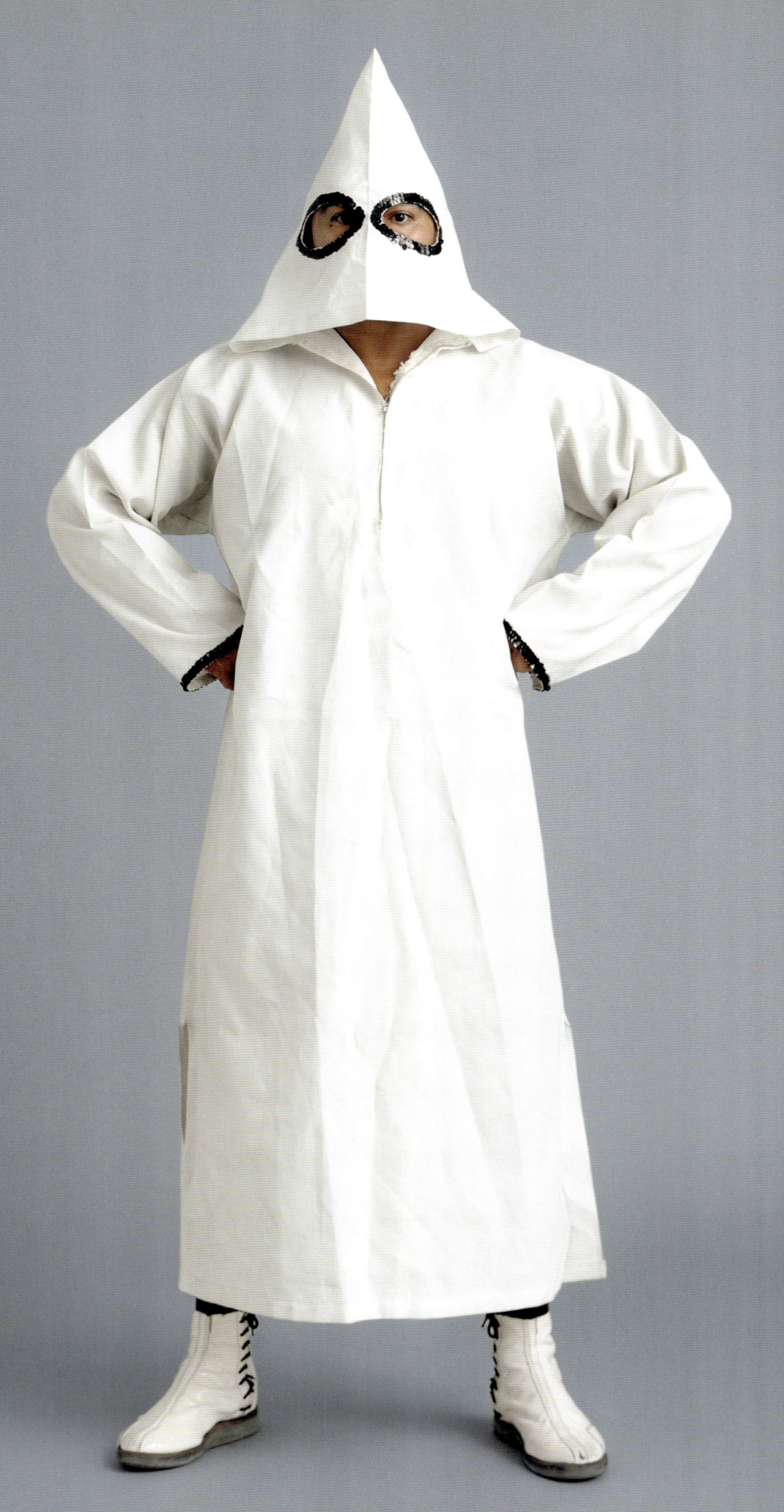

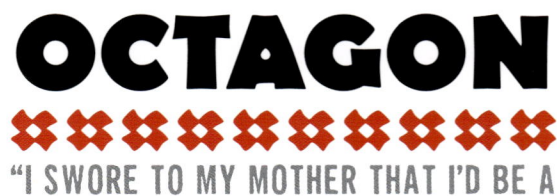

OCTAGON

"I SWORE TO MY MOTHER THAT I'D BE A
PROFESSIONAL FOOTBALL PLAYER"

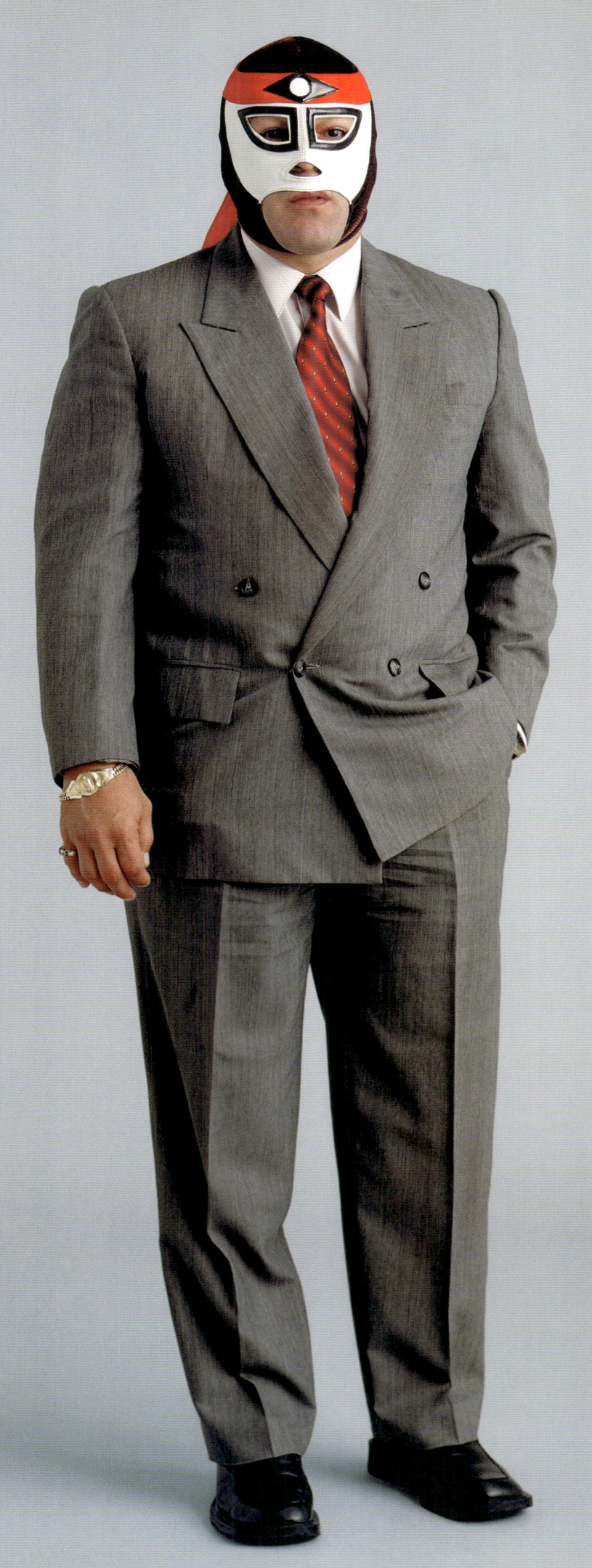

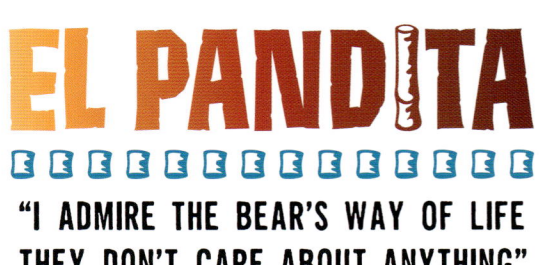

EL PANDITA

"I ADMIRE THE BEAR'S WAY OF LIFE
THEY DON'T CARE ABOUT ANYTHING"

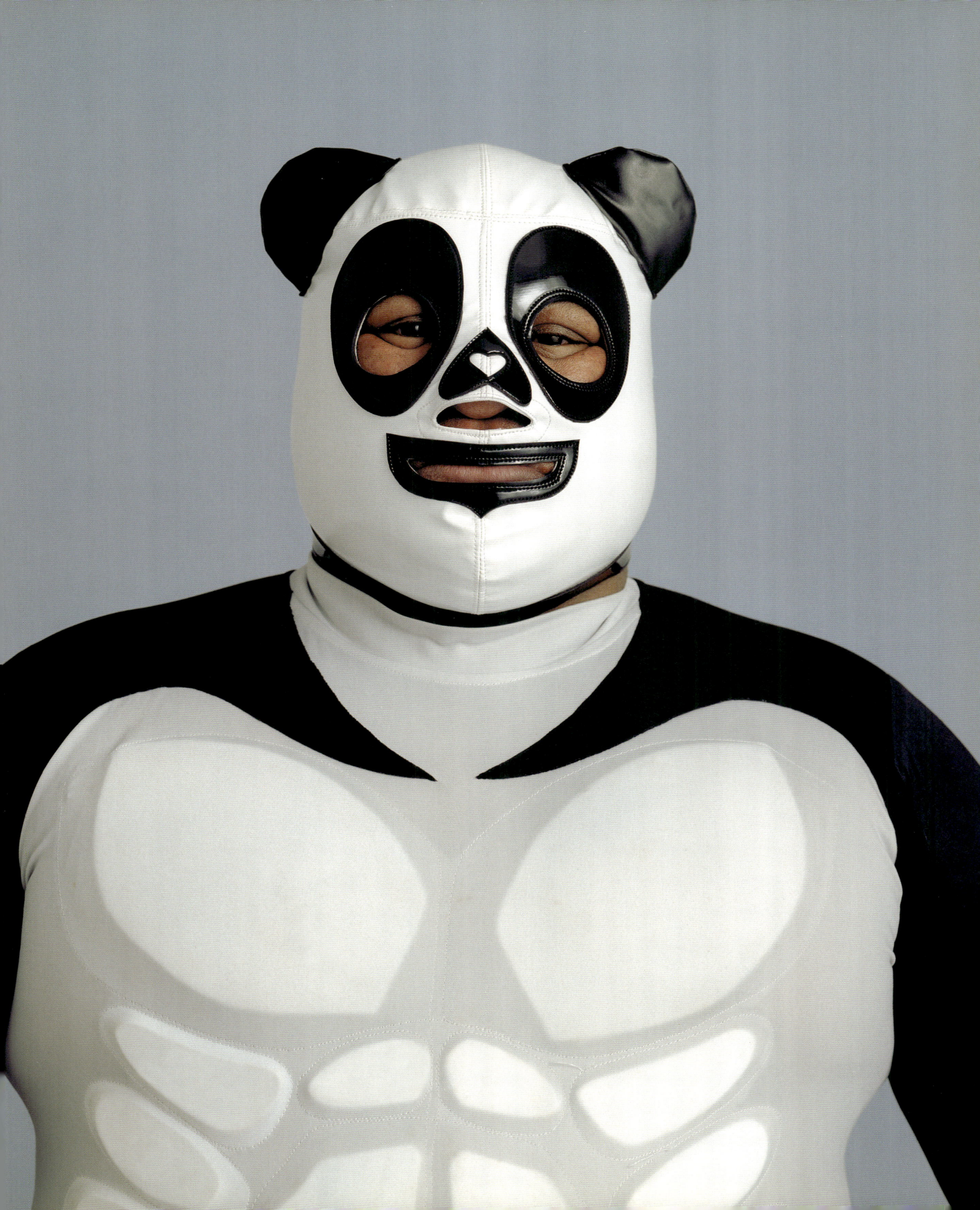

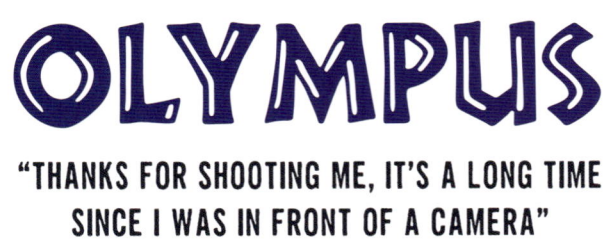

OLYMPUS

"THANKS FOR SHOOTING ME, IT'S A LONG TIME
SINCE I WAS IN FRONT OF A CAMERA"

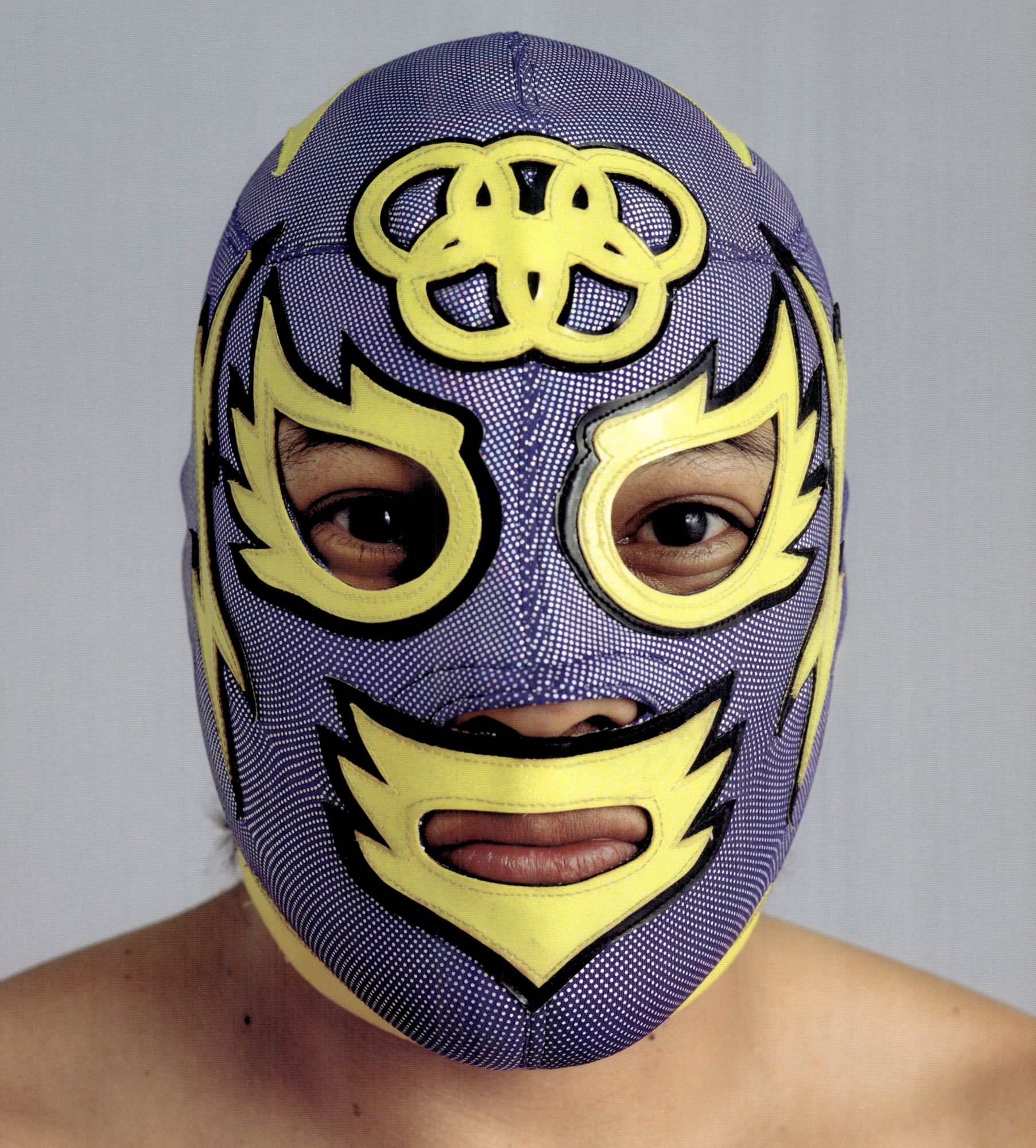

EL PANTERA

"MEXICAN WRESTLERS HAVE THAT SPARKLE,
✡ WE MAKE PEOPLE LAUGH AND CRY" ✡

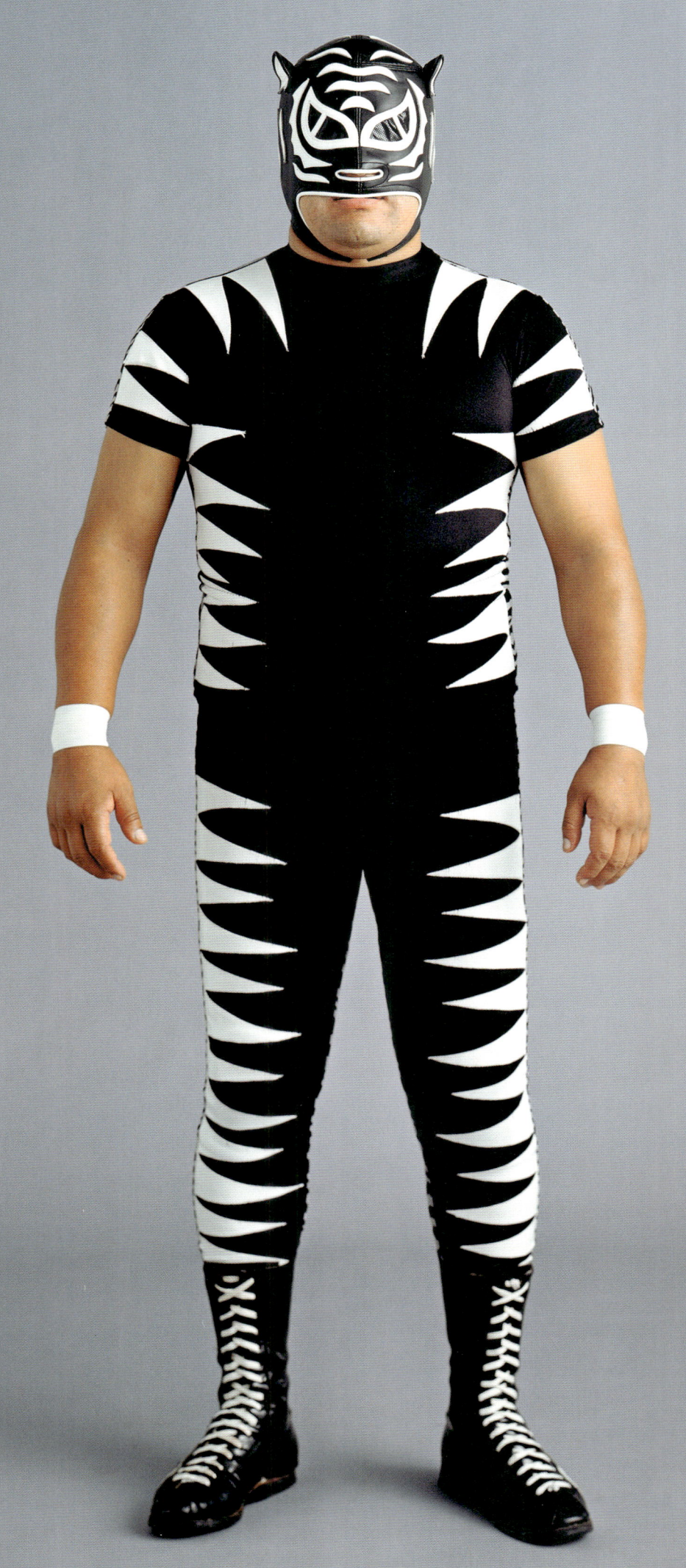

PARAMEDICO

"IT'S SUCH A BEAUTIFUL PROFESSION.
I'D LIKE TO BE BURIED WITH MY MASK"

■-■-■-■-■-■-■-■-■-■-■

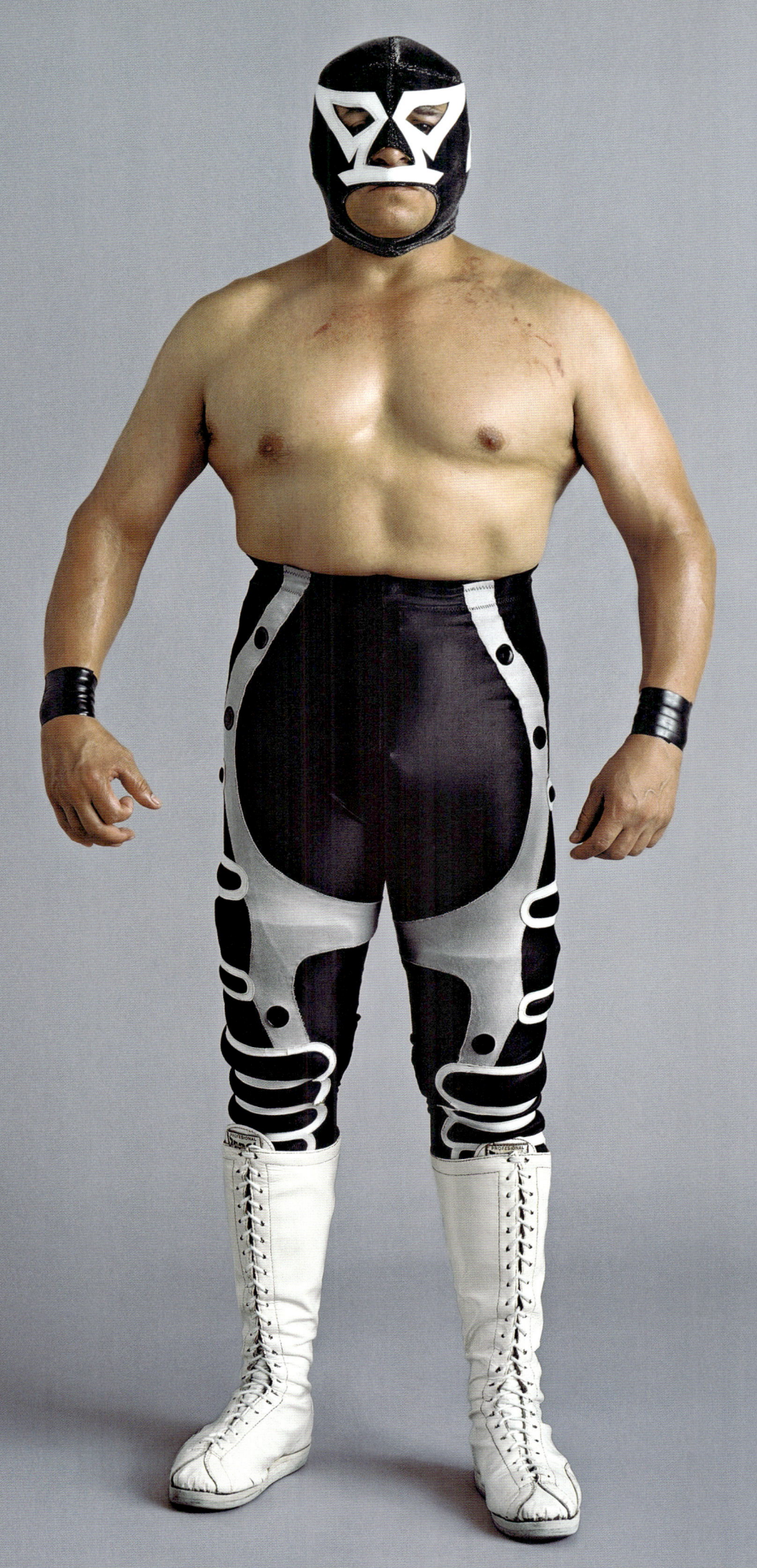

PELIGRO I

"THE NAME MEANS DANGER, I FIGHT AS A TEAM WITH MY BROTHER, EVERYONE FEARS US"

◆◆◆◆◆◆◆◆◆◆◆◆

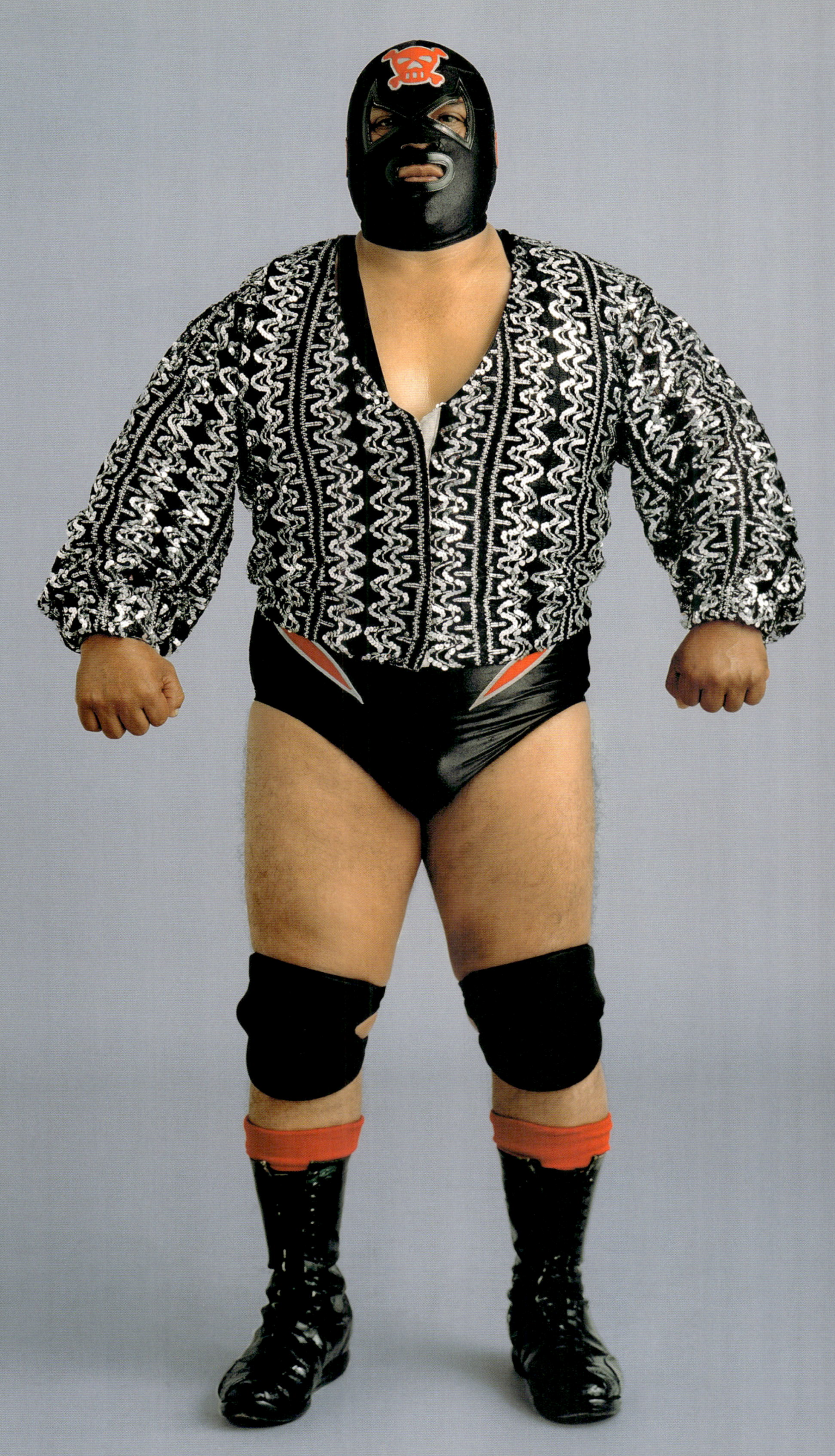

PELIGRO II

"WE OWE EVERYTHING TO OUR TEACHER DOS CARAS.
WE WOULDN'T BE WHAT WE ARE WITHOUT HIM"

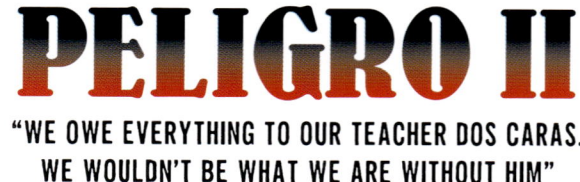

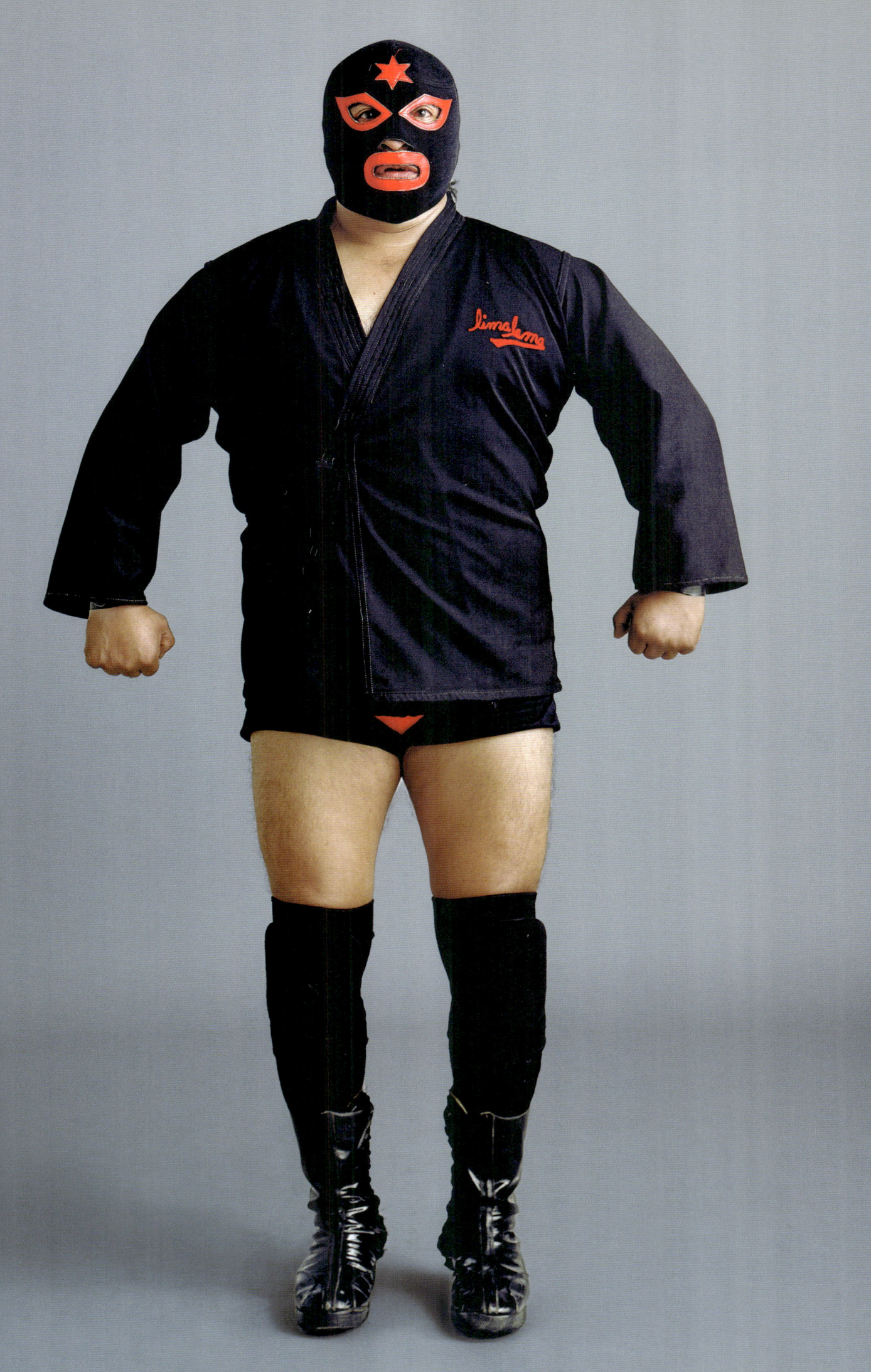

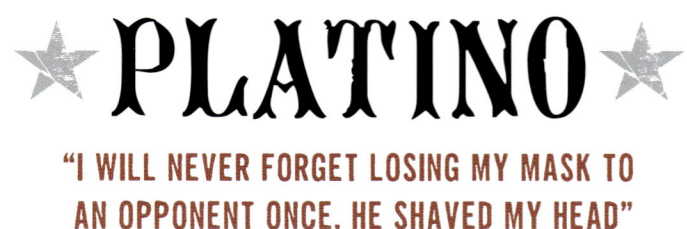

★ PLATINO ★

"I WILL NEVER FORGET LOSING MY MASK TO
AN OPPONENT ONCE, HE SHAVED MY HEAD"

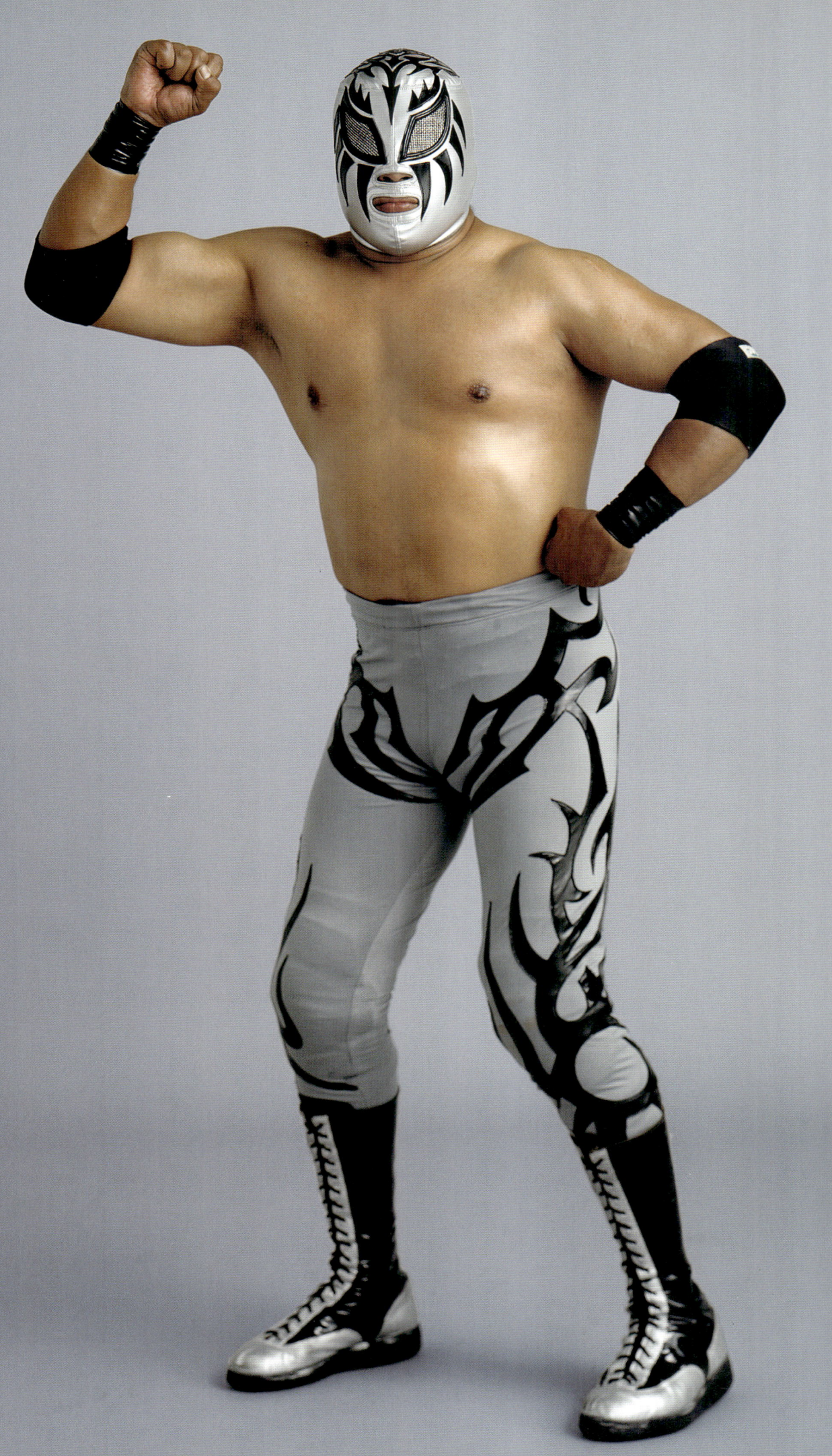

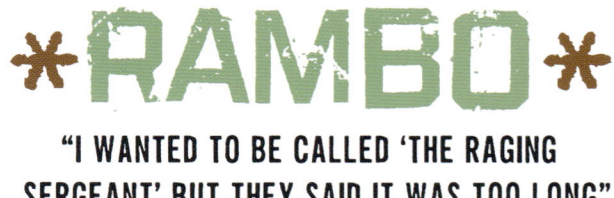
RAMBO
"I WANTED TO BE CALLED 'THE RAGING SERGEANT' BUT THEY SAID IT WAS TOO LONG"

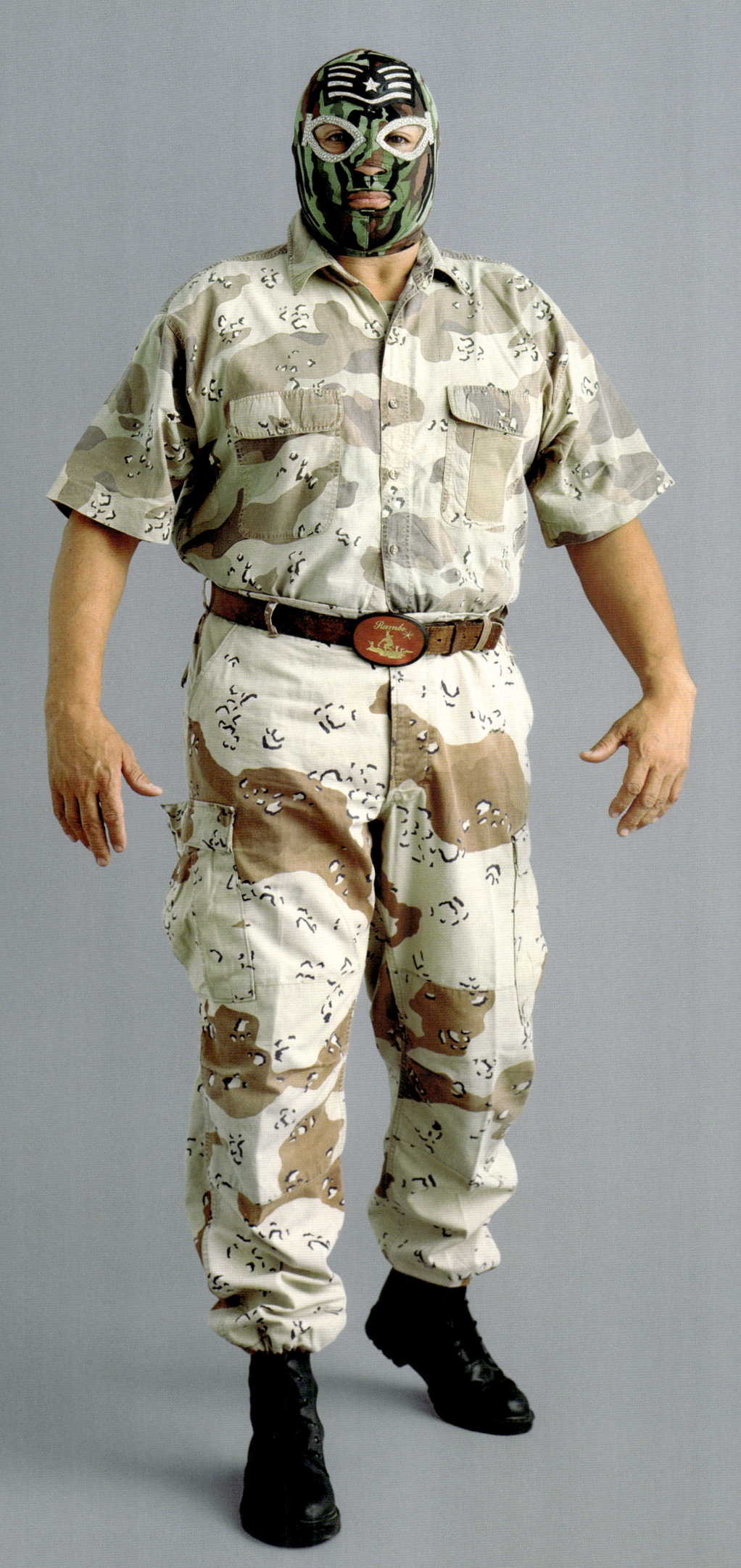

RAYO DE
JALISCO JR.

"I'D SAY THE TOP LEGENDS ARE EL SANTO (MAY HE REST IN PEACE), BLUE DEMON AND MY DAD"

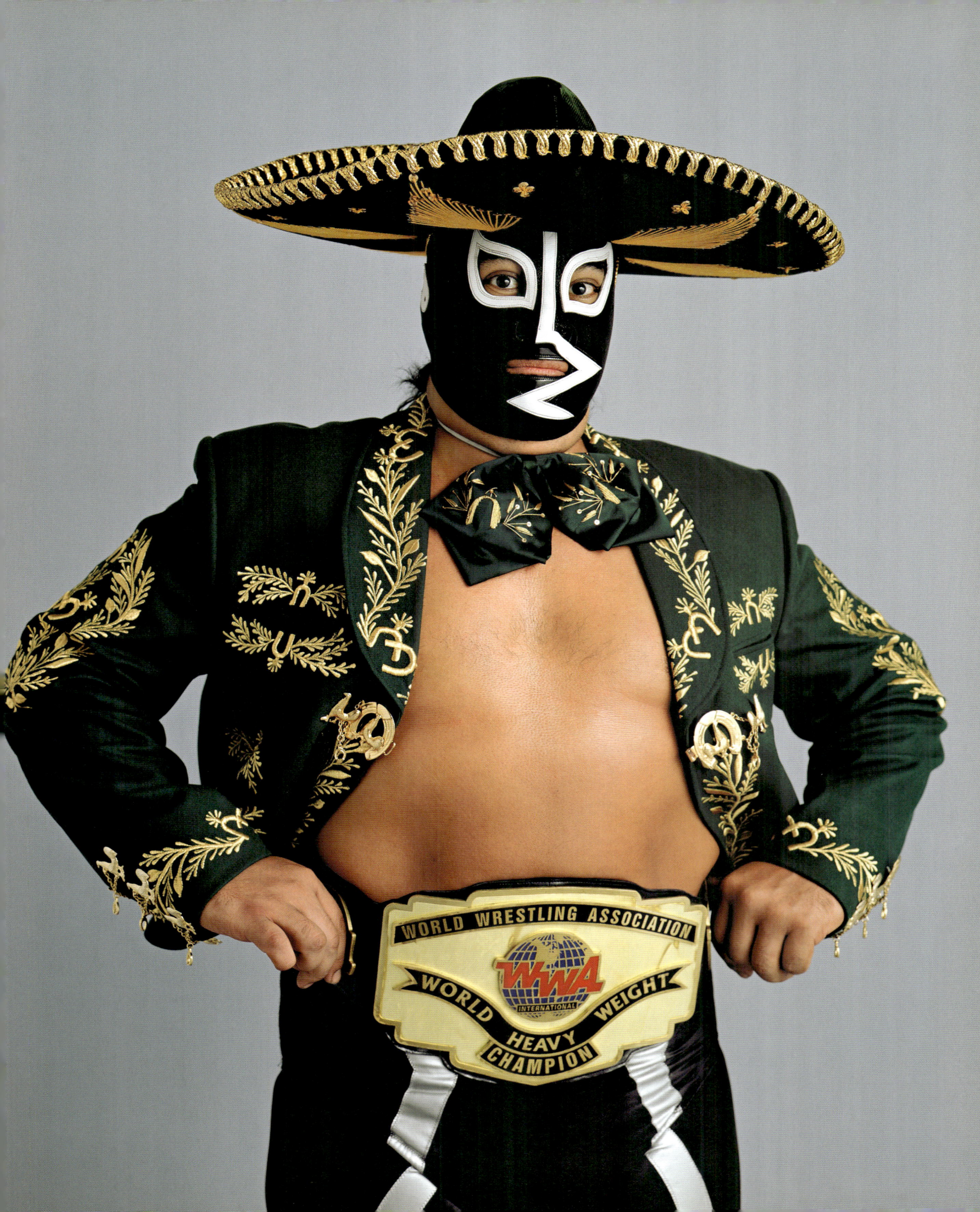

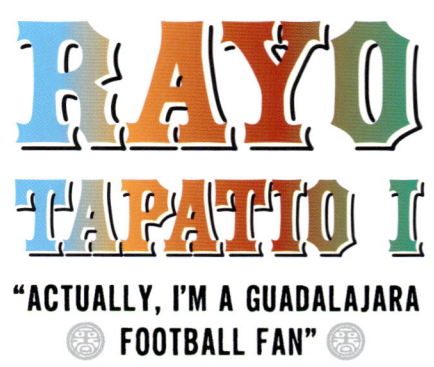

RAYO

TAPATIO I

"ACTUALLY, I'M A GUADALAJARA
FOOTBALL FAN"

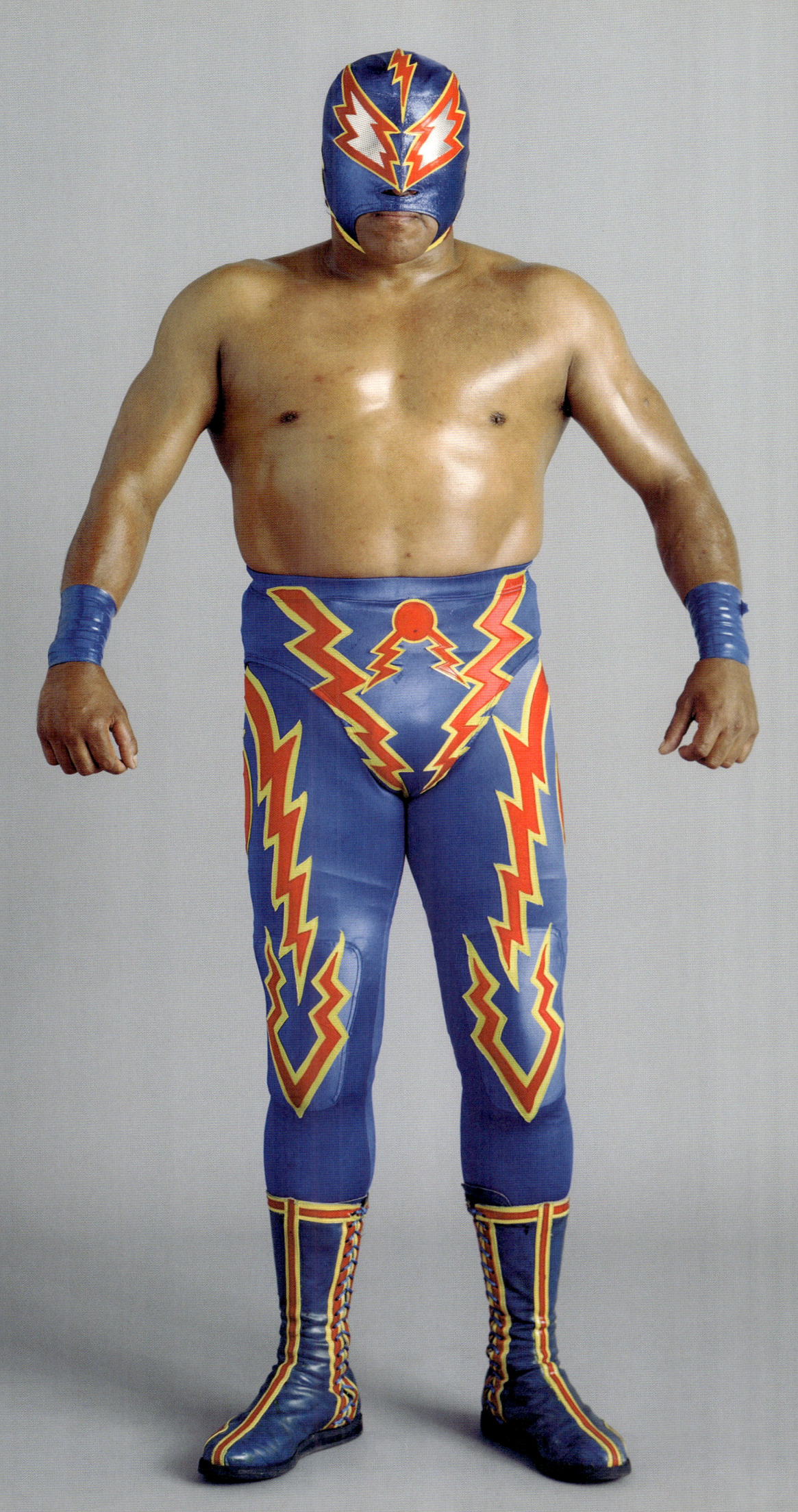

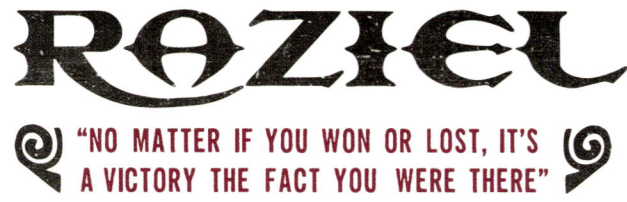

"NO MATTER IF YOU WON OR LOST, IT'S
A VICTORY THE FACT YOU WERE THERE"

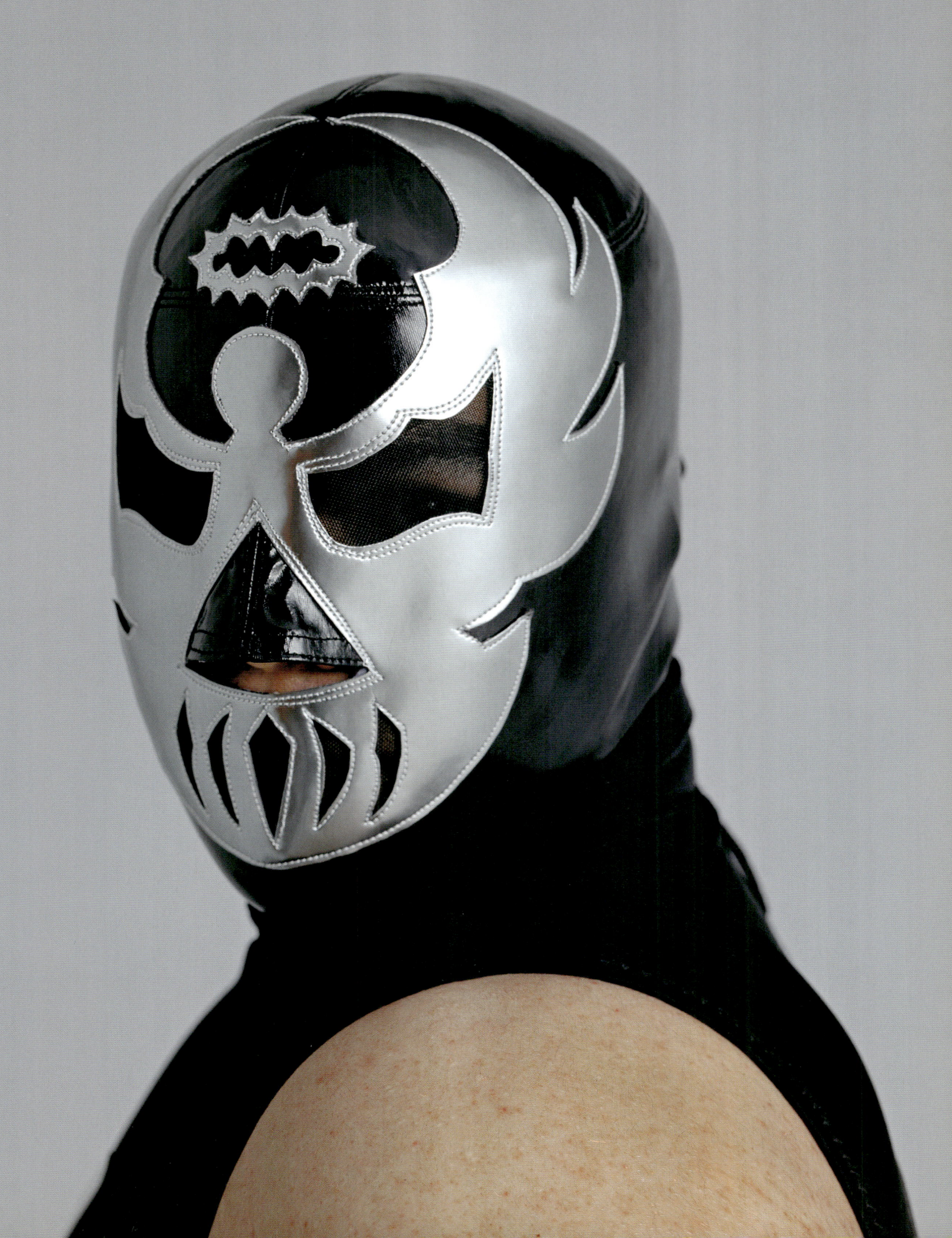

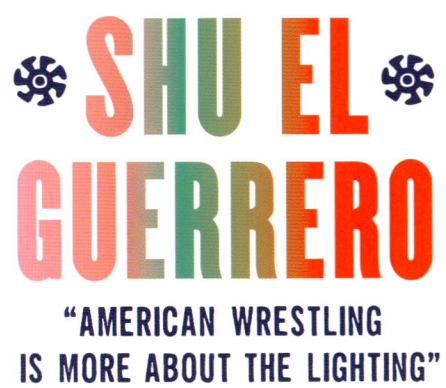

SHU EL
GUERRERO

"AMERICAN WRESTLING
IS MORE ABOUT THE LIGHTING"

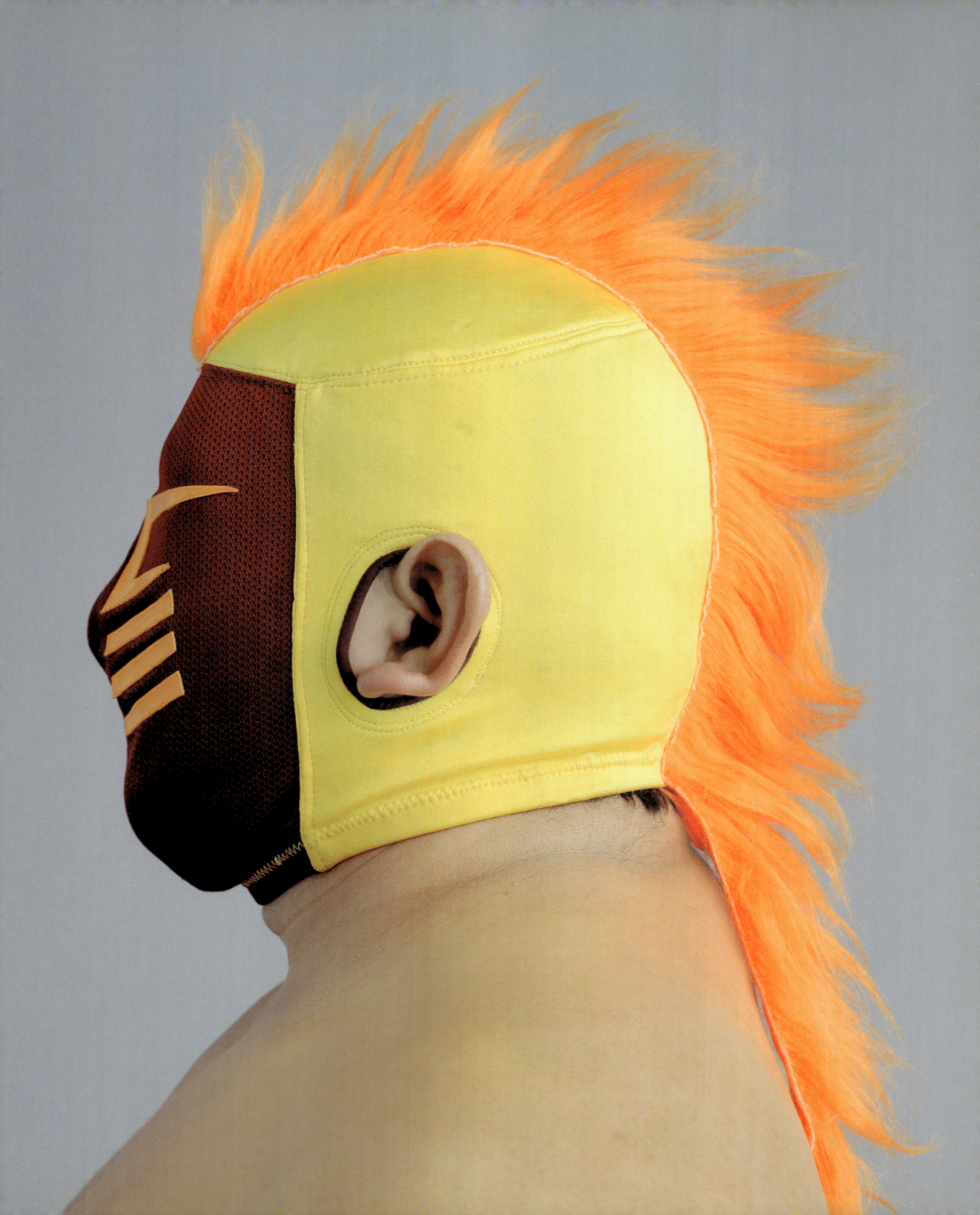

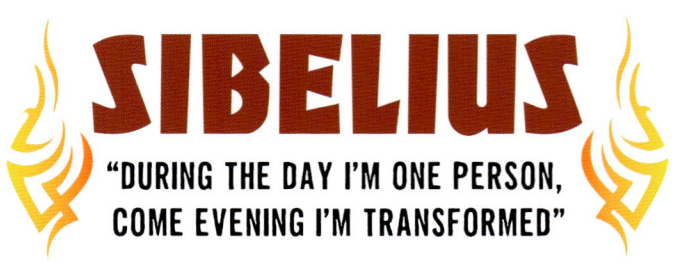

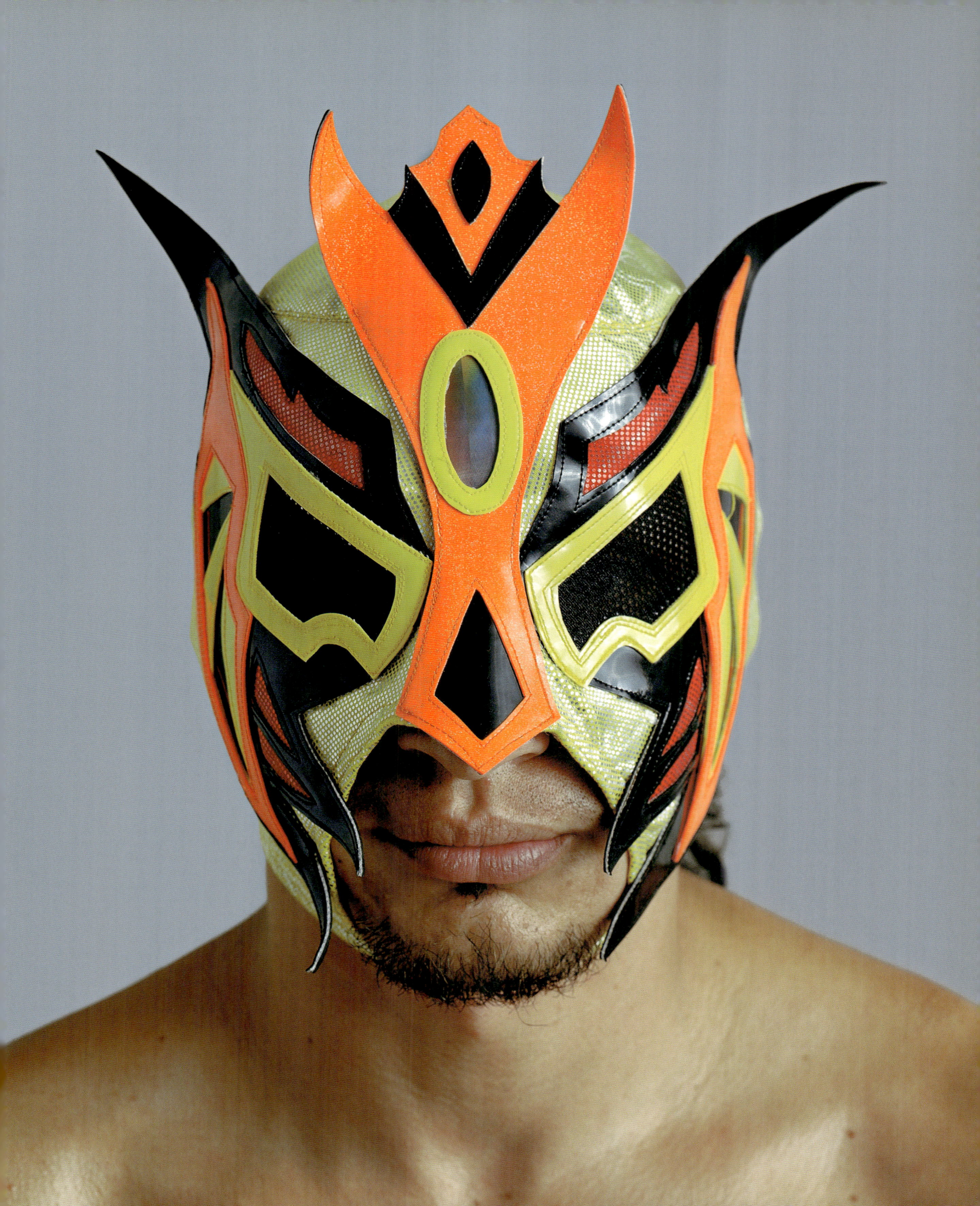

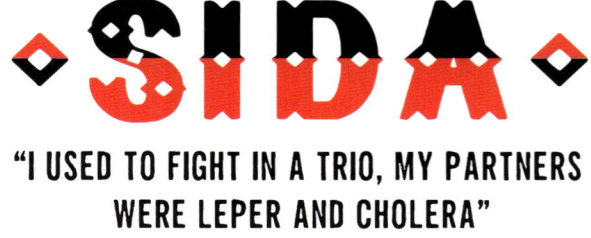

"I USED TO FIGHT IN A TRIO, MY PARTNERS
WERE LEPER AND CHOLERA"

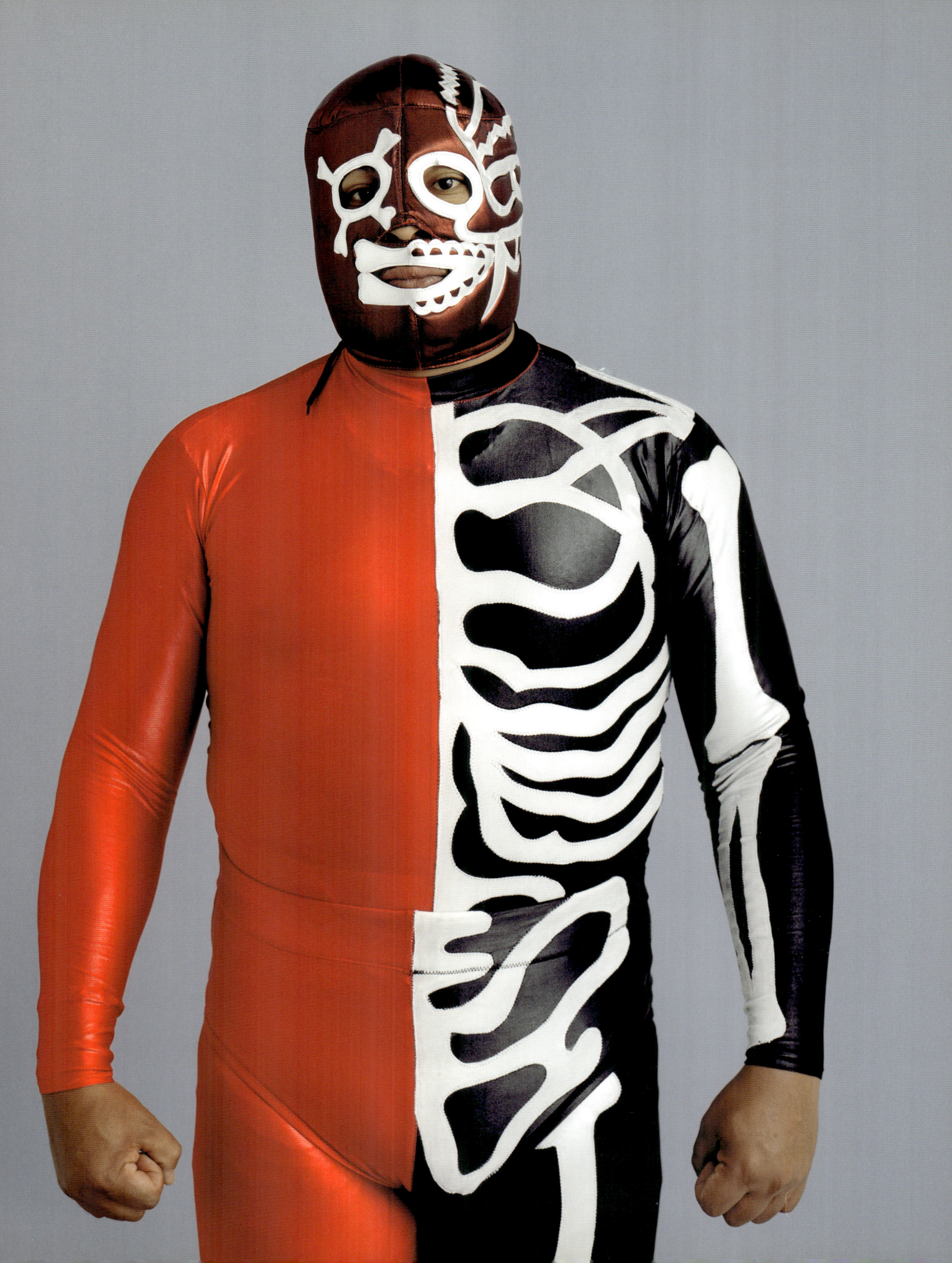

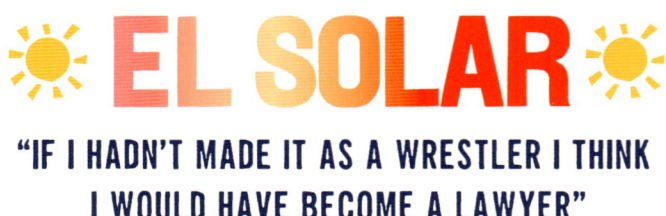

☀ EL SOLAR ☀

"IF I HADN'T MADE IT AS A WRESTLER I THINK
I WOULD HAVE BECOME A LAWYER"

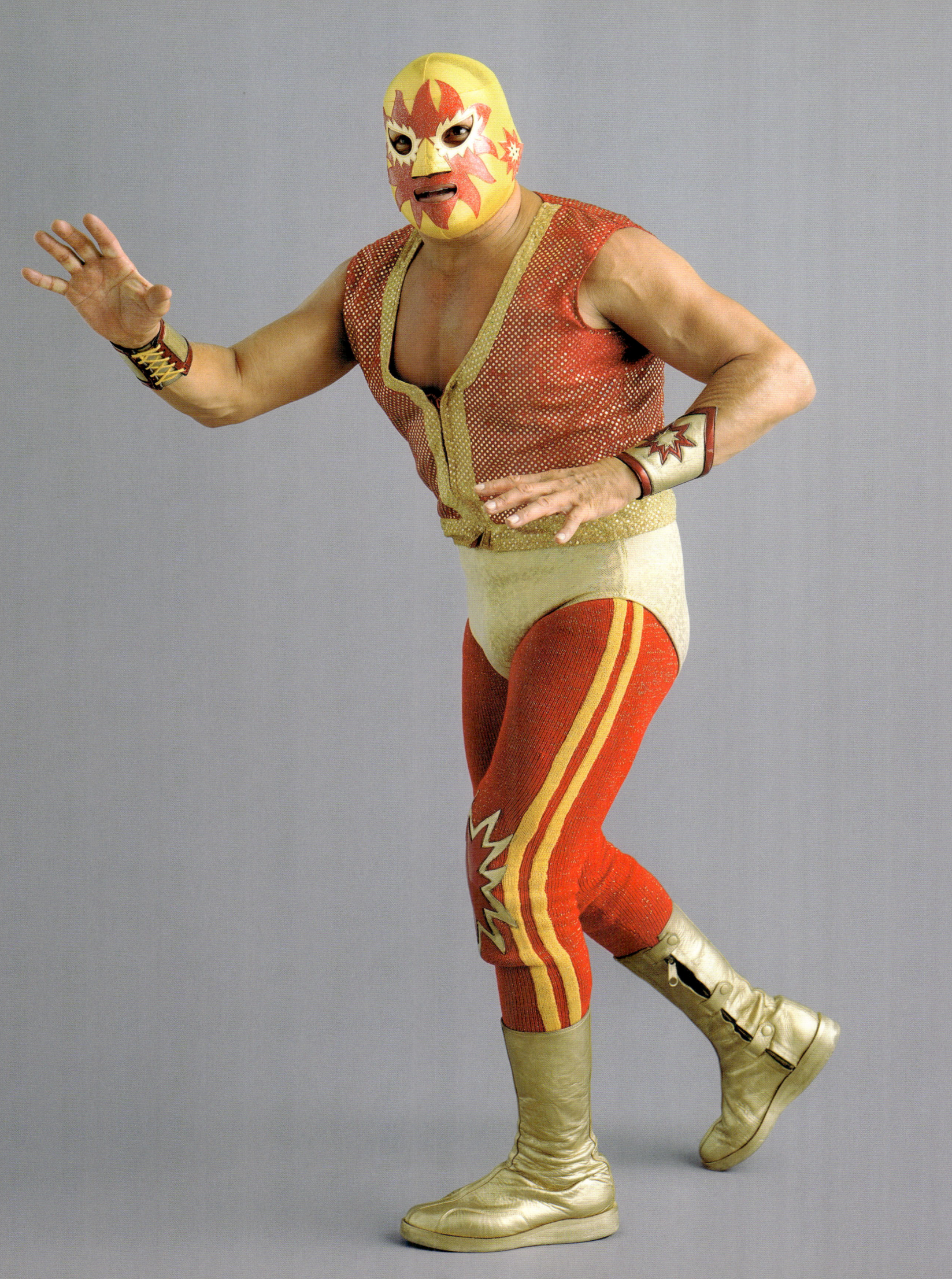

SOMBRA
DEL AMOR

"WE ALL WANT TO BE STARS HERE,
GO OUT ON TV AND PLAY THE BIG EVENTS"

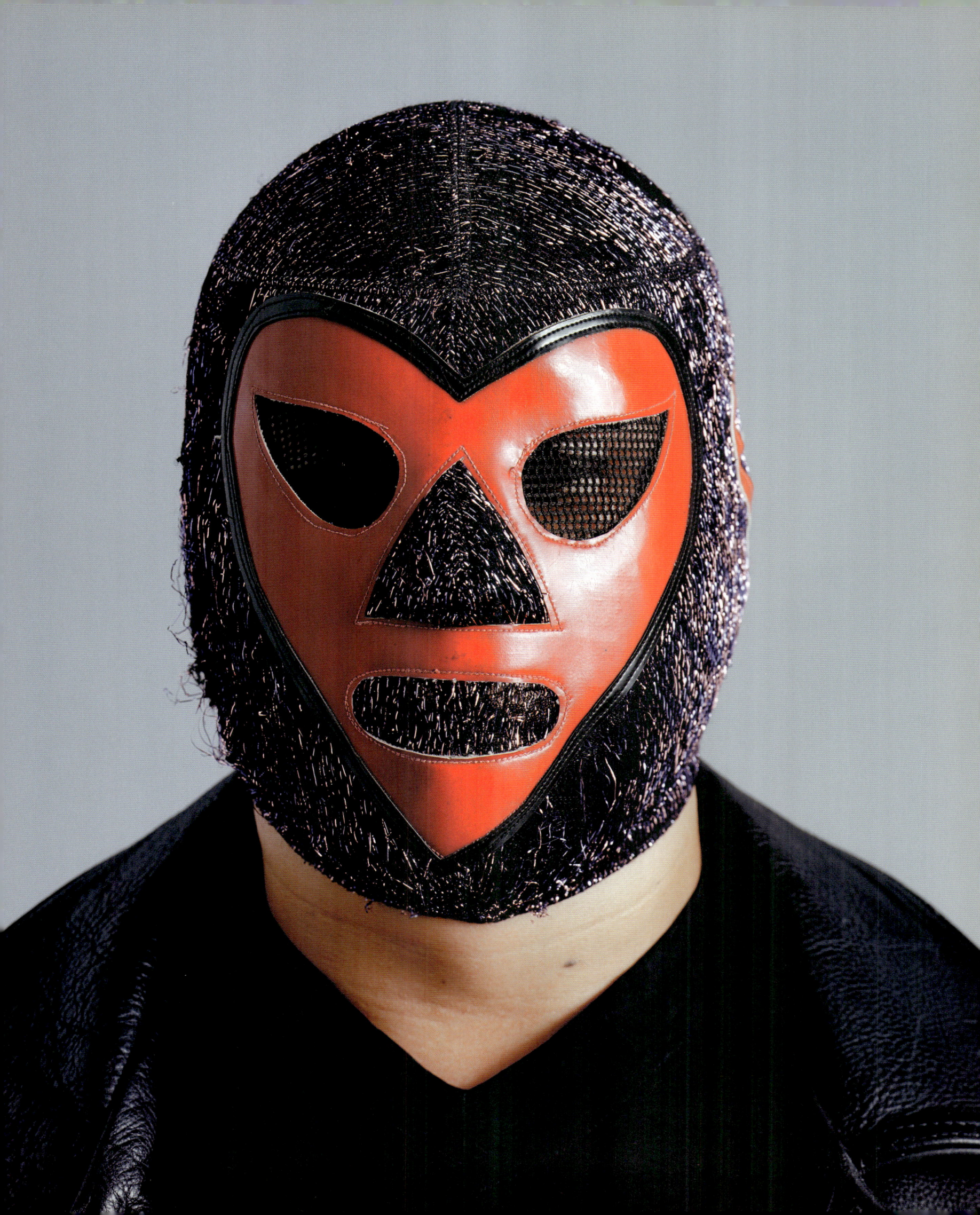

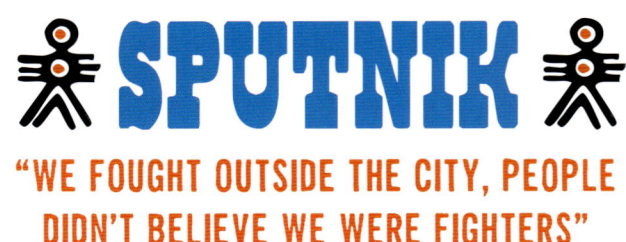

SPUTNIK

"WE FOUGHT OUTSIDE THE CITY, PEOPLE
DIDN'T BELIEVE WE WERE FIGHTERS"

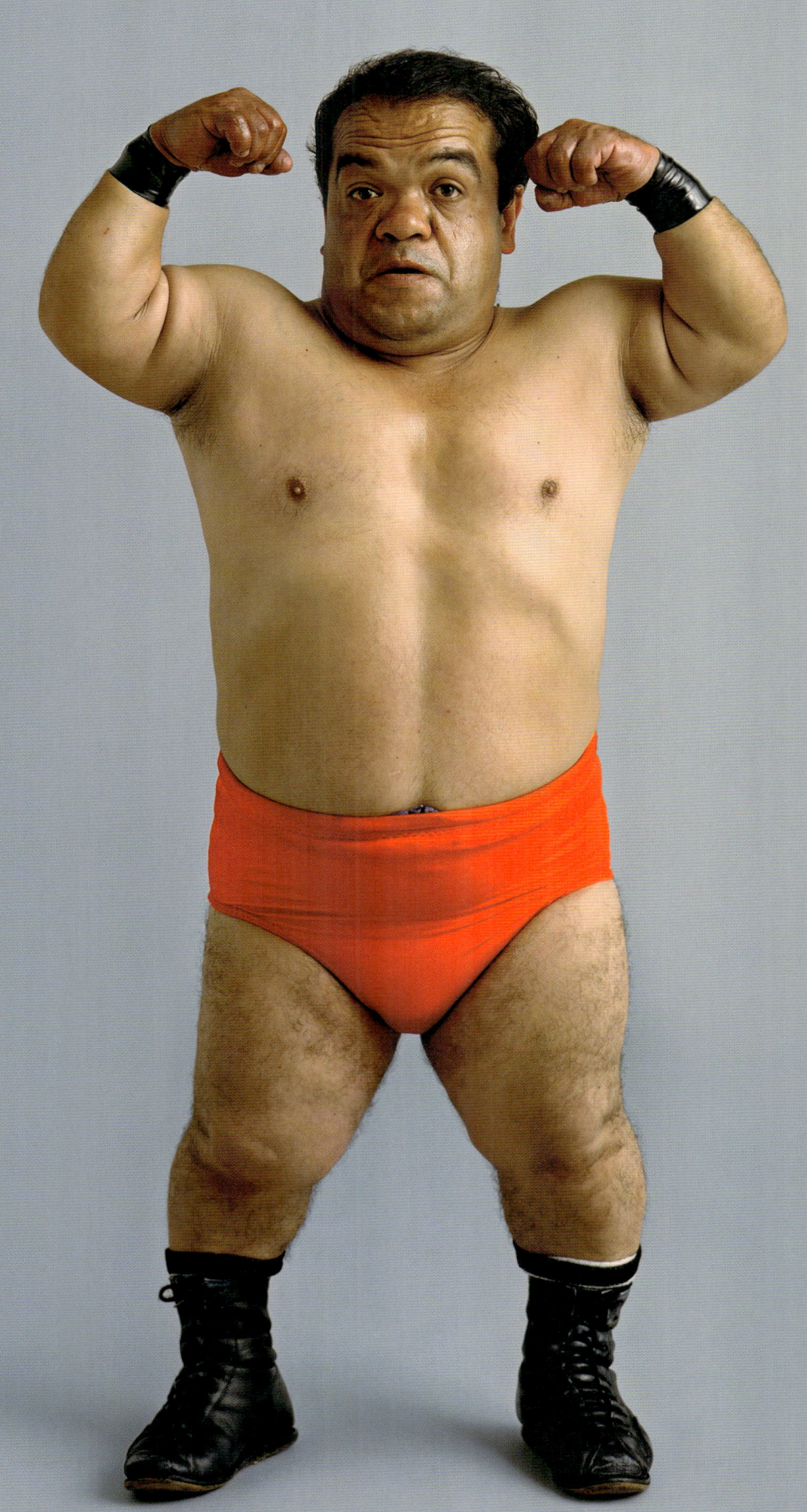

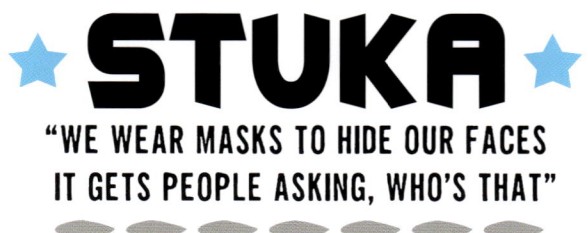

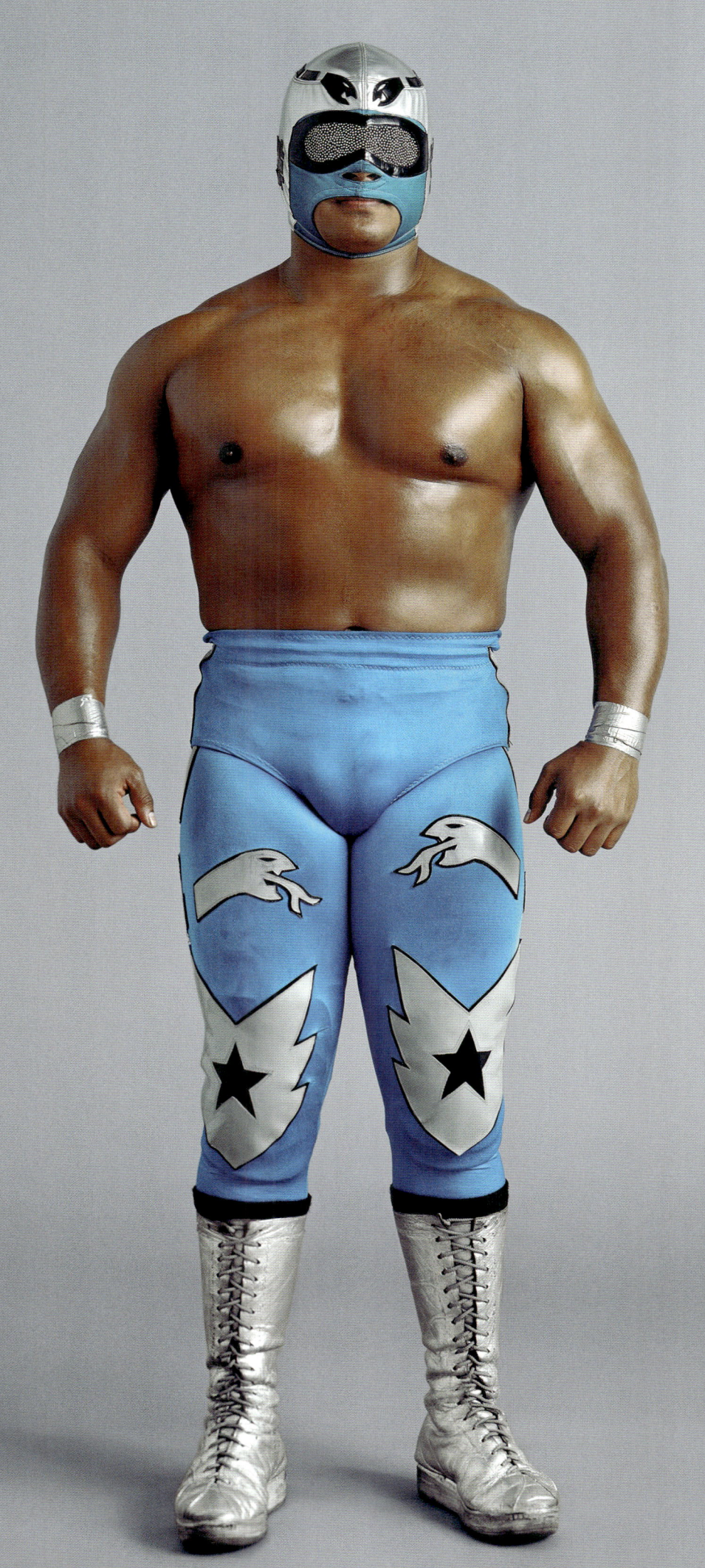

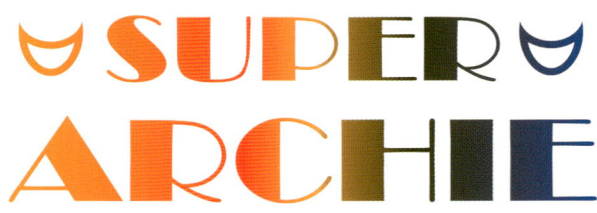

SUPER ARCHIE

"MY DISGUISE, IT'S SUPPOSED TO BE COMICAL,
BASICALLY IT'S INTENDED FOR THE KIDS"

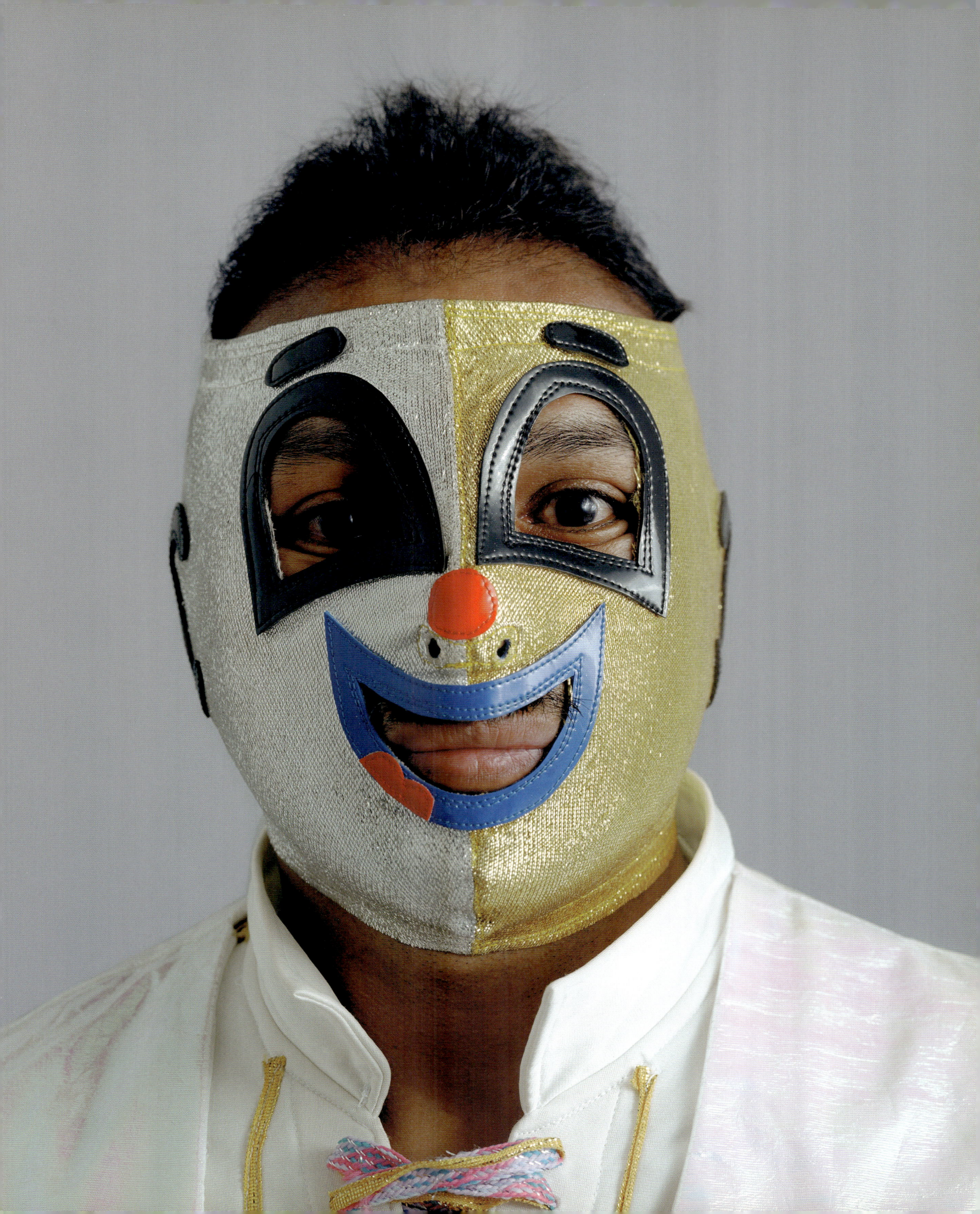

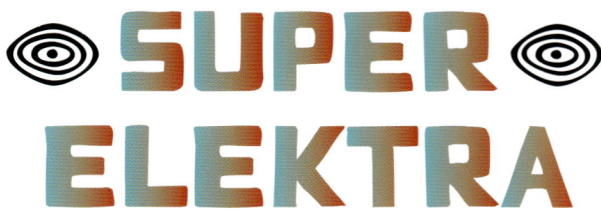

SUPER ELEKTRA

"I REPAIR DENTAL EQUIPMENT, X-RAY
MACHINES AND SO ON"

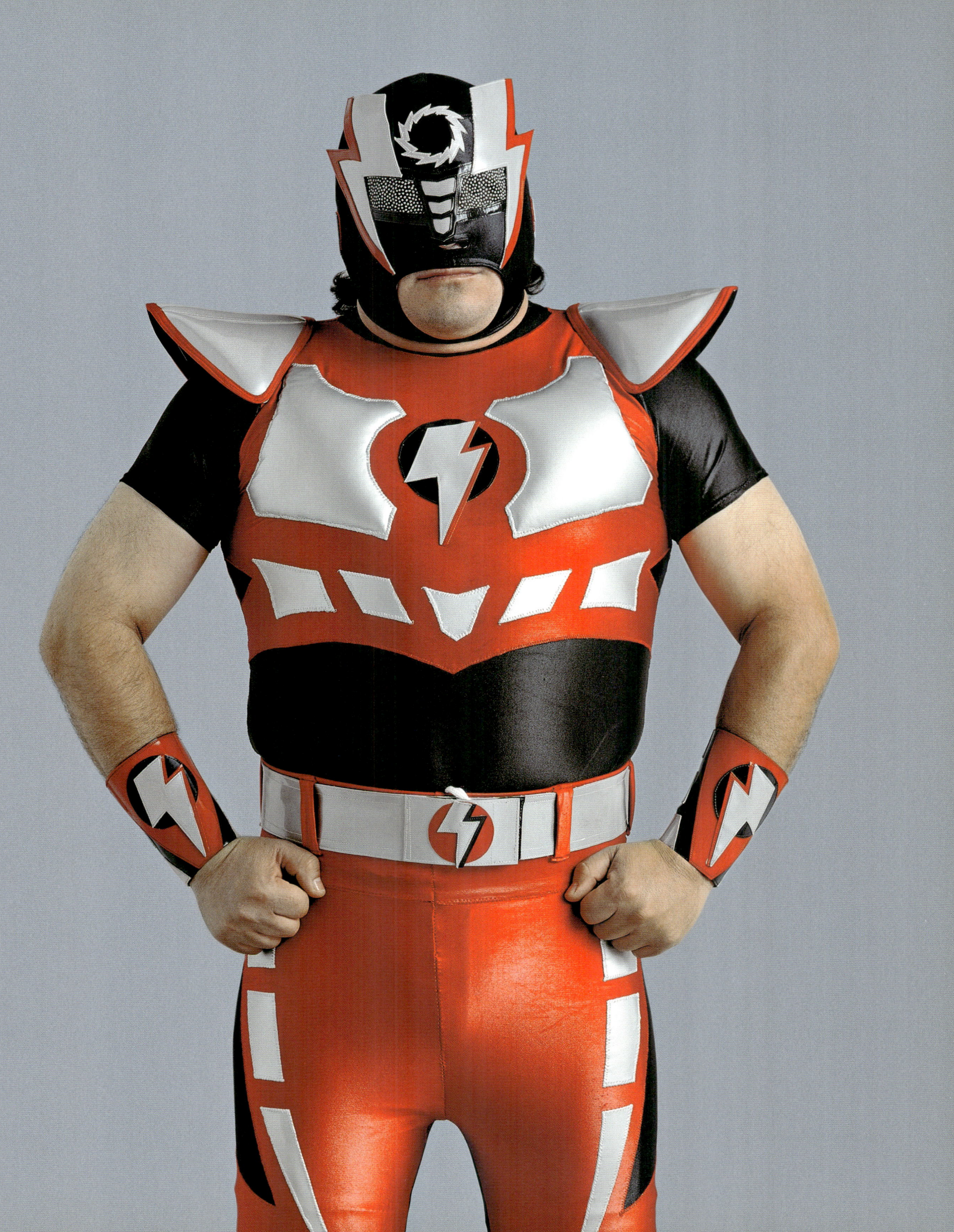

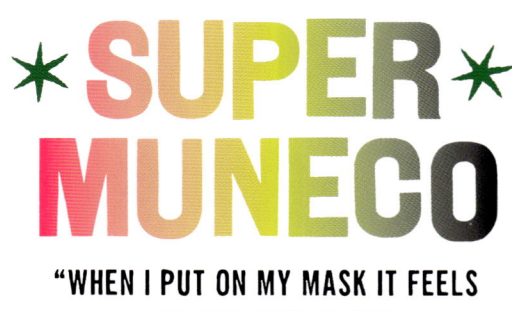

"WHEN I PUT ON MY MASK IT FEELS
LIKE MY OWN FACE"

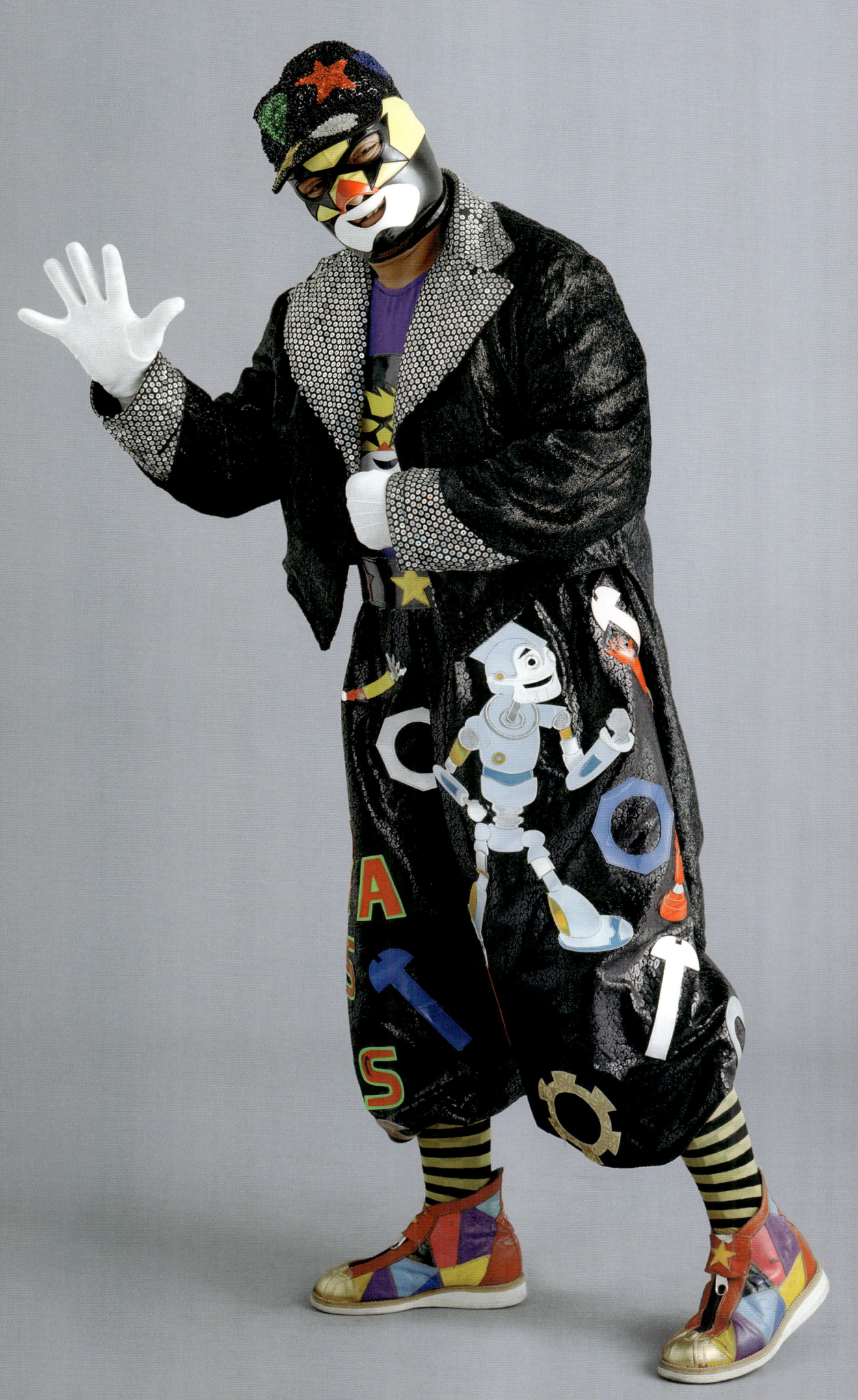

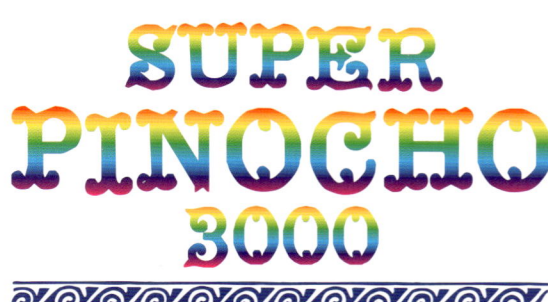

"I'M A NORMAL PERSON LIKE EVERYONE
ELSE BUT I CANNOT TELL YOU MY NAME"

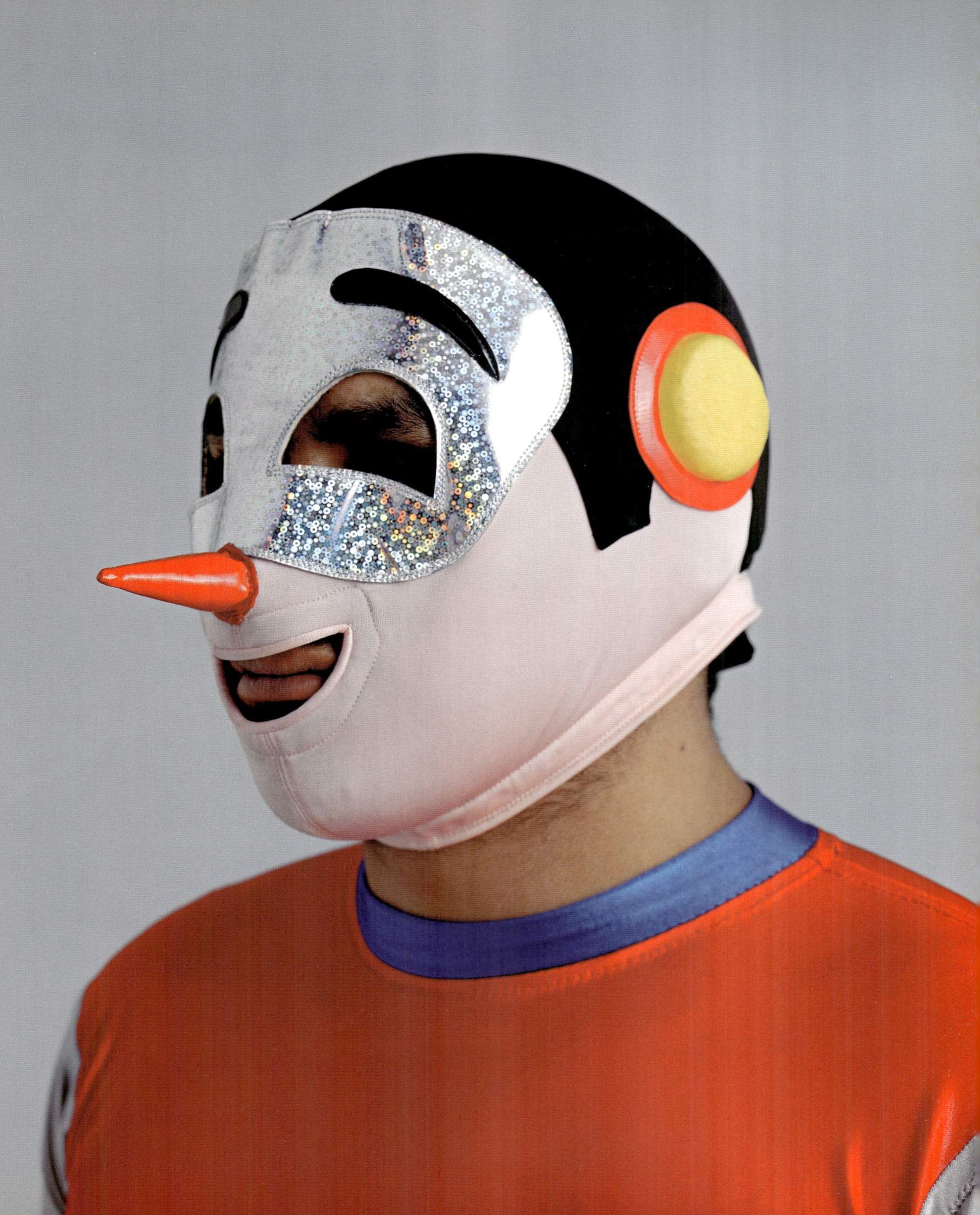

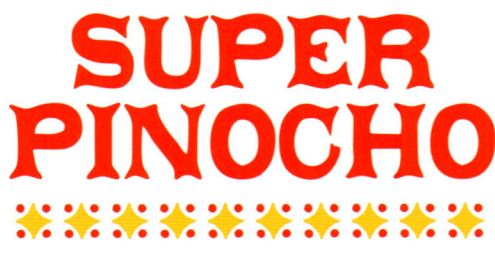

SUPER
PINOCHO

"YEAH, I HAVE A GIRLFRIEND, BUT SHE
HAS NO IDEA I'M A WRESTLER"

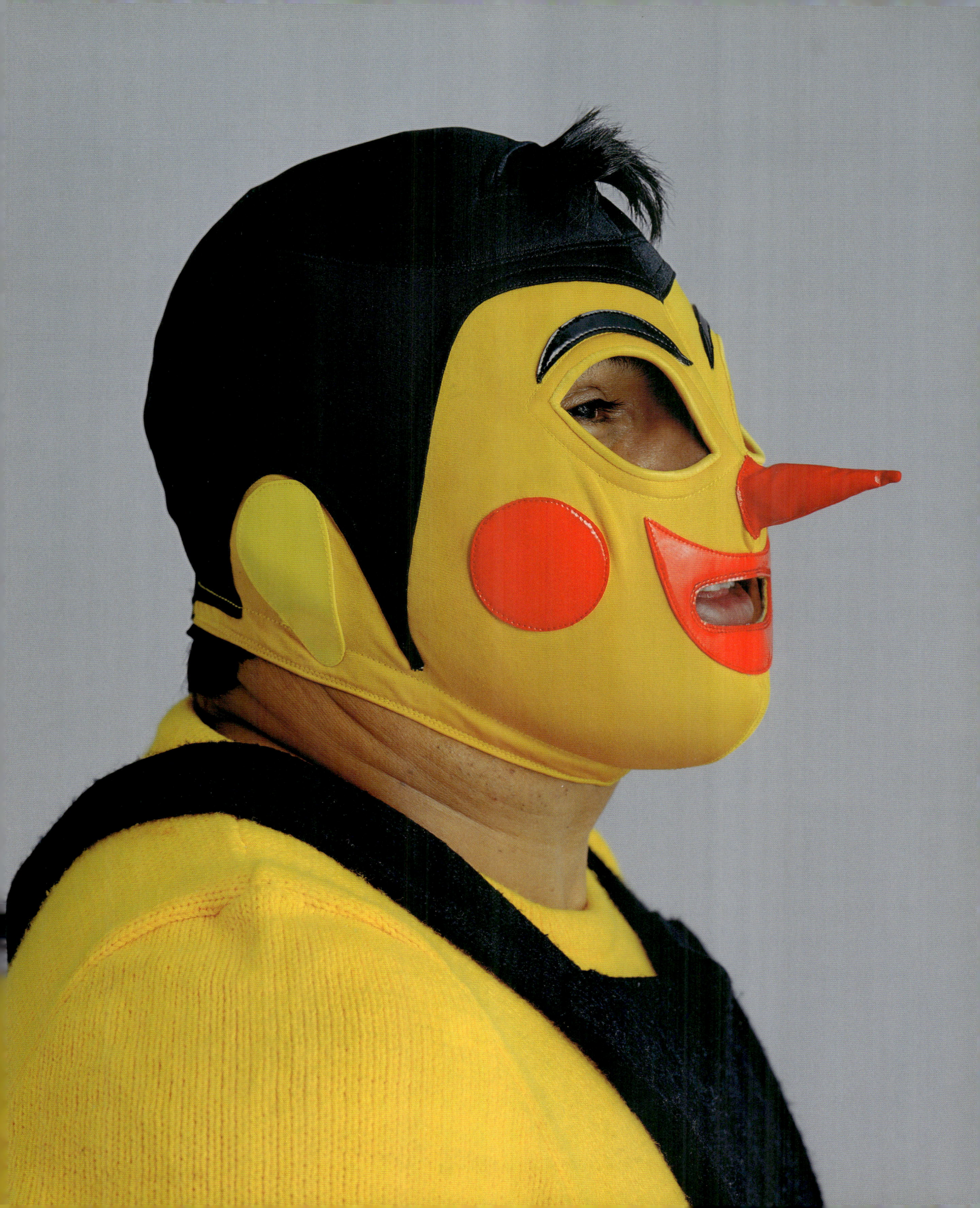

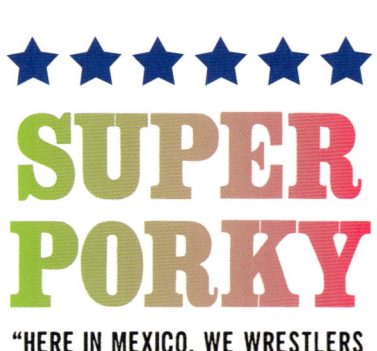

SUPER PORKY

"HERE IN MEXICO, WE WRESTLERS
WORK EVERY SINGLE DAY...
SORRY, DO FORGIVE THE TEARS"

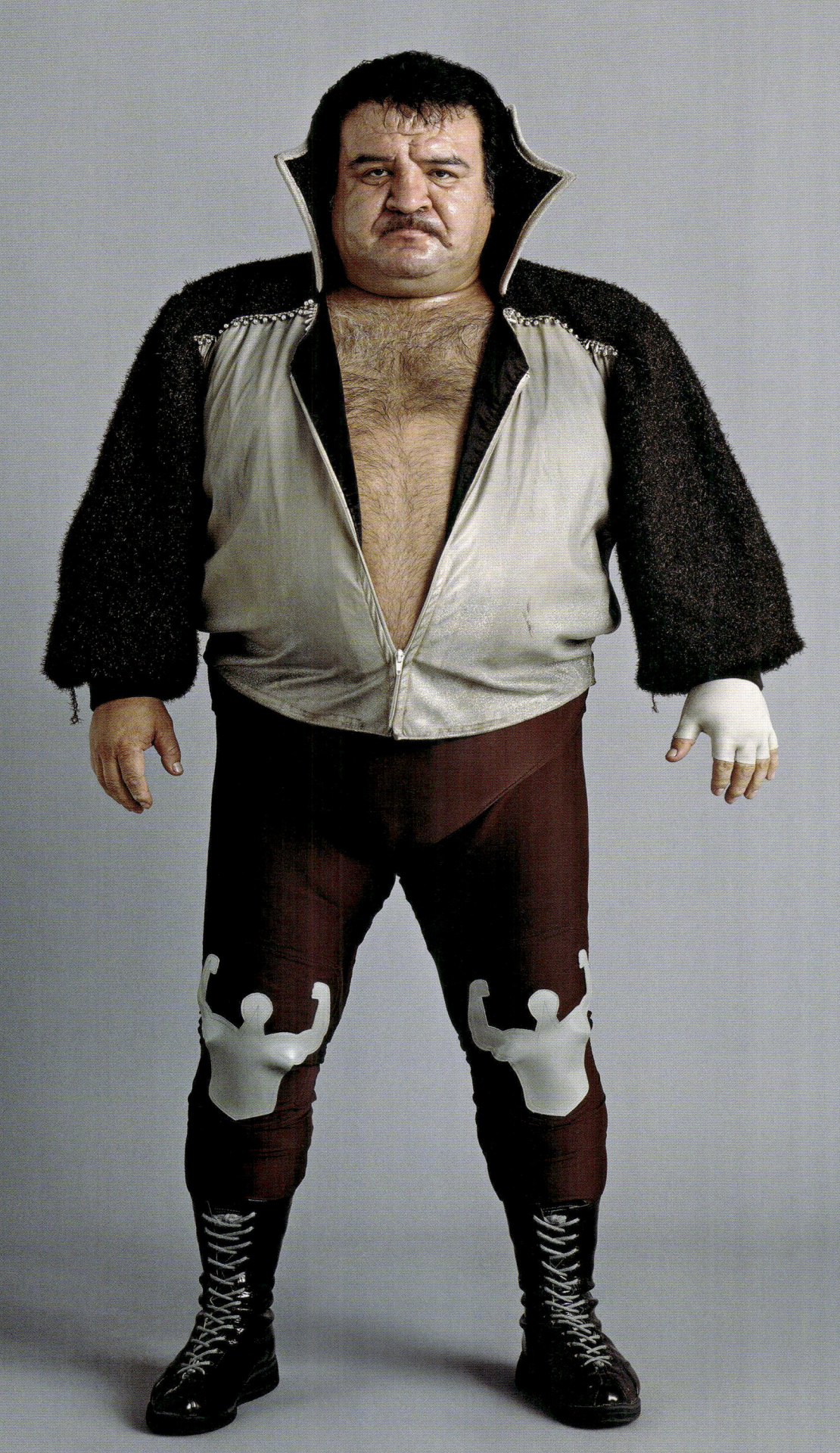

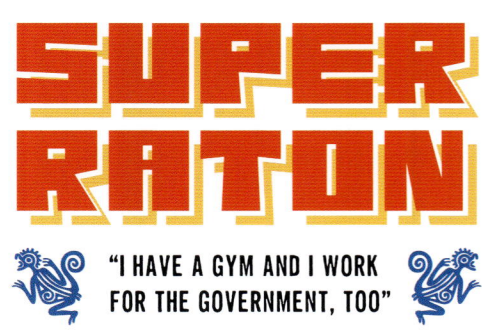

SUPER RATON

"I HAVE A GYM AND I WORK
FOR THE GOVERNMENT, TOO"

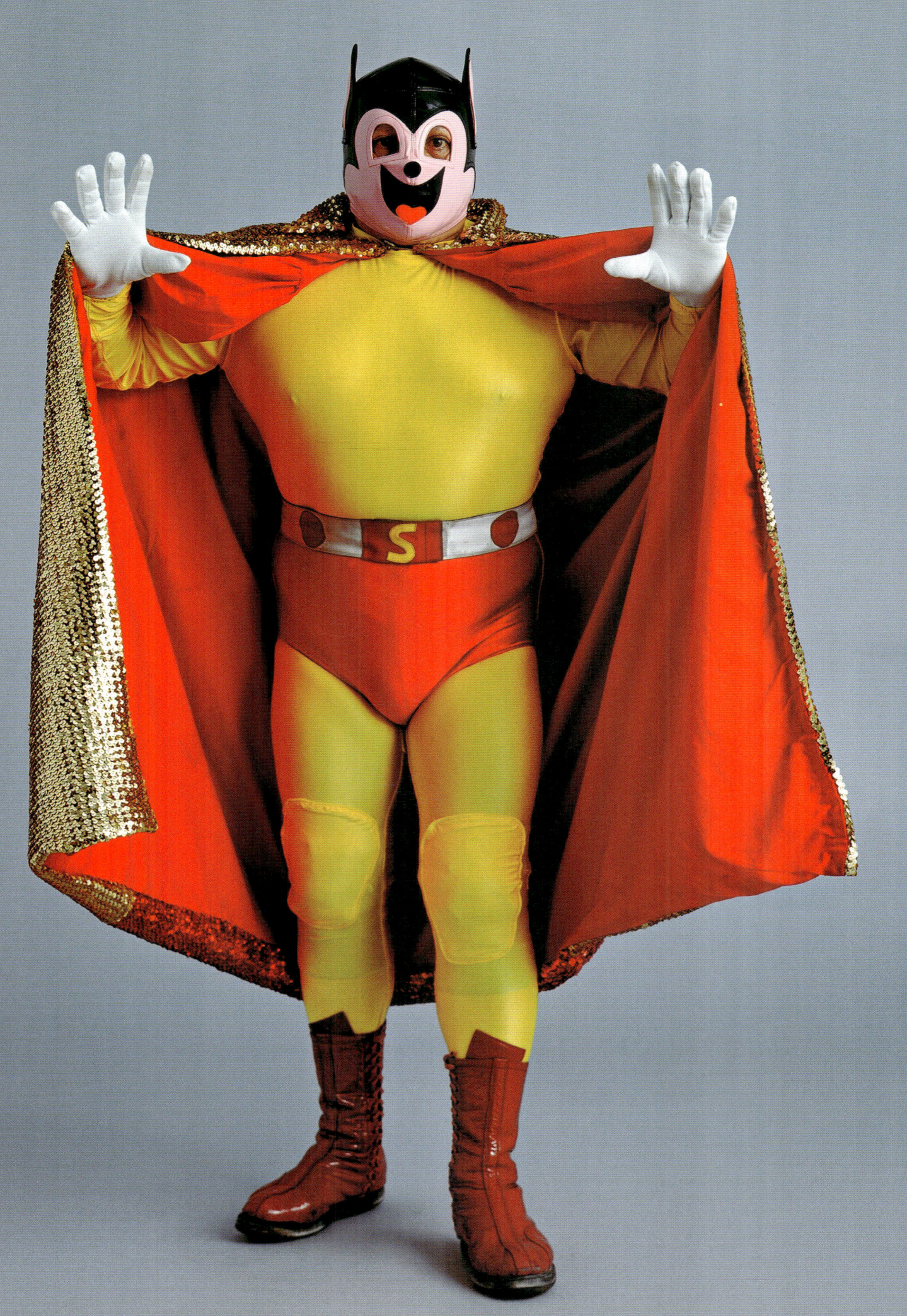

TIGERMAN

"FOR A BET I ONCE TRAINED FOR THREE AND A HALF HOURS. I COULDN'T STAND UP FOR DAYS"

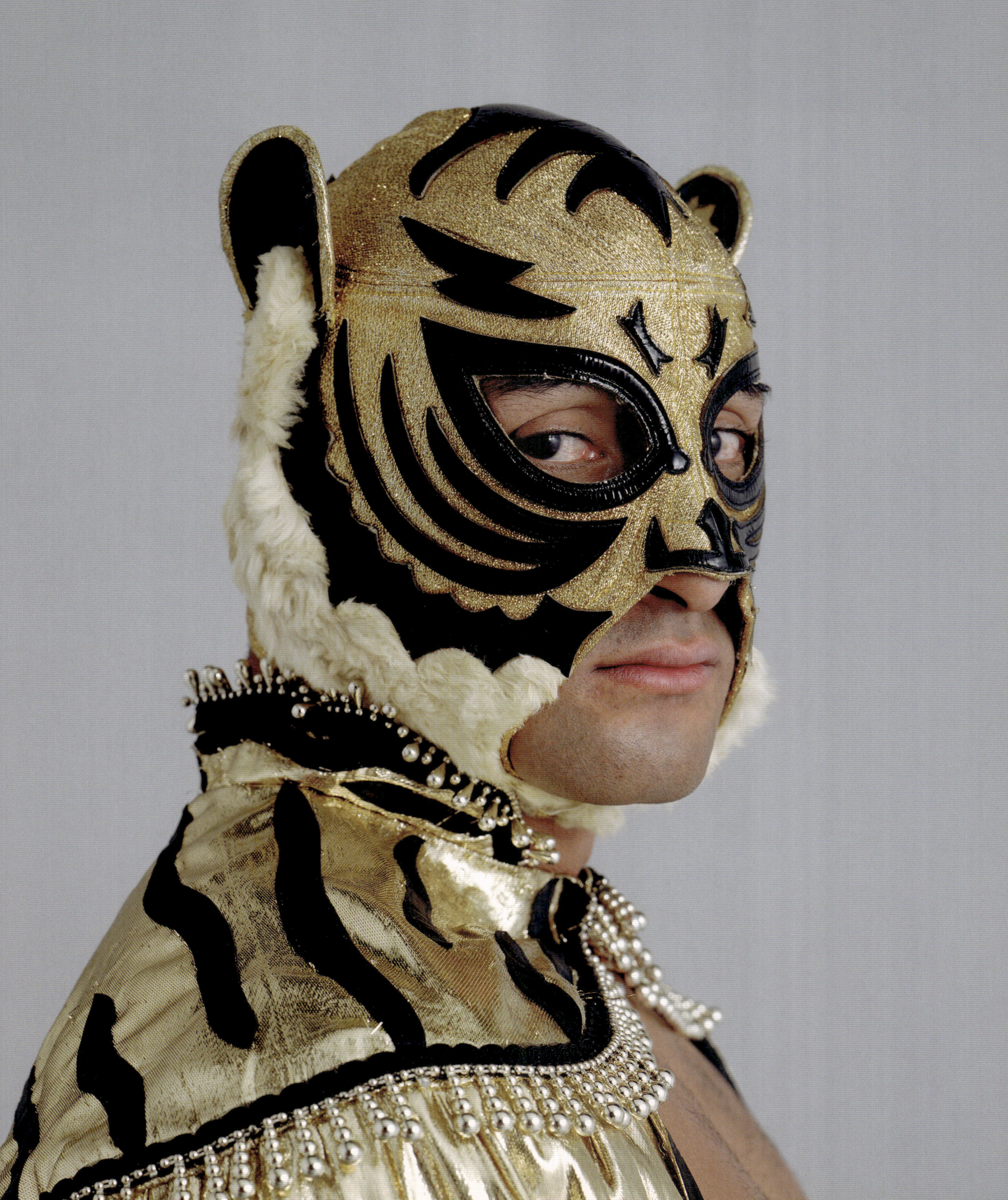

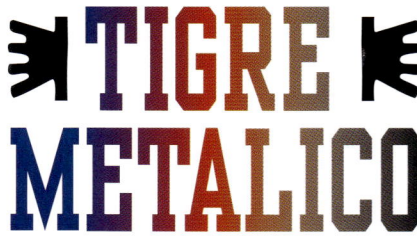

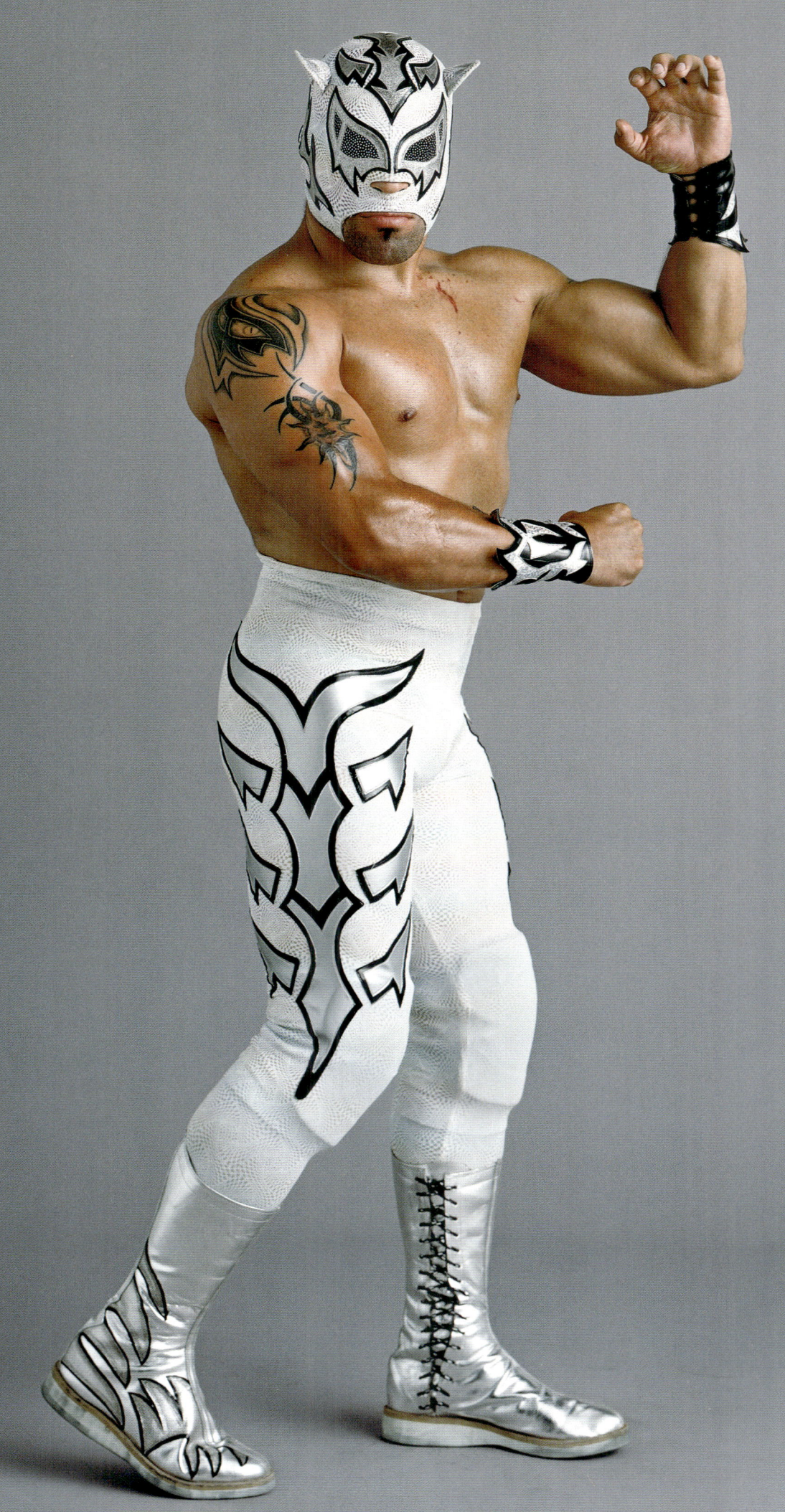

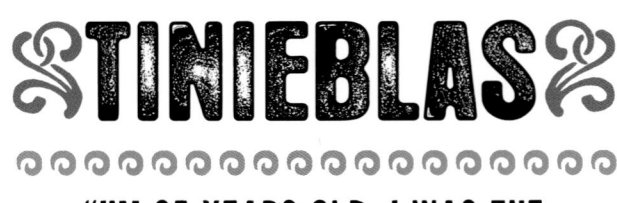

TINIEBLAS

"I'M 65 YEARS OLD. I WAS THE
STUNTMAN ON THE TV SERIES TARZAN"

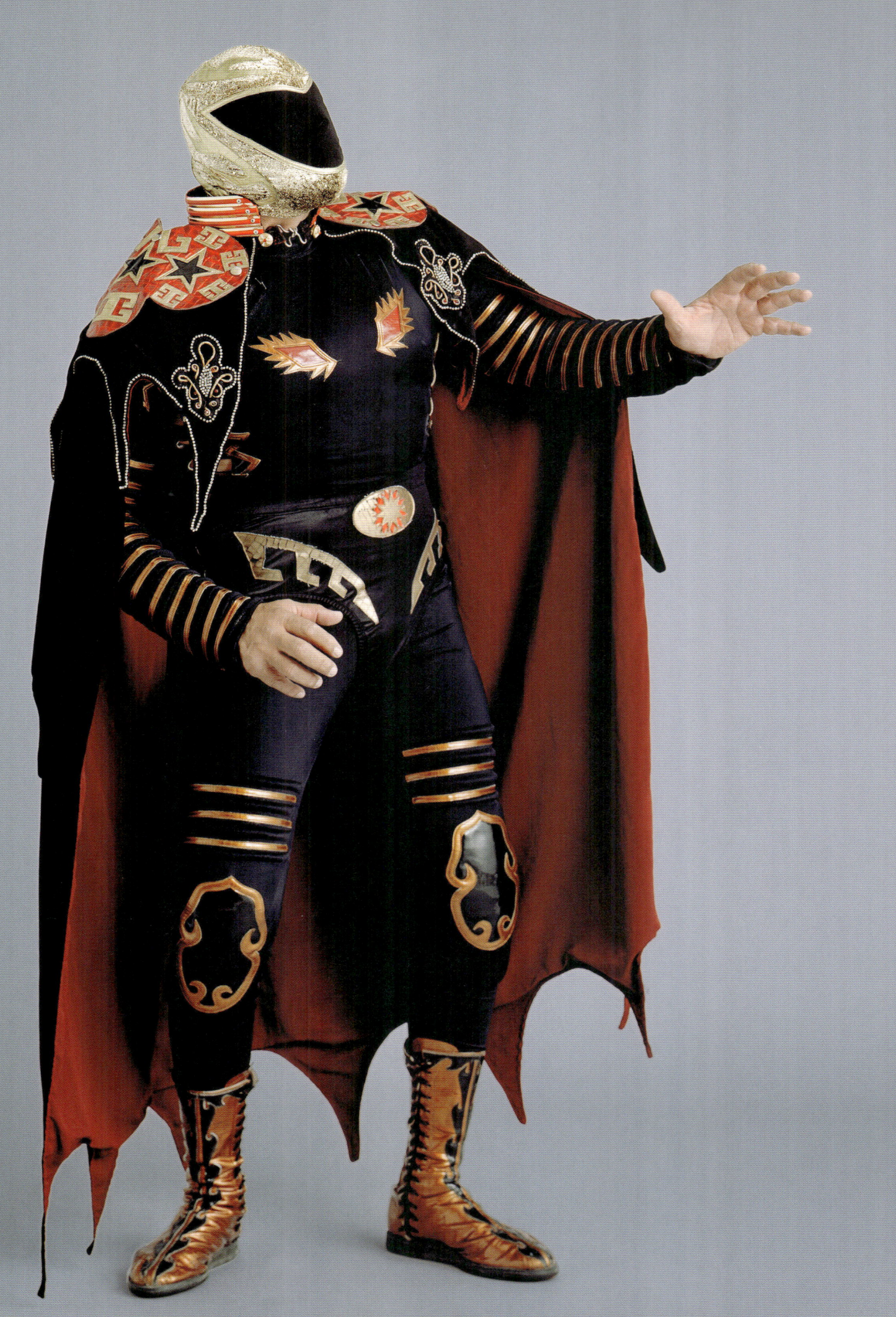

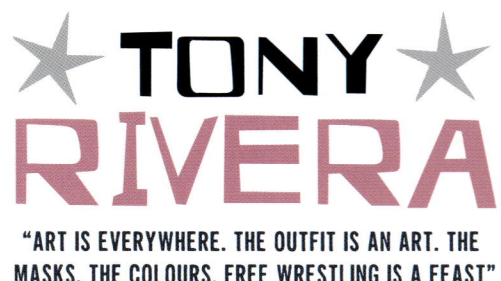

★ TONY ★
RIVERA

"ART IS EVERYWHERE. THE OUTFIT IS AN ART. THE
MASKS, THE COLOURS, FREE WRESTLING IS A FEAST"

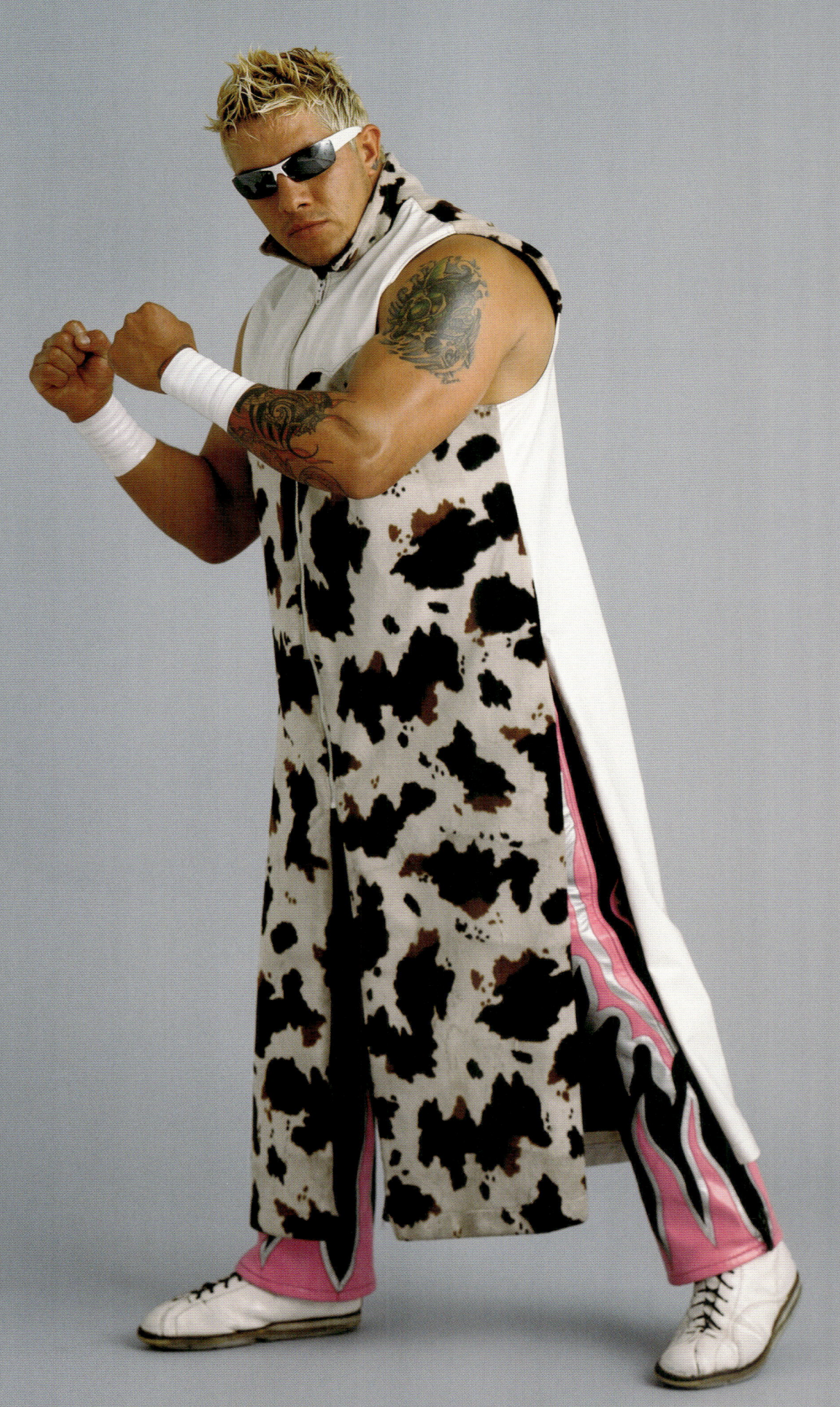

TRAUMA I

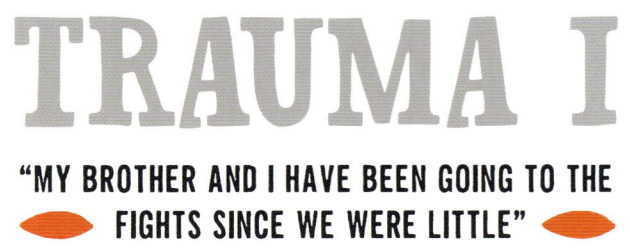

"MY BROTHER AND I HAVE BEEN GOING TO THE FIGHTS SINCE WE WERE LITTLE"

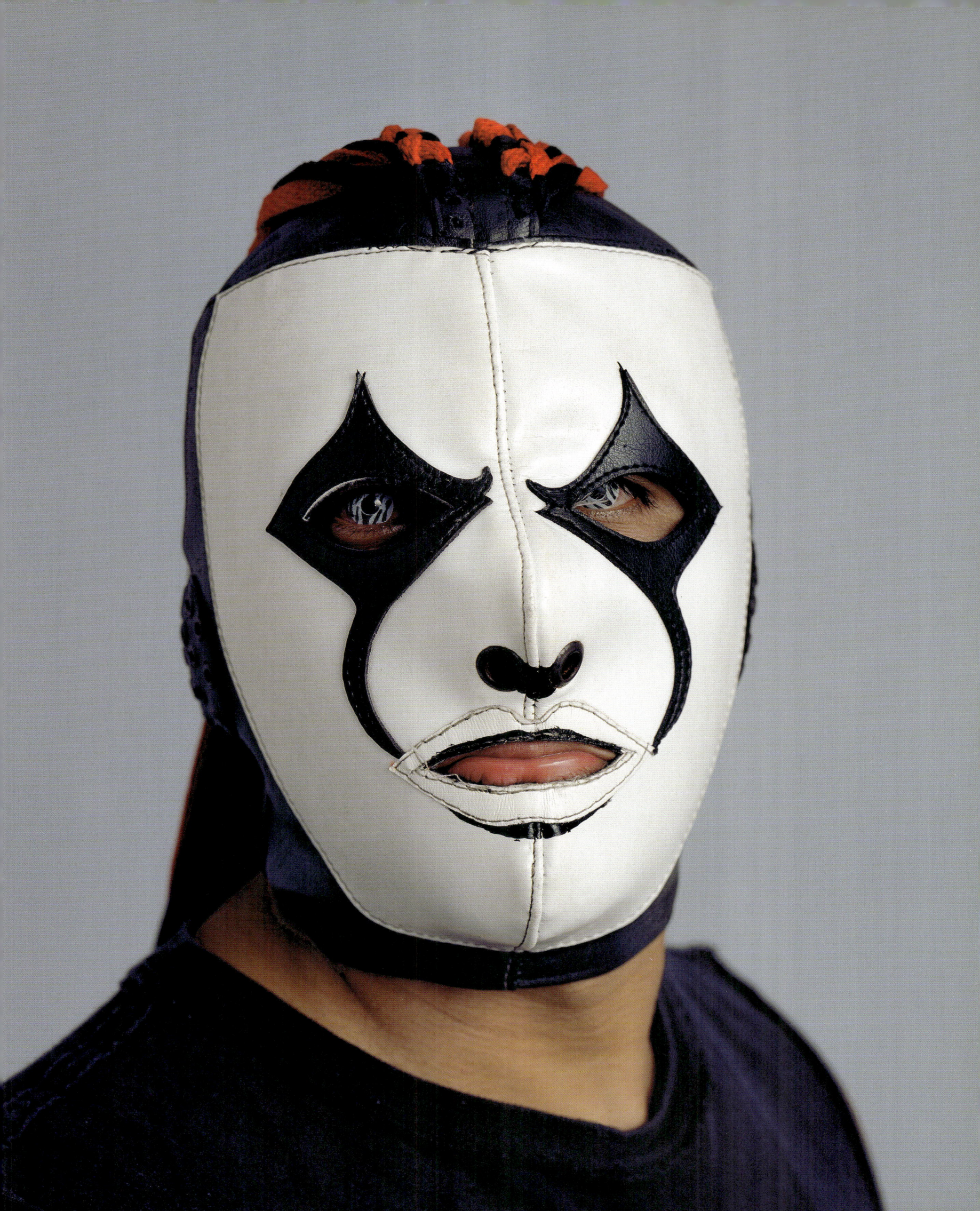

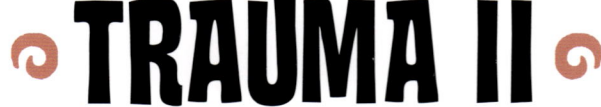

TRAUMA II

"THE NAME'S FROM FAMILY EXPERIENCES, WE'RE
TRAUMATIZED AND WE LIKE BEING VIOLENT"

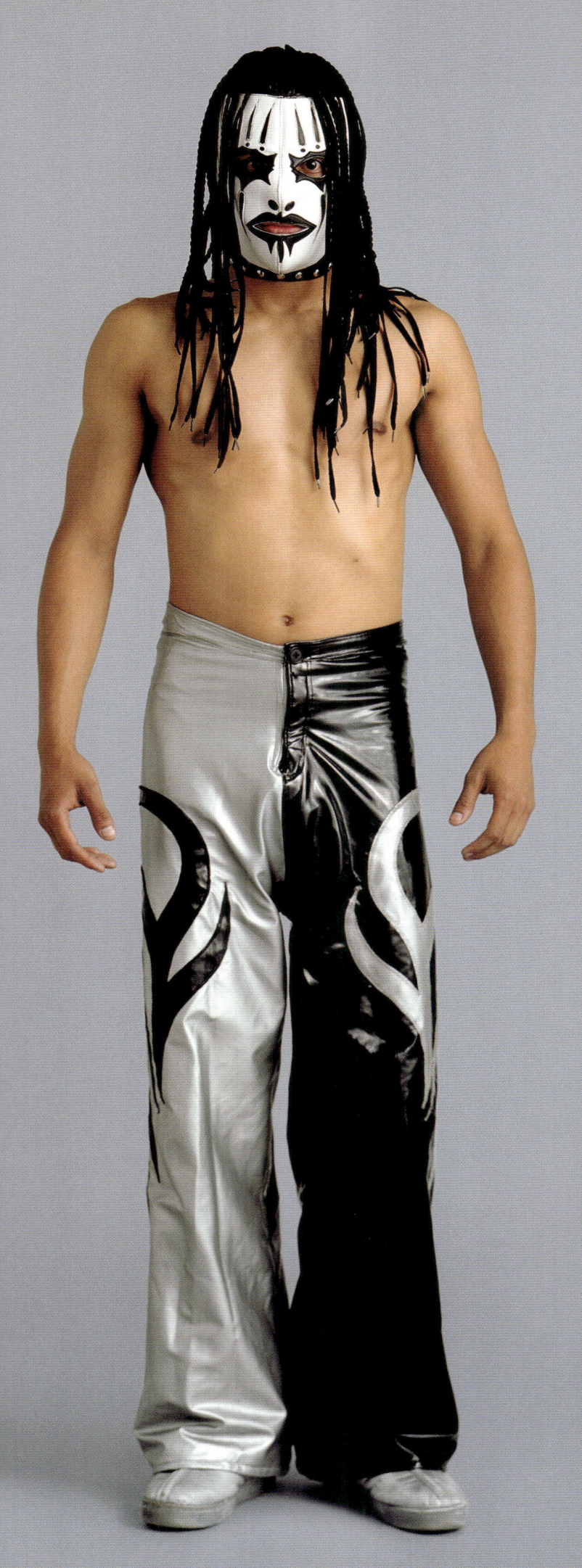

VANGELLYS

"I'M 24. I WEIGH 95 KILOS. I'M HEAVYWEIGHT. WHY NAZIS? I LIKE THEIR DISCIPLINE"

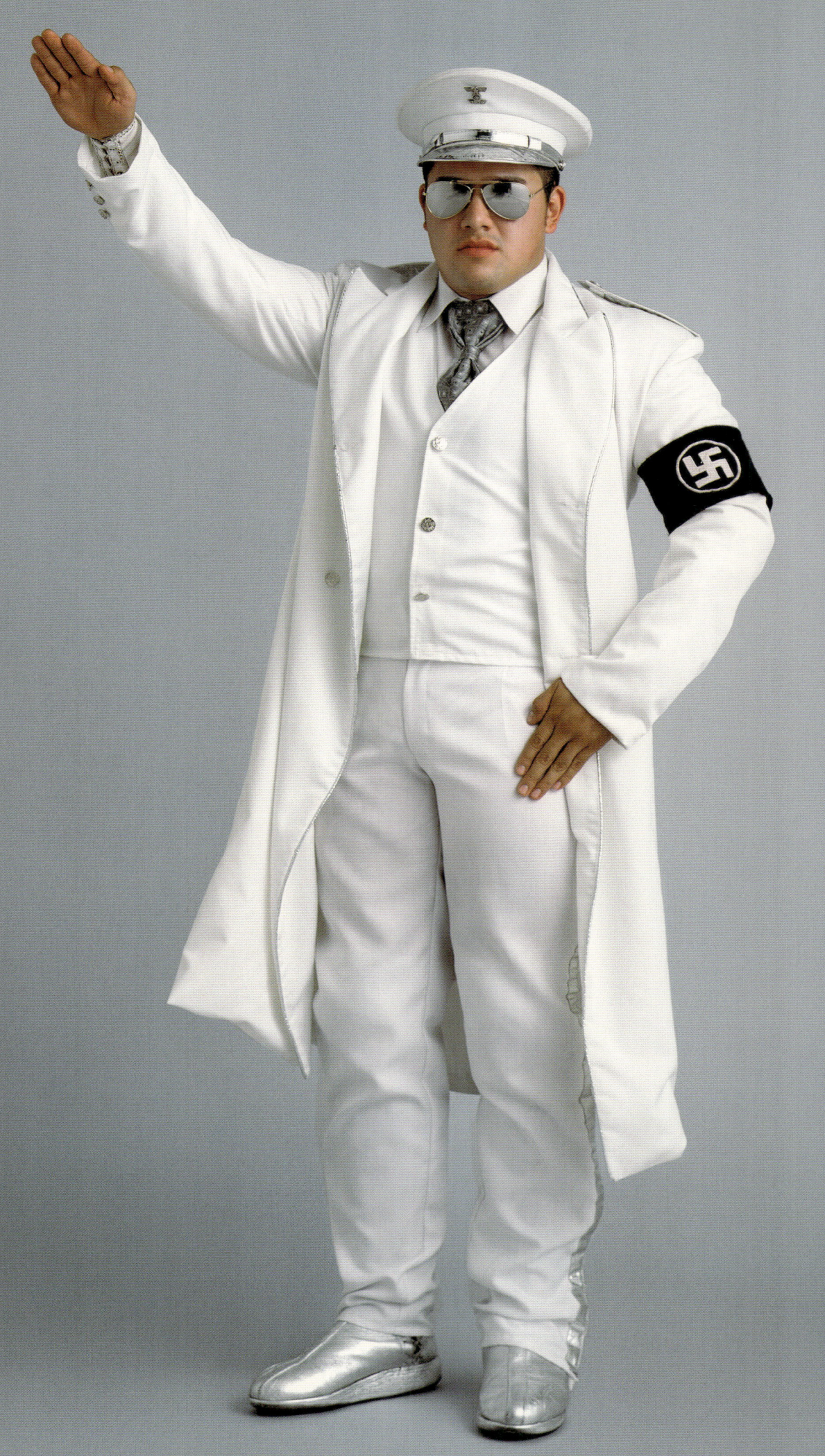

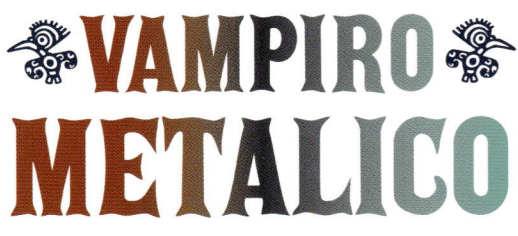

VAMPIRO METALICO

"I'M A STUDENT OF GRAPHIC DESIGN
AT THE LONDRES INSTITUTE IN XOCHIMILCO"

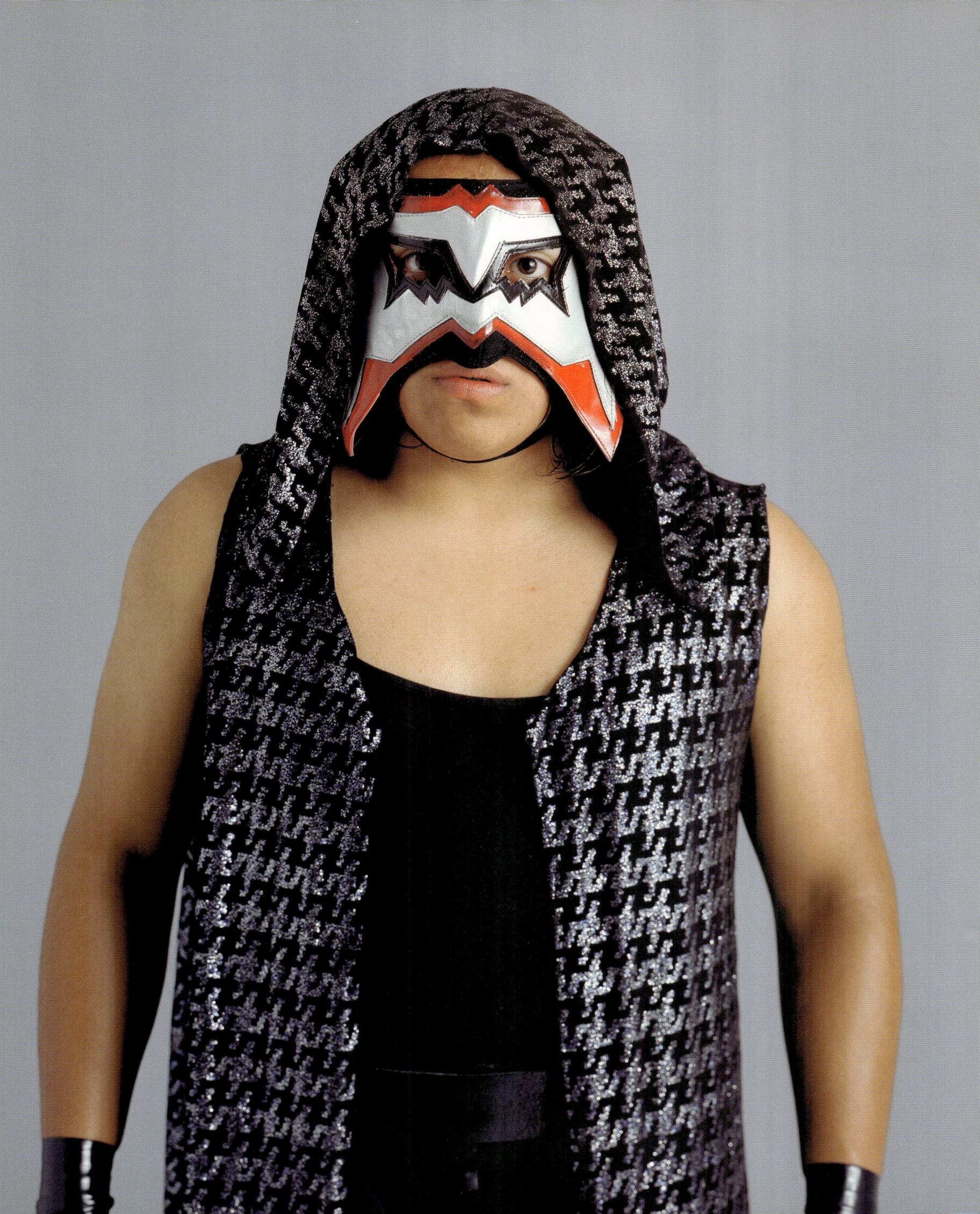

VILLANO 3

"I AM A WRESTLER THANKS TO MY FATHER, AND MY AUDIENCE"

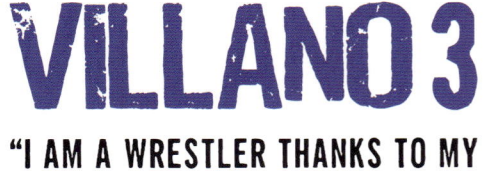

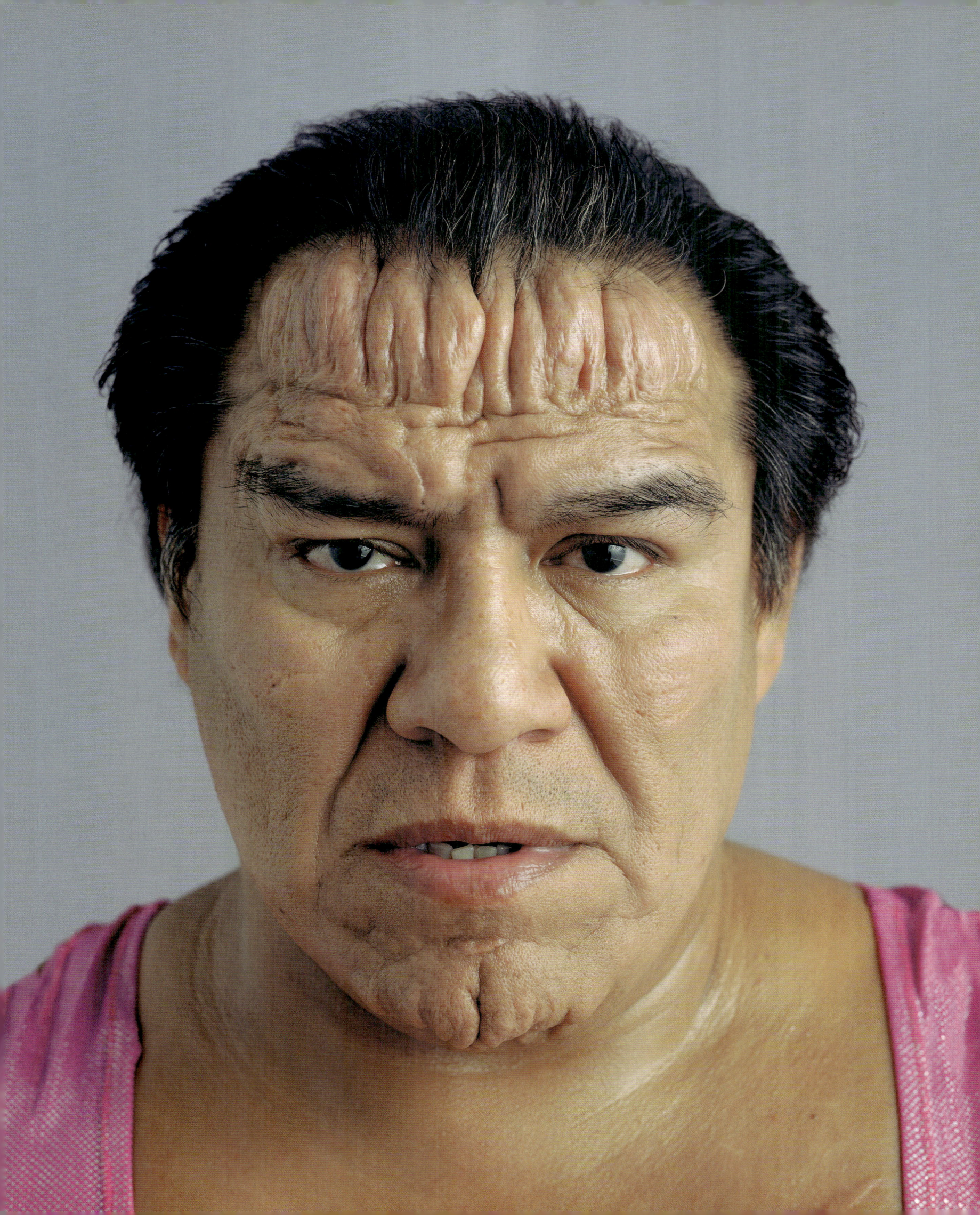

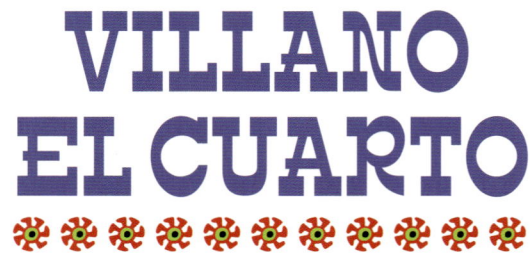

VILLANO
EL CUARTO

"OUR FATHER DIDN'T WANT US TO
WRESTLE, BUT ALL FIVE OF US DO"

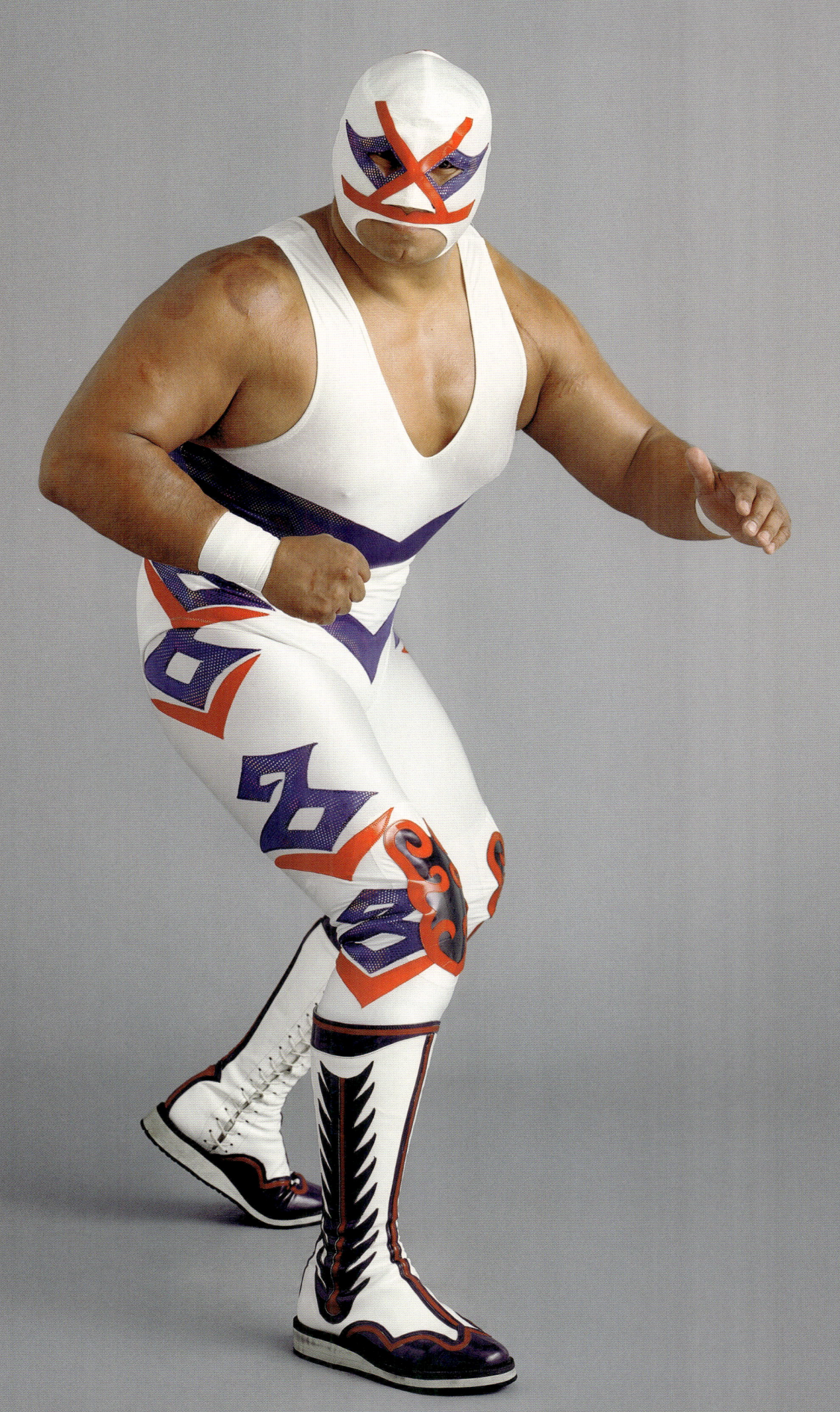

VILLANO V

"I'M A DENTIST. I DON'T TELL MY PATIENTS I WRESTLE, THEY'RE SCARED ENOUGH AS IT IS"

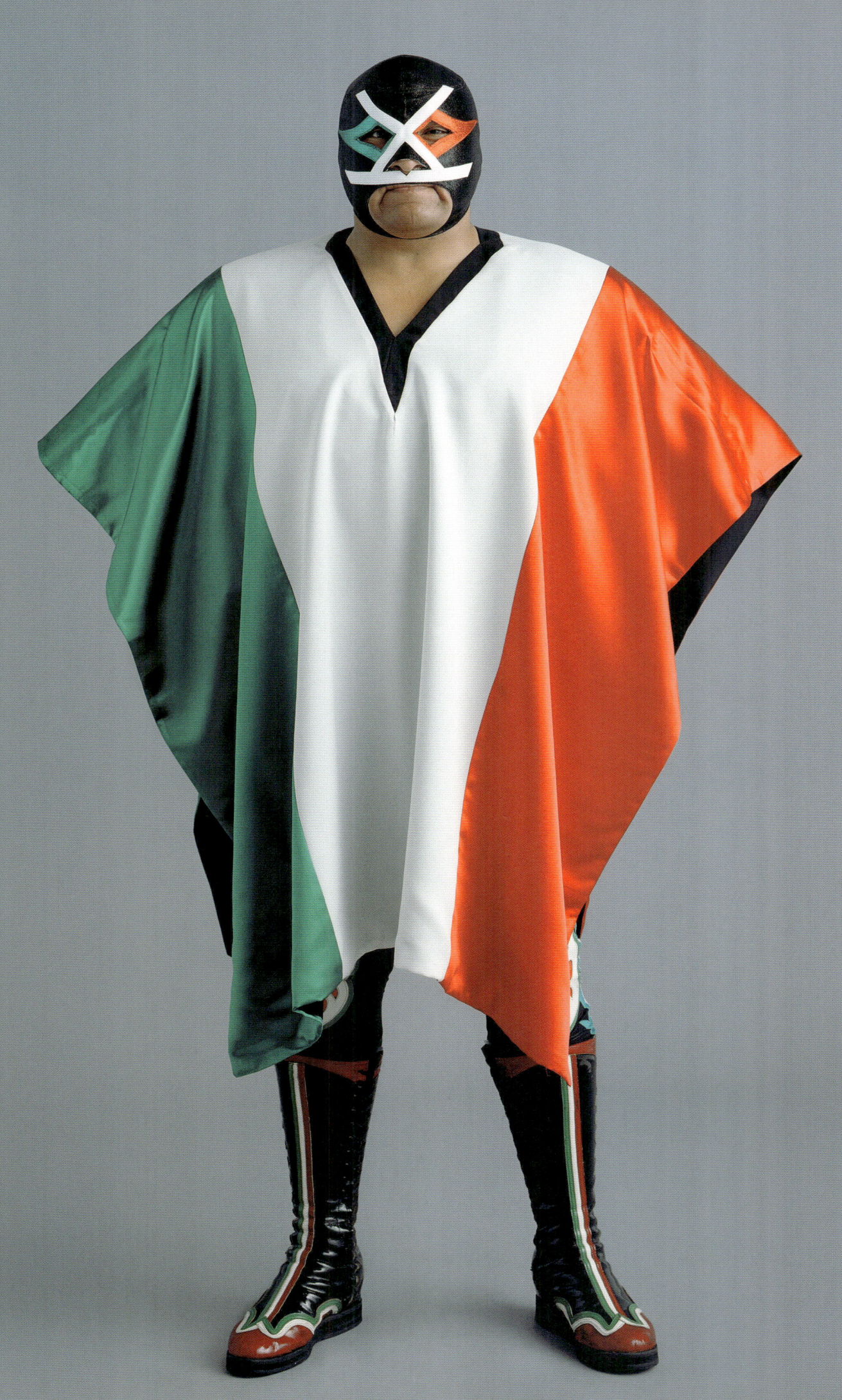

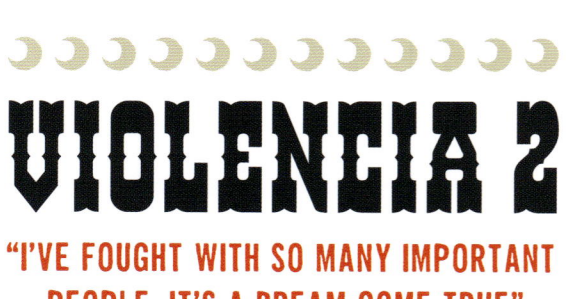

VIOLENCIA 2

"I'VE FOUGHT WITH SO MANY IMPORTANT
PEOPLE, IT'S A DREAM COME TRUE"

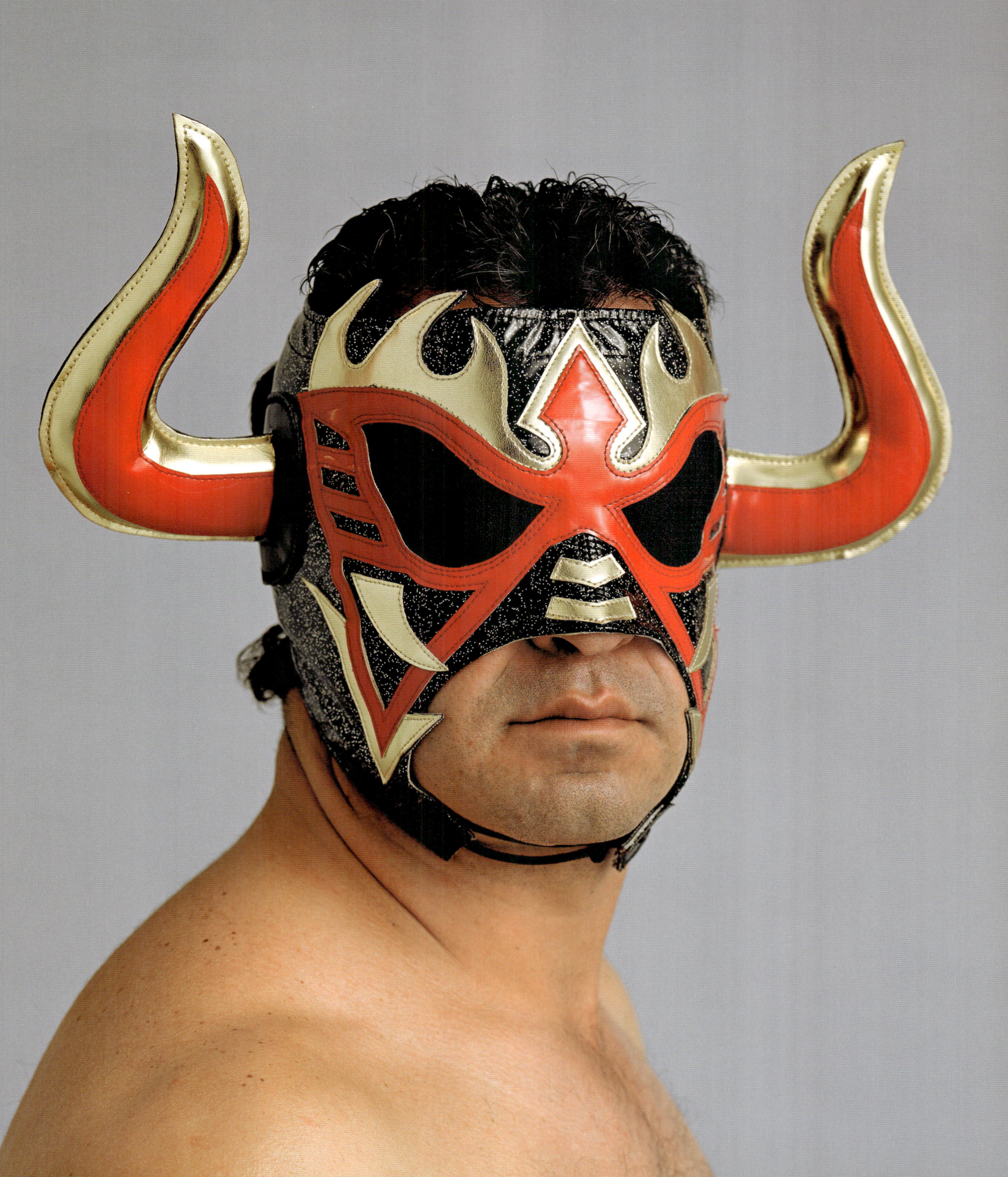

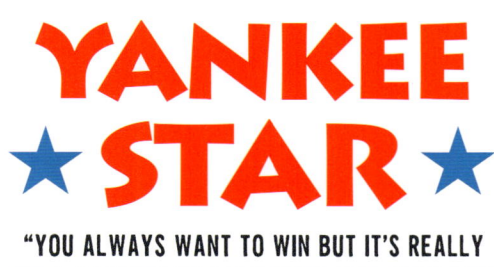

YANKEE STAR

"YOU ALWAYS WANT TO WIN BUT IT'S REALLY HARD TO KNOW HOW THE FIGHT WILL TURN OUT"

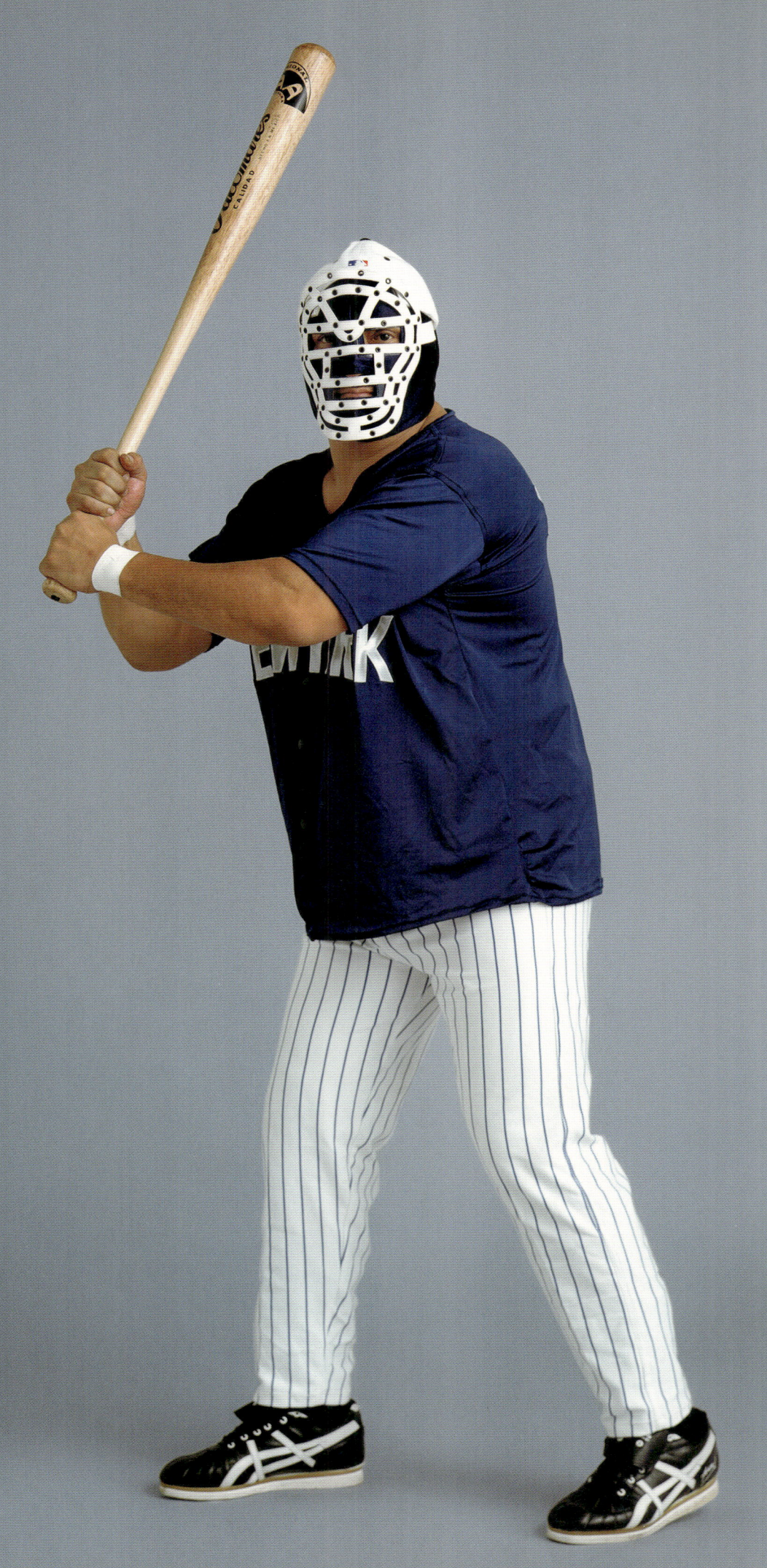

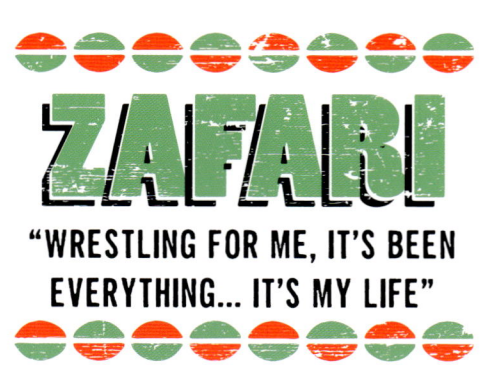

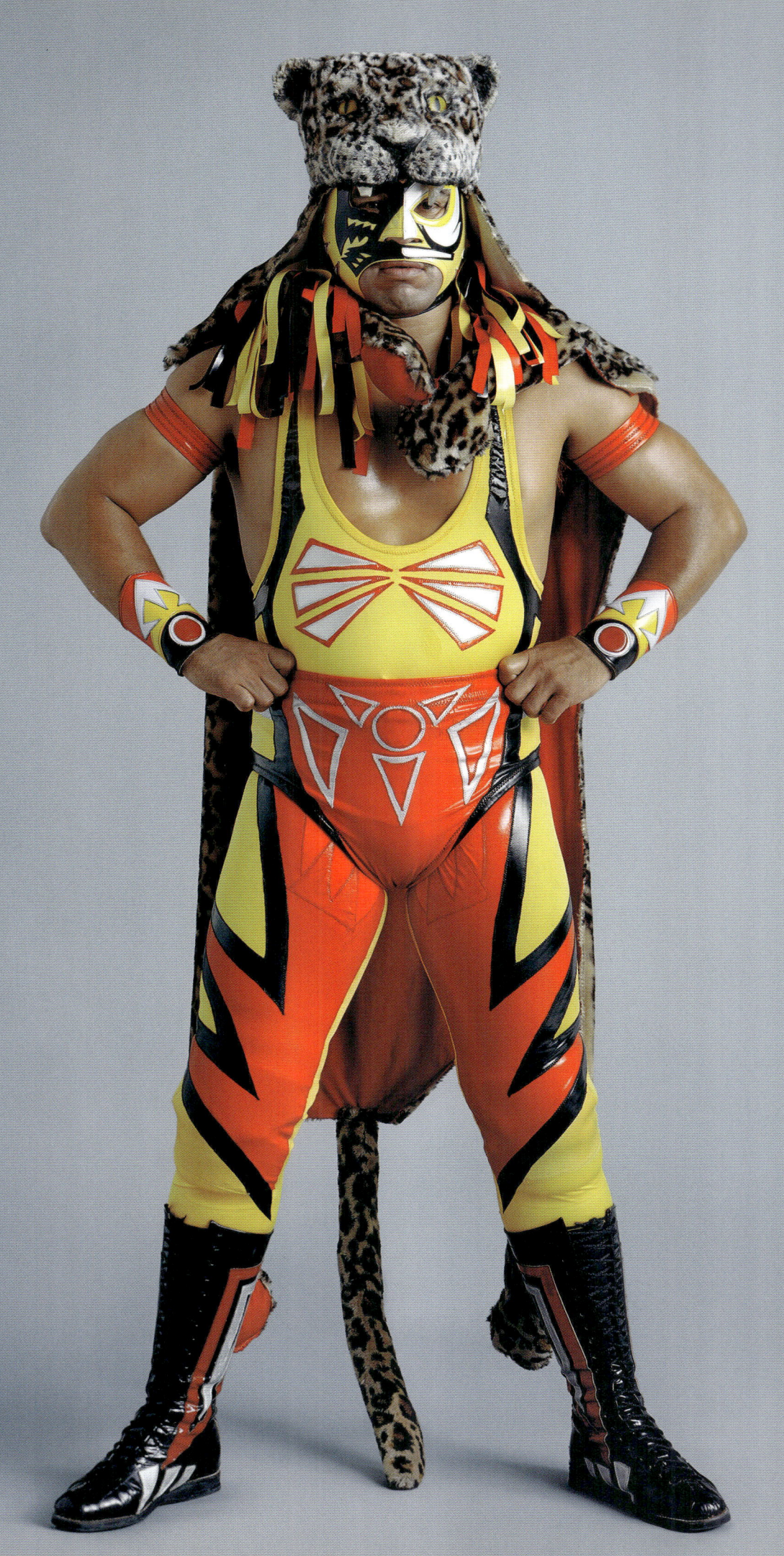

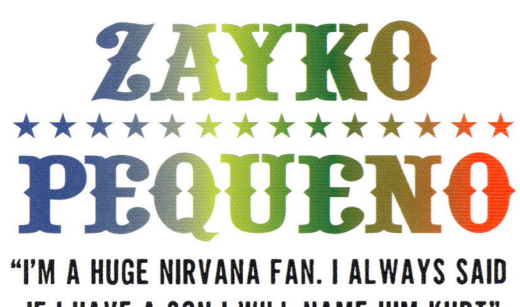

ZAYKO PEQUENO

"I'M A HUGE NIRVANA FAN. I ALWAYS SAID
IF I HAVE A SON I WILL NAME HIM KURT"

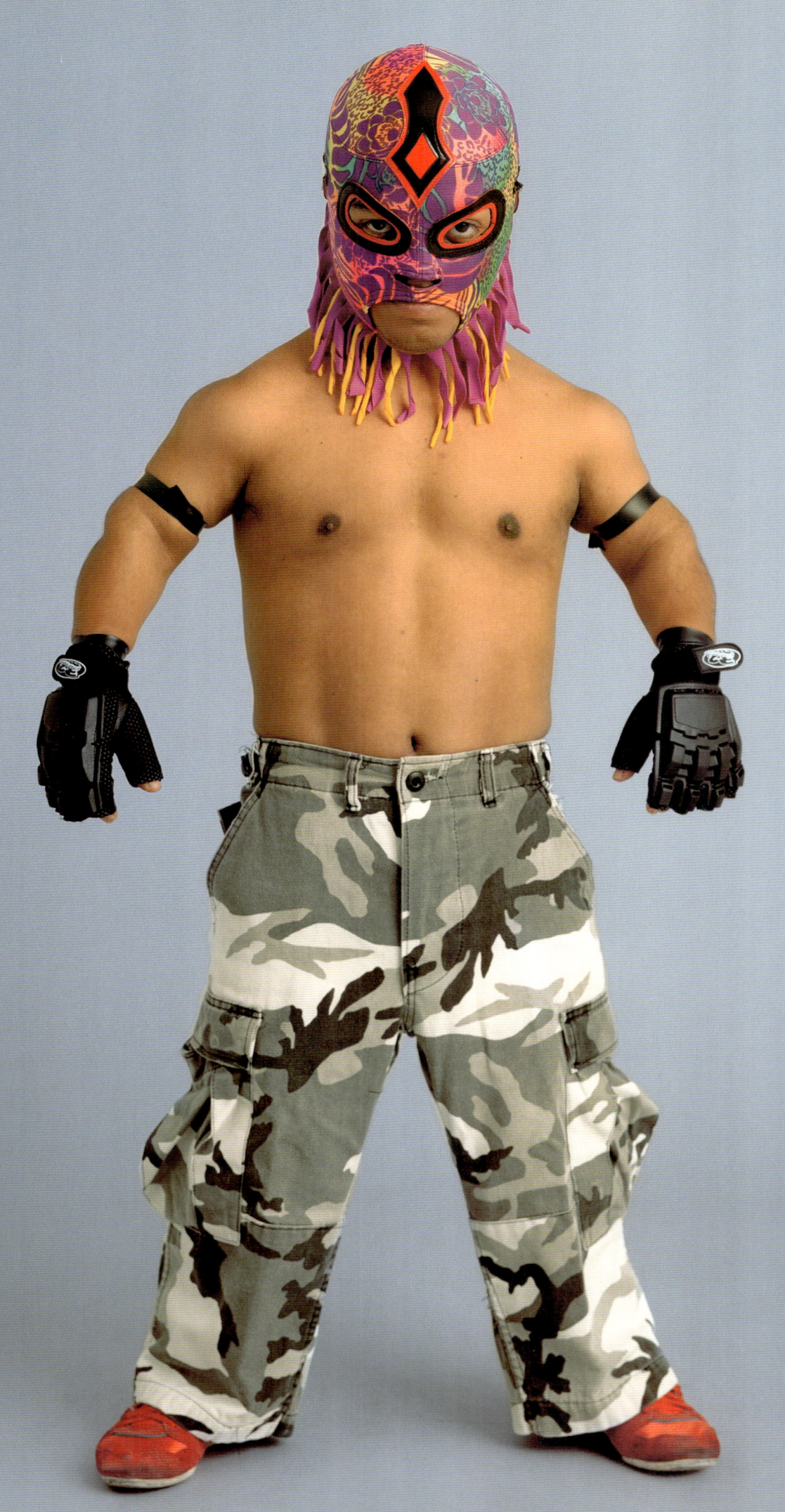

THE PLATES

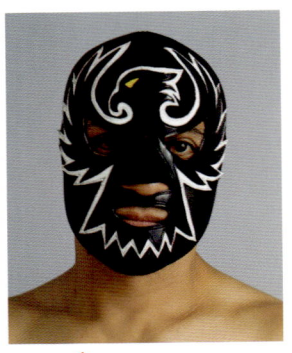

ÁGUILA NEGRA

Mi trabajo es vender
carne, soy carnicero. Mi llave
favorita es la cruceta."

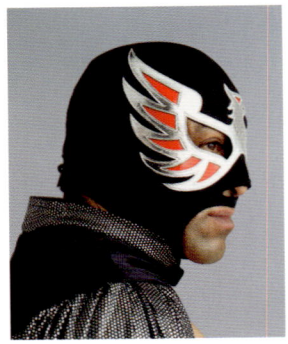

ÁGUILA SOLITARIA

"Tengo 52 años. Creo que si no
sufres muchas lesiones puedes
ser luchador hasta los 60."

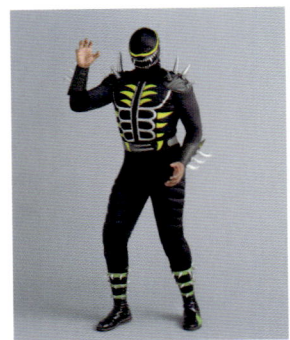

ALIEN

"Cuando estoy en el cuadrilátero
pienso en cómo voy a ganar y hacer
que el público esté contento."

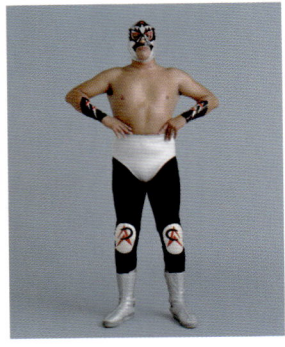

ALMA PLATEADA

"Me llamaban la atención las
capas, los trajes y las máscaras.
Es una forma de expresarse."

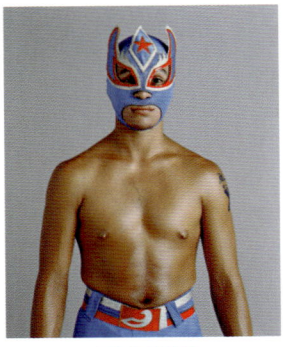

ASTROBOY

"Como no peso mucho, paso
bastante tiempo volando."

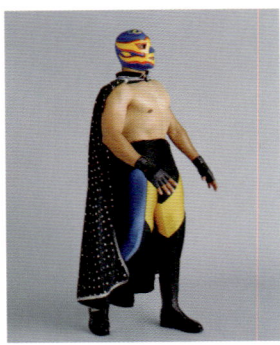

AUDAZ

"El diseño es parte de la imagen.
Quería algo diferente."

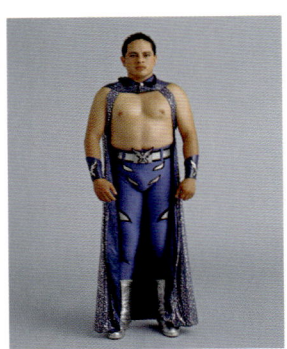

AVISMAN

"Los luchadores tienen
mucho éxito entre las mujeres.
Van muchas a vernos."

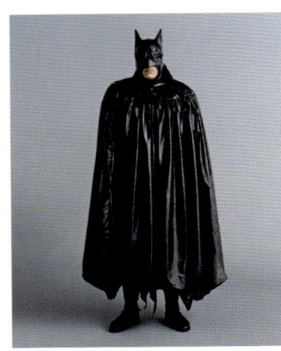

BATMAN

"Muchos luchadores son
guardaespaldas porque tienen
conocimientos valiosos."

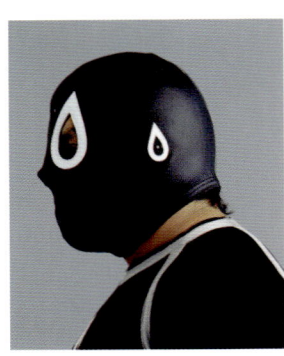

BLACKMAN

"Mi contrincante tenía la nariz rota y
sangraba. Las mujeres y los niños gritaban.
No sabía que se trataba del cura."

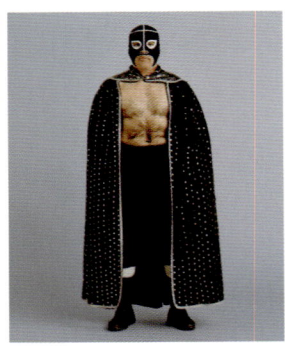

BLACK SHADOW

"Niños: no practiquen la lucha
libre en el parque o en el colegio.
Es muy peligroso."

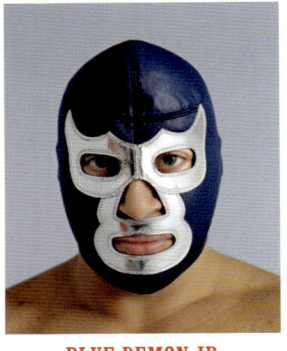

BLUE DEMON JR.

"Cuando era niño me sentía
apesadumbrado porque no le podía decir
a nadie quien era mi padre en realidad"

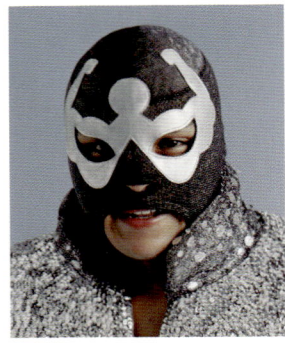

BRAZO DE PLATA JR.

"Si eres serio y tranquilo nadie
te hará caso."

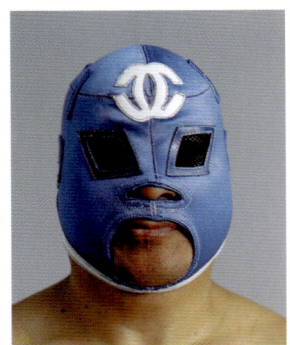

CLIMAX

"Apenas tuve mi primer juguete a los
9 años y mi primer pastel a los 17."

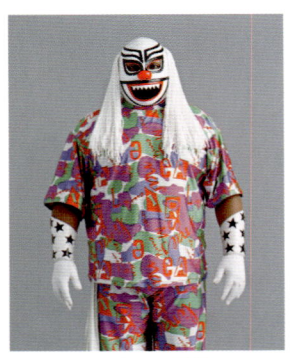

COCO BLANCO

"El nombre de payaso es para
los niños, pero me puedo enfrentar a
cualquiera, en cualquier lugar."

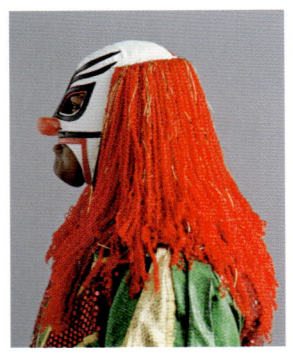

COCO ROJO

"No, nunca he hecho el amor con
la máscara. Es demasiado difícil."

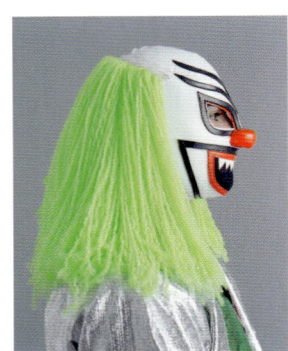

COCO VERDE

"A la hora de hacer el amor nos
olvidamos del personaje de lucha libre."

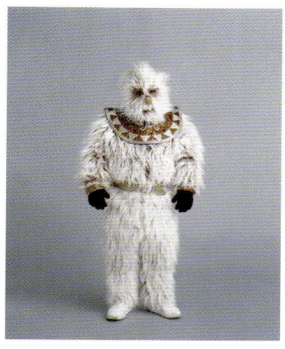

ALUSHE
"Siempre quise ser luchador, para ver si los golpes son fuertes, si son de verdad."

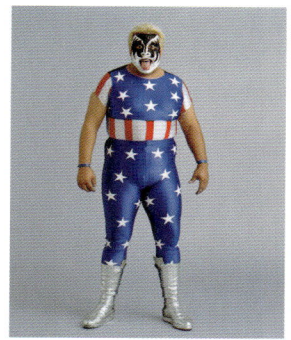

ANDY BARROW
"Una vez le planché la ropa a mi hermano cuando todavía la llevaba puesta."

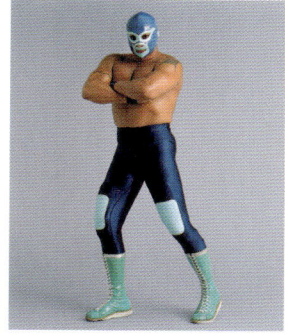

ANÍBAL
"El buceo me da la paz y tranquilidad que no encuentro en la lucha libre"

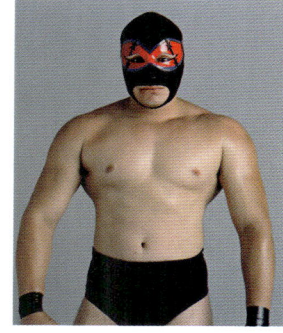

APOCALYPSIS
"Me siento un héroe. Fuerte como un aniquilador."

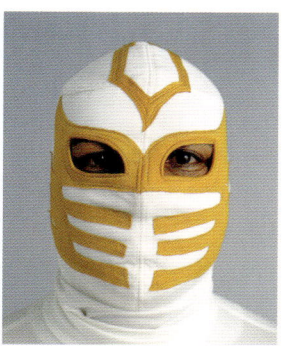

BIG ANGELO
"Tengo 50 años y soy técnico en prótesis dental."

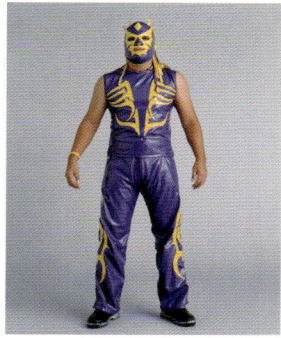

BIG ANGELO JUNIOR
"Era adicto al crack. Sigo vivo gracias a mis padres y a la lucha libre."

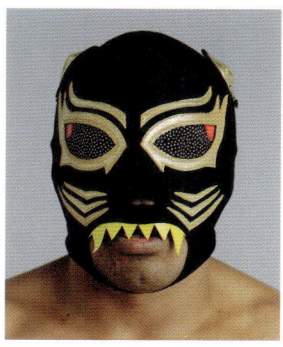

BLACK JAGUAR
"Mi familia piensa que estoy loco por meterme en esto, pero veo las luchas desde que tengo 10 años."

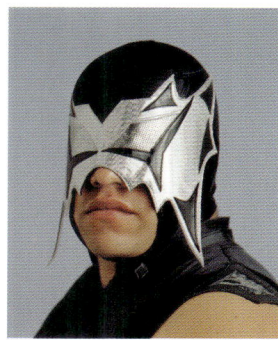

BLACK LORD
Mis compañeros de trabajo me han visto pelear pero ni se imaginaban que era yo."

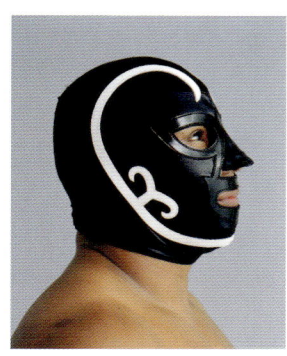

CARTA BRAVA
"Cuando empecé era muy delgado y mis hermanos no creían que fuera capaz de lograrlo."

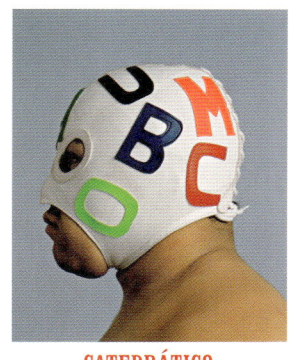

CATEDRÁTICO
"Cuando tenía 10 o 12 años era gordo y en el colegio se metían conmigo."

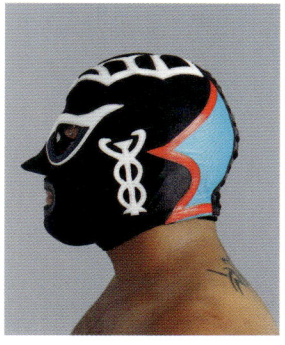

CEREBRO NEGRO
"La paga no está mal, pero creo que debería ser un poco más alta porque lo arriesgamos todo."

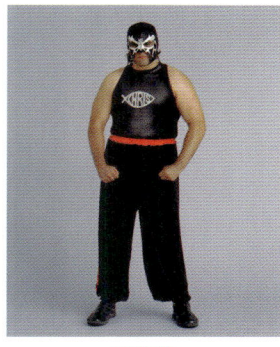

CHRIS
"Mi entrenador me acortó el nombre. Me gusta, a los niños les resulta fácil de recordar."

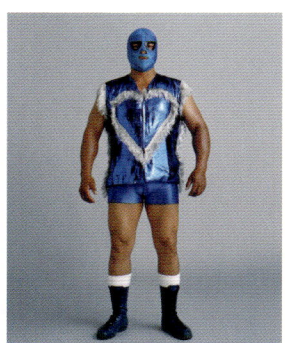

COMETA
"Tengo 54 años. Me retiré con tres lesiones en el pie, así que ahora me dedico sólo a enseñar lucha libre."

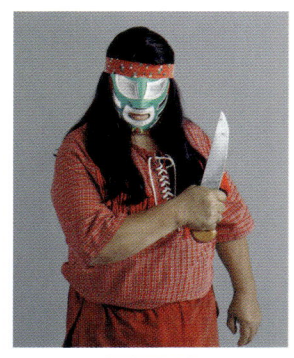

CUCHILLO
"Una vez perdí la máscara durante una pelea sanguinaria con el hijo de «El Santo»."

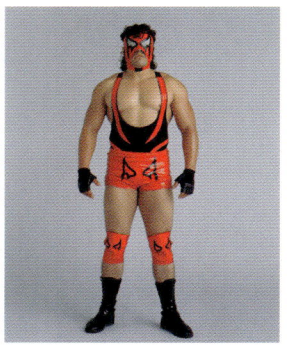

DARK SCREAM
"Una vez me rompí cuatro costillas y no me di cuenta hasta que llegué al vestidor."

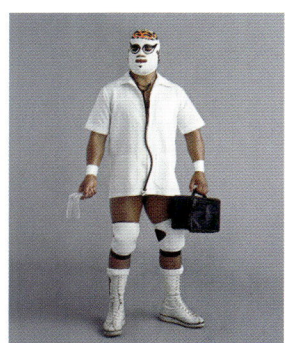

DR. CEREBRO
"En otros países los luchadores son más fríos, menos expresivos con su indumentaria."

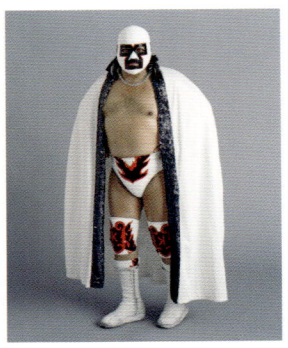

DR. KARONTE I
"La violencia siempre ha sido parte de mi vida."

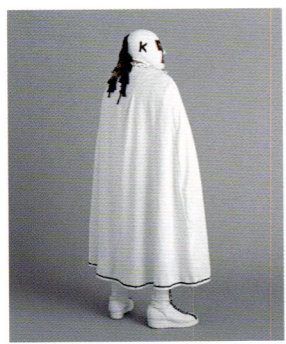

DR. KARONTE III
"Fuera del cuadrilátero no soy tan agresivo, de hecho, soy bastante tranquilo."

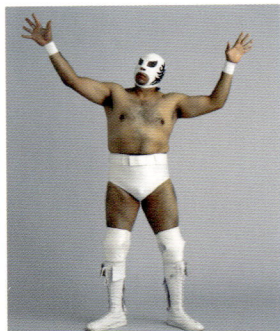

DOCTOR LANDRÚ
"Soy un poco violento. Hasta he mandado gente al hospital."

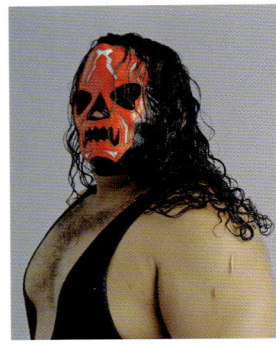

DR. MUERTE
"Soy profesor de Tae Kwon Do. Soy cinturón negro. También me dedico a las ventas."

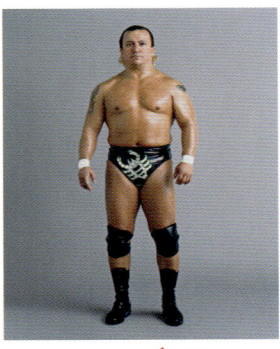

ESCORPIÓN JR
"Estudié economía, pero después de graduarme me dediqué a la lucha libre."

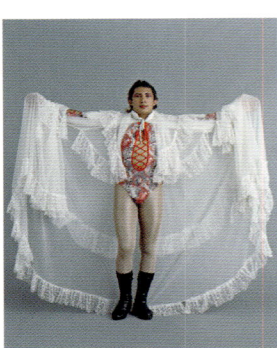

EXÓTICO LA CHONA
"Dejé mis estudios de ingeniería y me estoy dedicando a la lucha libre."

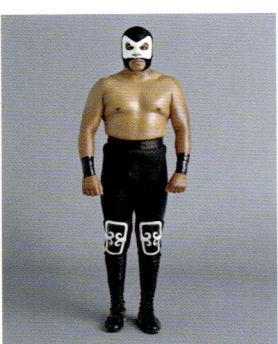

FANTASMA DE LA ÓPERA
"Por supuesto que más de uno ha muerto durante una pelea."

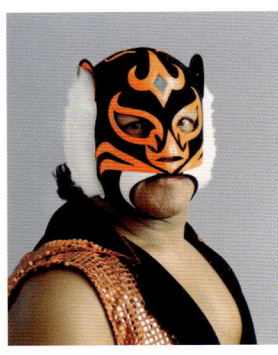

FELINO
"Mi personaje es el más rápido de México, pero no cuando hago el amor."

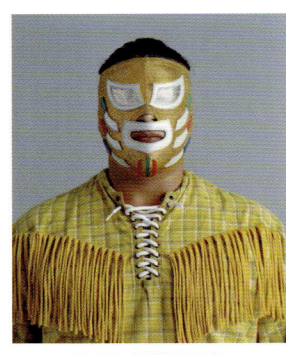

GRAN CUCHILLO
"Es un nombre que los indios de Estados Unidos le daban a los guerreros."

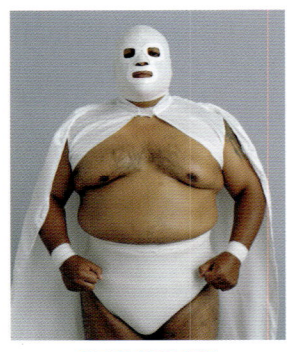

GRAN MARCUS
"Además de dedicarme a la lucha libre también trabajo como contable en la oficina de aduanas del aeropuerto."

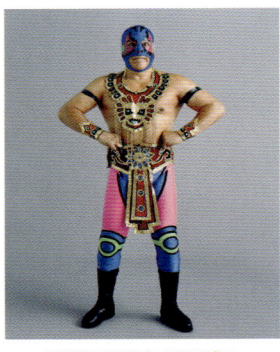

GUERRERO AZTECA
"No te puedo decir mi nombre. Es importante que nuestros rostros e identidades permanezcan ocultos."

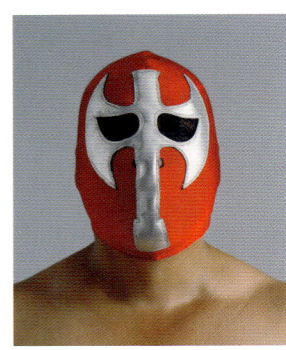

HACHA ASESINA
"Trabajo en el sector de transporte público en Ciudad de México."

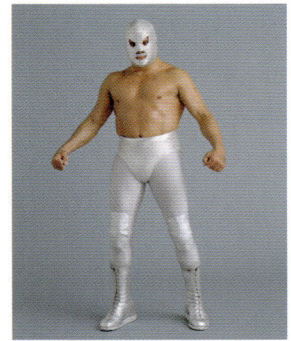

HIJO DEL SANTO
"Gracias por esta oportunidad de llegarle al público a través de sus fotos."

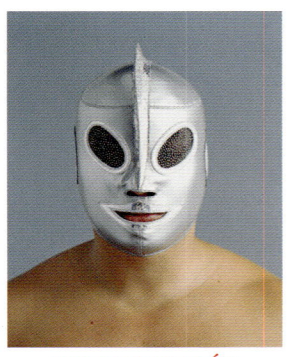

HIJO DE ULTRAMÁN
"Estudié derecho, pero desde niño quise ser luchador."

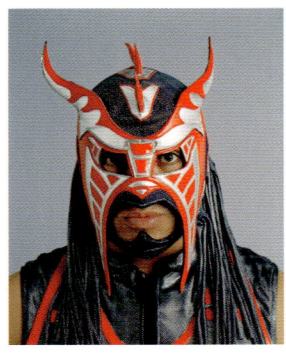

HISTERIA
"Siento que Dios está conmigo por todo lo que me ha dado."

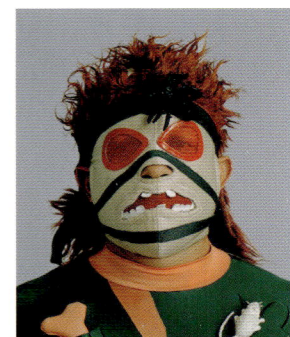

HOMBRE RATA
"Tengo 42 años, trabajo en el sector textil y yo mismo diseñé este traje."

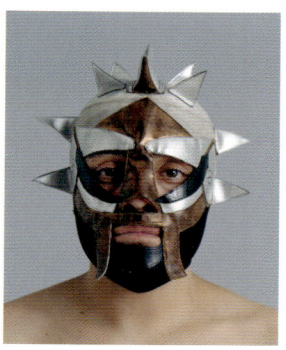

DOOM

"Tomé mi nombre de Los Cuatro
Fantásticos y la indumentaria de las
películas de gladiadores."

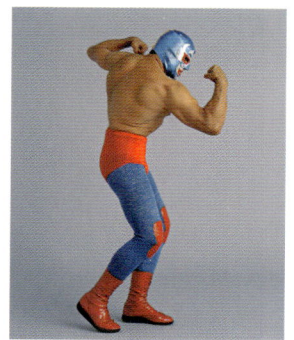

DOS CARAS

"El Papa me causó una gran
impresión cuando visitó México.
Siempre lo recordaré."

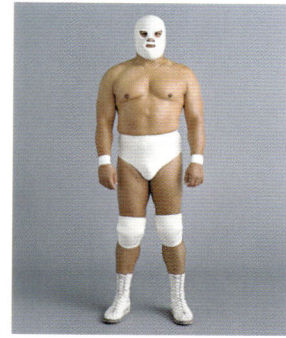

EL ENFERMERO

"No quiero que se conozca mi
verdadero nombre. El encanto de la
lucha libre es lo desconocido."

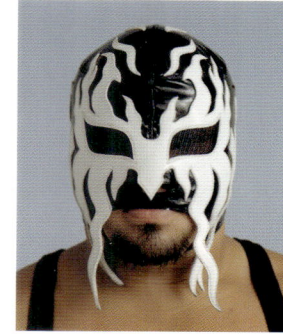

ESCÁNDALO

"Mi padre era luchador, así como
mi abuelo y mi tío. Ahora es mi turno."

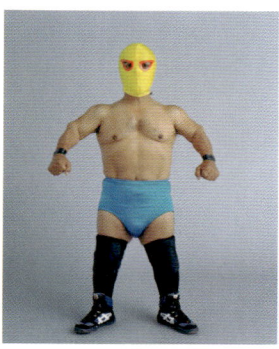

FILLI ESTRELLA

"Mis padres y hermanos son
todos altos. Yo soy el único bajito."

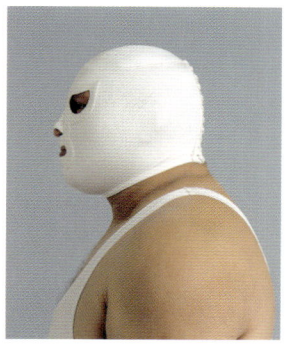

GALENO

"Cuando era joven era muy violento.
La lucha libre me calmó."

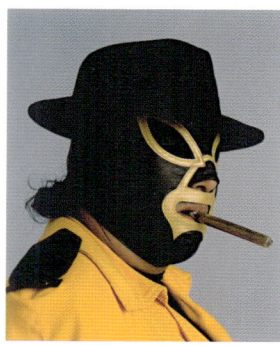

EL GANGSTER

"No somos gente viciosa.
No bebemos ni fumamos."

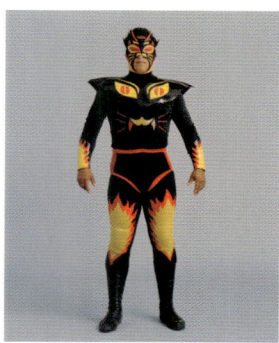

GATO INFERNAL

"Yo trabajo guiando a las
personas a sus lugares en la arena, así
de esta forma puedo ver las luchas"

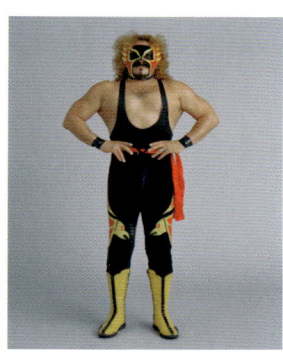

HALCÓN NEGRO

"Una vez hice el amor con ocho mujeres.
Siempre les ha gustado mi pelo."

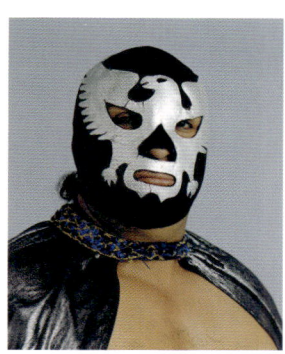

HALCÓN SALVAJE

"Cuando era joven tenía que
saber defenderme en mi vecindario,
así que aprendí lucha libre."

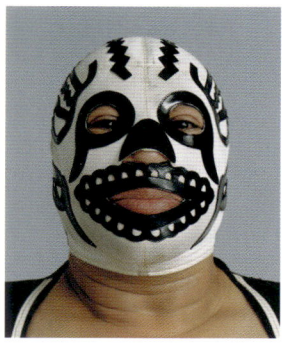

HERMANO MUERTE

"Me preparo durante toda la
semana para vencer a mi rival."

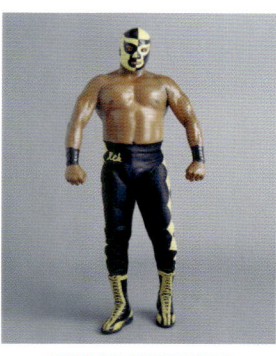

HIJO DE PIERROTH

"A un hombre no se le mide de los pies
a la cabeza sino de la cabeza al cielo."

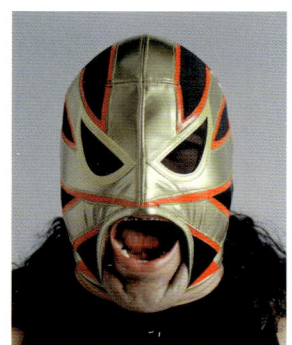

HOOLIGAN

"Me gusta que la gente me odie, que
me griten a mí y a mi manager."

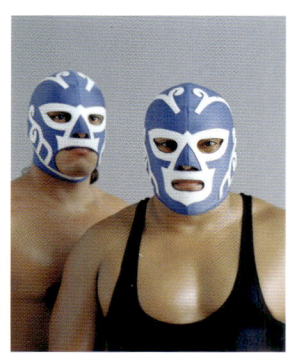

HURACÁN RAMÍREZ Y JR.

"Para nosotros es un arte saber
golpear con elegancia y estilo."

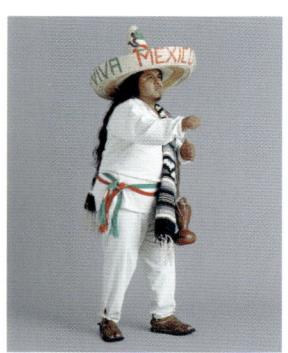

JUAN EL RANCHERO

"No utilizo máscara.
Creo que no va con el personaje."

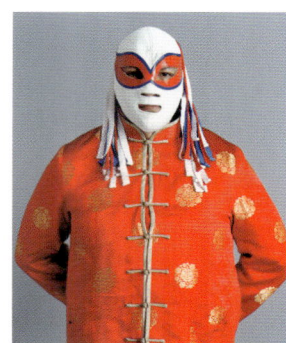

KATO KUNG LEE

"Cuando no estoy luchando
me dedico a las ventas."

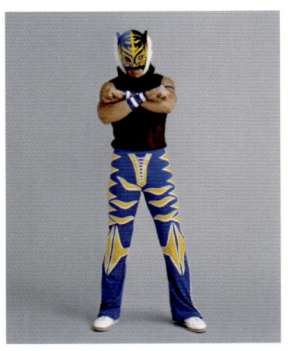

KID TIGER

"Soy uno de los luchadores más jóvenes.
Todavía voy al colegio."

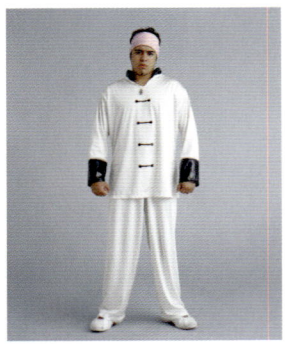

KUMBA KID'S JESSY

"Vengo de una familia de luchadoras:
mi madre, mi abuela, mi tía…"

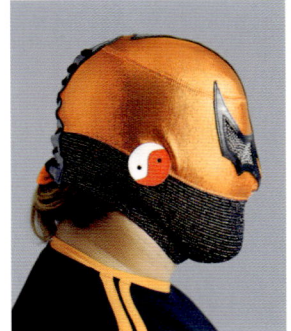

KUNG FU

"Fuera de la lucha libre, entre
mis héroes están la Madre Teresa
y Martin Luther King."

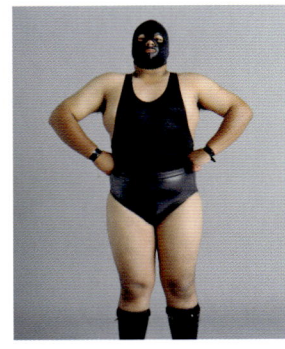

LALO CASTEL

"Soy de los buenos, pero definitivamente
puedo ser de los malos cuando hace falta."

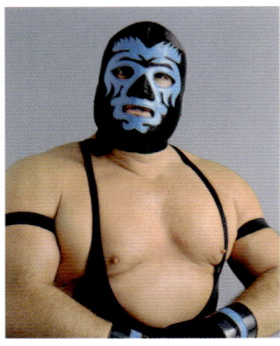

MANO NEGRA

"La música es el idioma universal.
Hay que saber escucharla."

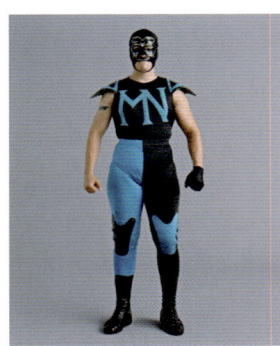

MANO NEGRA JR.

"Cuando estamos luchando somos artistas.
El resto del tiempo somos como los demás."

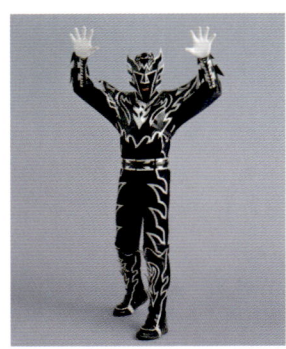

MANOS DE SEDA

"Al contrincante se le golpea con una silla
para debilitarlo, no para lesionarlo."

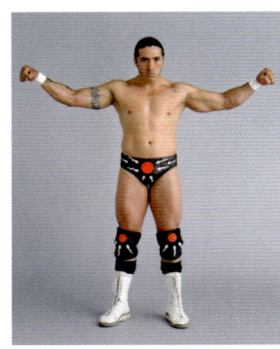

MARCOS RIVERA

"Combino la lucha libre con el strip-tease,
pero mi pasión es la lucha libre."

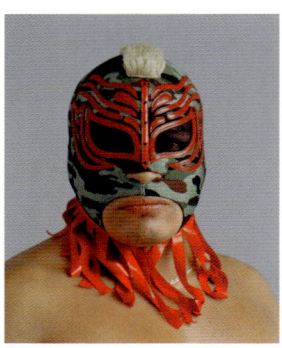

MISTEROSIO JR.

"Tengo dos hijas y dos hijos, y me
gustaría que siguieran mis pasos."

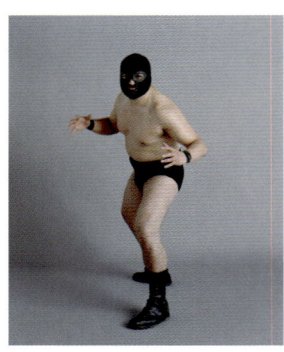

MORTERO

"Me hubiera gustado conocer a
Jesucristo y a Jim Morrison."

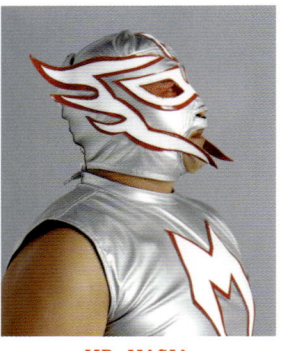

MR. MAGIA

"Creo que mi ídolo y con quien comparto
la misma causa es Superman."

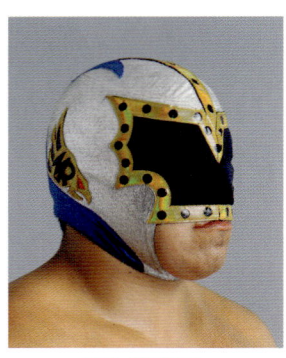

MR. NIEBLA

"La lucha libre te puede dar felicidad,
pero también dolor y humillación."

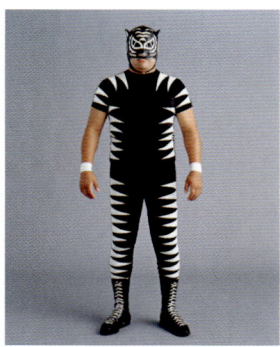

PANTERA

"Los luchadores mexicanos
tienen una chispa especial. Hacemos
que el público ría y llore."

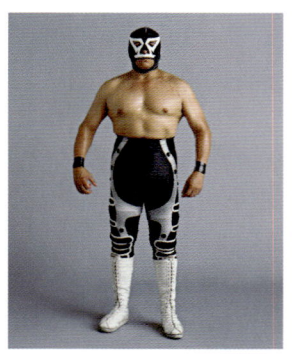

PARAMÉDICO

"Es una profesión maravillosa. Me gustaría
que me enterraran con la máscara."

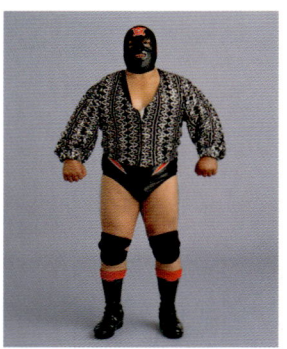

PELIGRO I

"Soy un auténtico peligro. Lucho en equipo
con mi hermano. Todos nos temen."

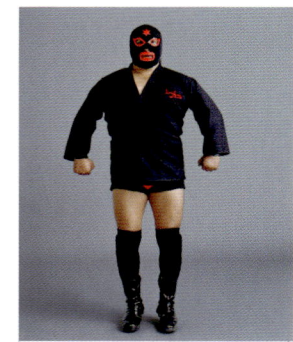

PELIGRO II

"Todo se lo debemos a nuestro
profesor «Dos Caras». Sin él no
seríamos lo que somos."

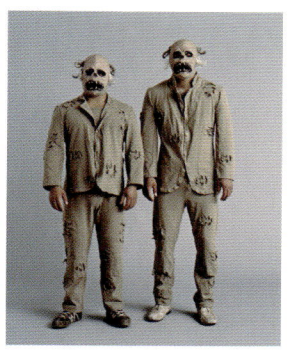

LAS MOMIAS

"Somos las momias, para servirles."

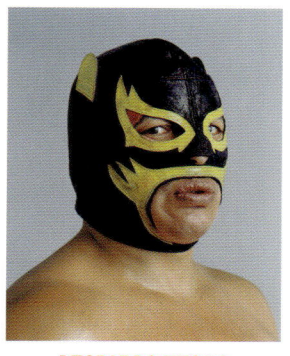

LEOPARDO NEGRO

"Me gusta que el público se enfurezca. Mientras más enfurecido mejor."

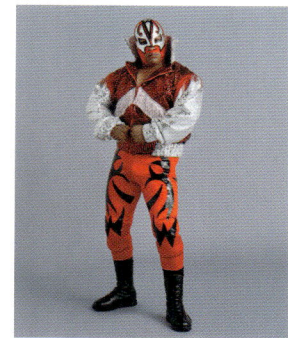

LIMBO

"Es el nombre del lugar donde descansan las almas de los niños que no han sido bautizados."

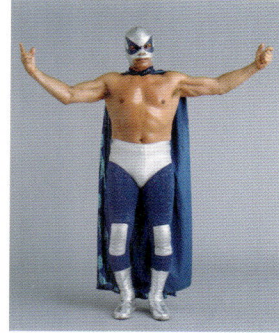

LIZMARK

"Trabajaba como chofer en La Quebrada. Estudié hostelería y después me hice luchador."

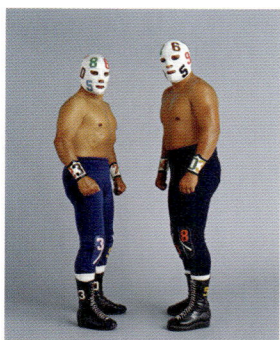

MATEMÁTICOS I & II

"Somos una familia muy unida. Todos practicamos deportes."

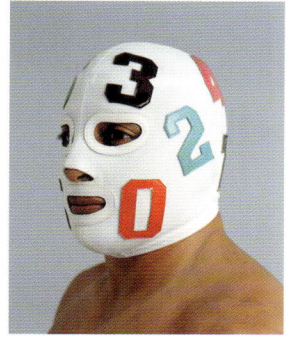

MATEMÁTICO 3

"Lo que más me llamaba la atención eran las máscaras. Siempre quise usar una máscara."

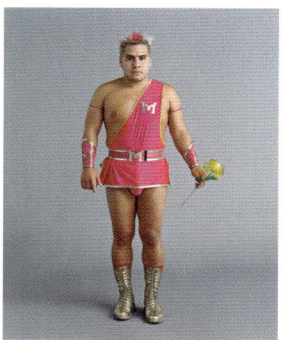

MÁXIMO

"Como pueden ver, mi traje está inspirado en el imperio romano."

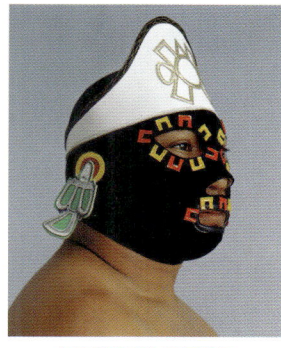

MISTERIO AZTECA

"Quería ser algo que representara a nuestro país y a nuestros ancestros."

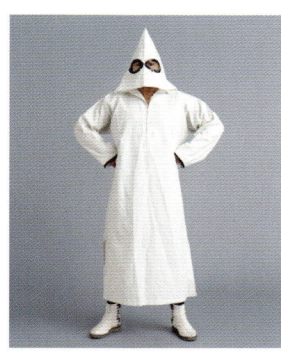

NEGRO NAVARRO

"No puedo usar máscaras cerradas y atadas porque sufro de claustrofobia."

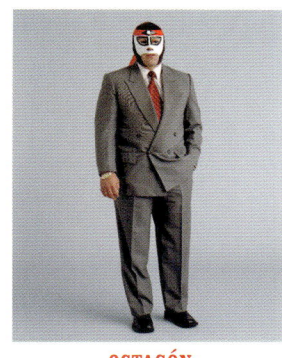

OCTAGÓN

"Le prometí a mi madre que sería jugador profesional de fútbol."

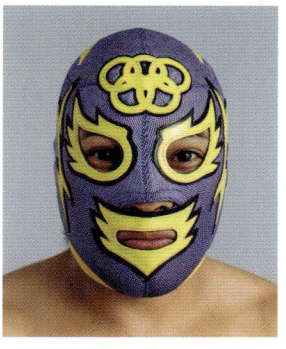

OLYMPUS

"Gracias por tranquilizarme. Hacía mucho tiempo que no me tomaban una foto."

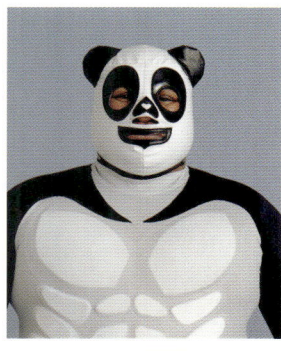

EL PANDITA

"Admiro la forma en que viven los osos, nada les importa."

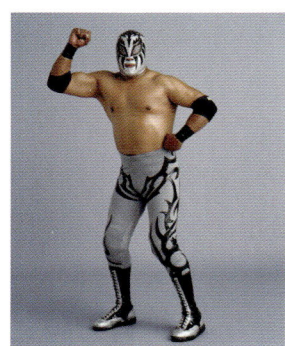

PLATINO

"Nunca olvidaré cuando perdí la máscara con un contrincante. Me afeité la cabeza."

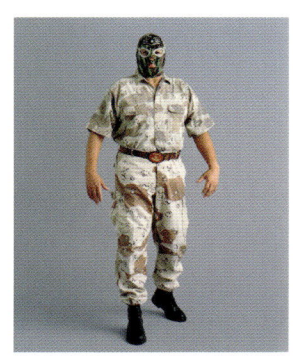

RAMBO

"Quería llamarme «El Sargento Furioso», pero me dijeron que era demasiado largo."

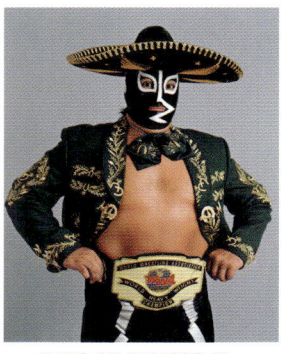

RAYO DE JALISCO JR.

"Creo que las principales leyendas son «El Santo» (que en paz descanse), «Blue Demon» y mi padre."

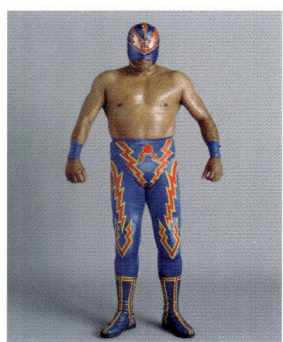

RAYO TAPATÍO I

"Yo soy fanático del club de fútbol de Guadalajara."

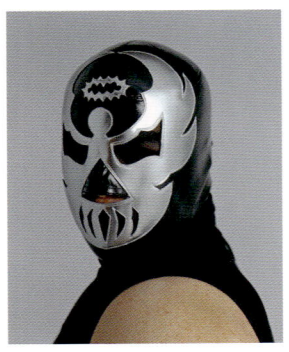

RAZIEL

"No importa si perdiste o ganaste. El hecho de haber estado presente es una victoria."

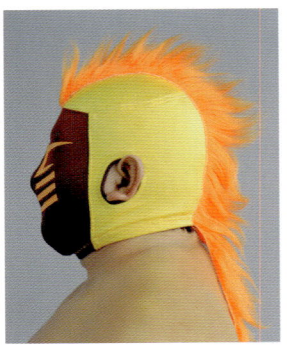

SHU EL GUERRERO

"La lucha libre de Estados Unidos se vale más de los artificios."

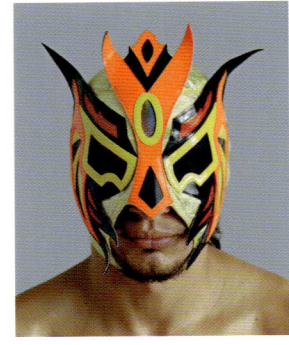

SIBELUS

"De día soy una persona normal y cuando llega la noche me transformo."

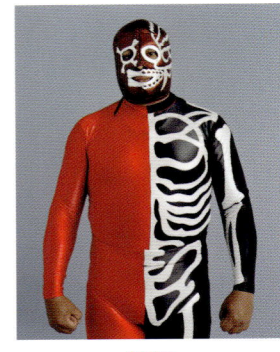

SIDA

"Antes formaba parte de un trío de lucha. Mis compañeros eran Lepra y Cólera."

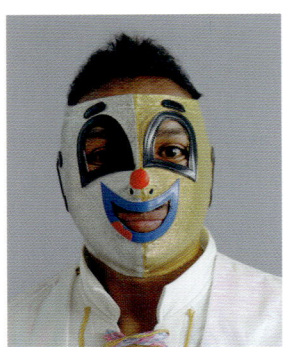

SUPER ARCHIE

"La intención de mi disfraz es ser cómico. Es para los niños."

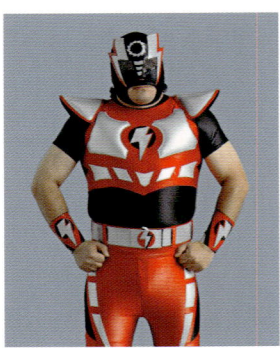

SUPER ELEKTRA

"Reparo equipos dentales, aparatos de rayos X y ese tipo de cosas."

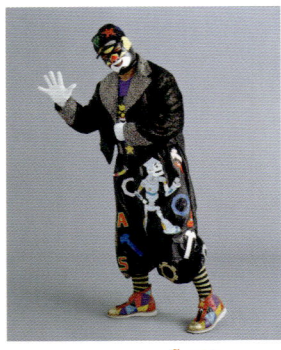

SUPER MUÑECO

"Cuando me pongo la máscara siento como si fuera mi propio rostro."

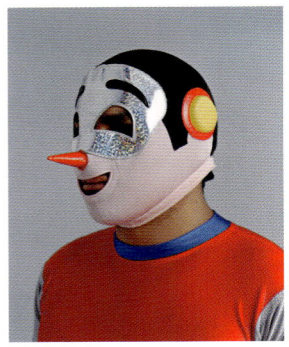

SUPER PINOCHO 3000

"Soy una persona normal, como todo el mundo, pero no te puedo decir mi nombre."

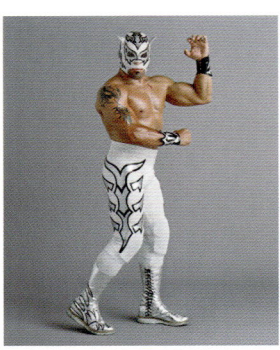

TIGRE METÁLICO

"A veces los buenos tienen que encontrar formas astutas de derrotar a los malos."

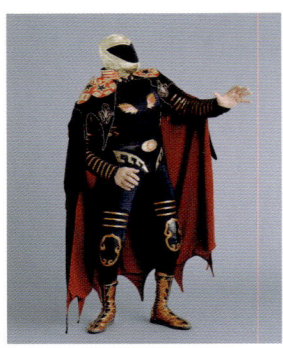

TINIEBLAS

"Tengo 65 años. Trabajé como doble de Tarzán en la serie de televisión."

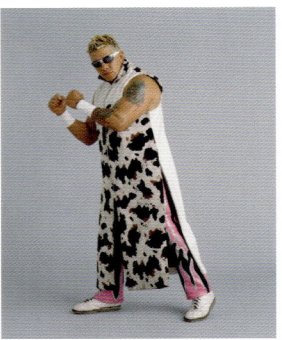

TONY RIVERA

"El arte está en todo. Los trajes son arte, las máscaras, la lucha libre es todo un espectáculo."

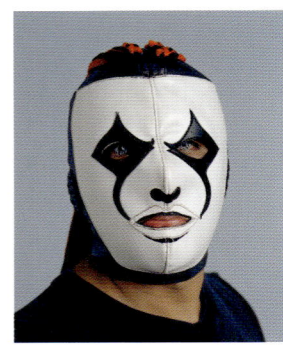

TRAUMA I

"Mi hermano y yo vamos a las peleas desde que éramos pequeños."

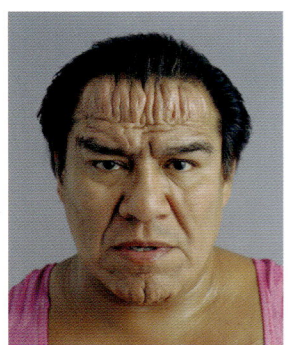

VILLANO 3

"Soy luchador gracias a mi padre y a mi público."

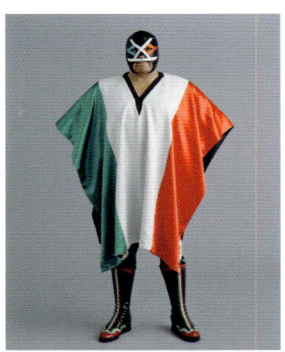

VILLANO V

"A mis pacientes no les digo que soy luchador para que no se asusten más."

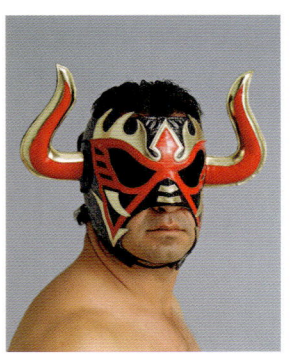

VIOLENCIA 2

"He luchado con mucha gente importante. Es un sueño hecho realidad."

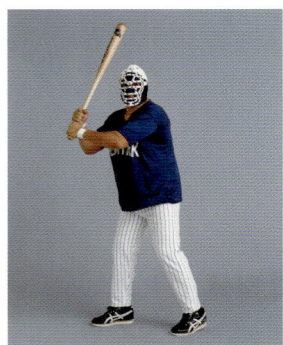

YANKEE STAR

"Siempre quieres ganar, pero es muy difícil saber cómo va a ser la pelea."

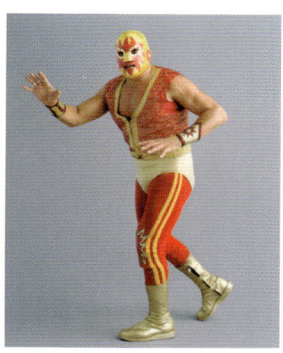

EL SOLAR

"Me habría gustado ser abogado."

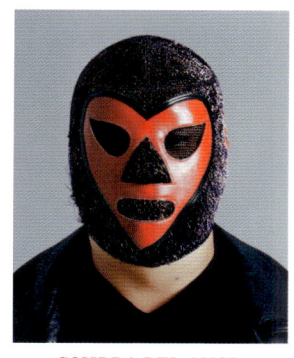

SOMBRA DEL AMOR

"Todos los que estamos en esto queremos ser famosos, salir en televisión y participar en los espectáculos más importantes."

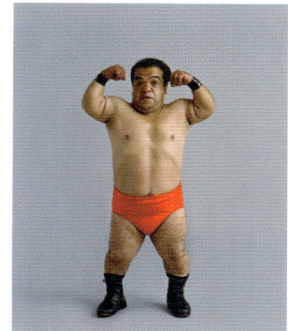

SPUTNIK

"Fuimos a luchar fuera de la ciudad. La gente no creía que fuéramos luchadores."

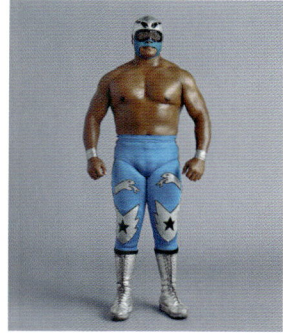

STUKA

"Llevamos máscaras para ocultar nuestros rostros. Hacen que la gente se pregunte quiénes somos."

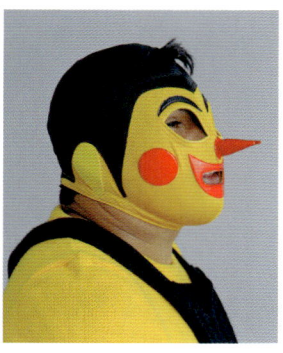

SUPER PINOCHO

"Sí, tengo novia, pero no sabe que soy luchador."

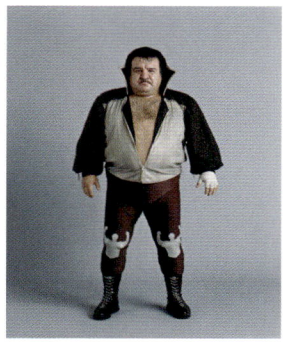

SUPER PORKY

"En México los luchadores tenemos que trabajar todos los días. Disculpa las lágrimas."

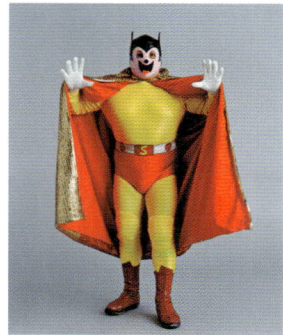

SUPER RATÓN

"Tengo un gimnasio y además trabajo para el gobierno."

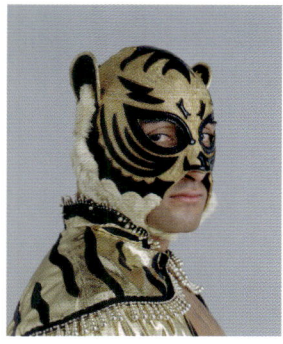

TIGERMAN

"Una vez, por una apuesta, estuve tres horas y media entrenando. No me pude levantar durante varios días."

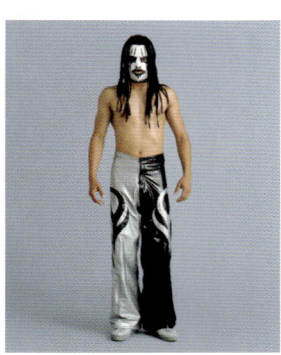

TRAUMA II

"El nombre viene de experiencias familiares. Estamos traumatizados y nos gusta ser violentos."

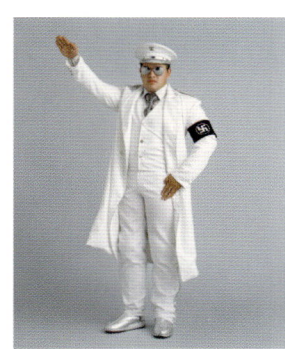

VANGELLYS

"Tengo 24 años y peso 95 kilos. Soy un peso pesado. ¿Por qué los nazis? Porque me gusta su disciplina."

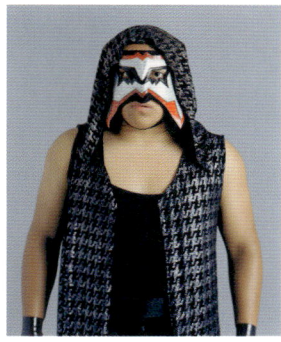

VAMPIRO METÁLICO

"Soy estudiante de diseño gráfico en el Instituto Londres de Xochimilco."

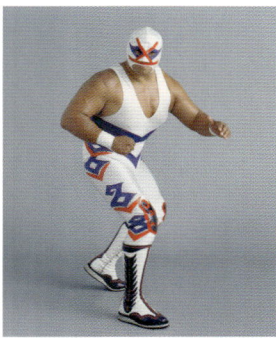

VILLANO EL CUARTO

"Nuestro padre no quería que fuéramos luchadores, pero los cinco lo somos."

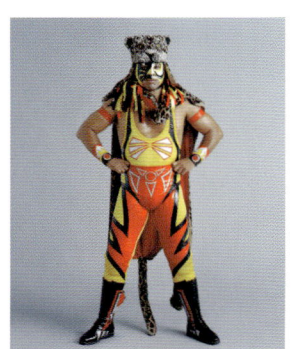

ZAFARI

"Para mí la lucha libre lo ha sido todo…es mi vida."

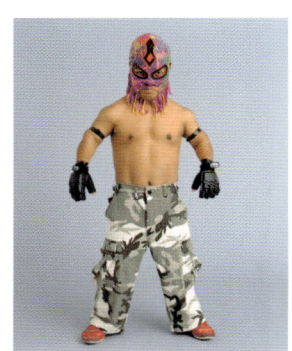

ZAYKO PEQUEÑO

Soy fanático de Nirvana. Siempre he dicho que si tengo un hijo lo llamaré Kurt."

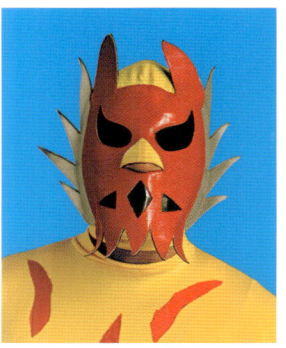

ANGEL DIABÓLICO I

Front and back cover/ primera y cuarta de forros.

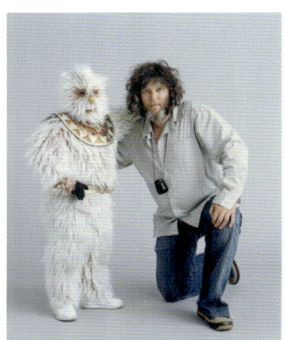

VENVILLE (RIGHT) & ALUSHE

Photographer / Fotógrafo.

ACKNOWLEDGEMENTS

The photographs collected in this book were all taken during the course of numerous visits to Mexico City. The quotations alongside the images were edited from interviews with the fighters after the portraits had been taken and I am enormously grateful for their emotional candor and generosity.

To the following people I would like to express particular appreciation.

IN LONDON: It is my good fortune to have had the pleasure and privilege of working with Andy Dymock, his inventive typography and editing of the interviews, are indispensable ingredients of this book. Mark Denton was quick to show his support early in the process and offer a patient and guiding hand in the design of the book. Thank you also to Barry Hughes for his tremendous support.

IN MEXICO CITY: Pelayo Gutiérrez personally arranged for the Luchadores to appear in these photographs. He made my visits to Mexico City the most enjoyable personal and professional experiences. Concepción Taboada's thoughtful planning made the portrait sittings throughout the days run effortlessly. I am grateful to Manuel Manero, his commitment and sensitivity in interviewing the fighters was remarkable. Thanks also to Alejandro Vázquez, Mauro M. Agaña, Rodolfo González, Daniel Rodríguez and María José Alcover. To Charlie Crane for his patience and wit in assisting me during the photography I am also grateful. Thank you to Elsa Henao for her interpreting and the Wrestlers coordinator Blas Colunga and all at Cinismo Films. I am indebted to the author Sandro Cohen.

IN THE USA: Gratitude to Philip Fracassi and Michael Deyermond of Equator Books, Heather Hope of MHHope Marketing & PR, especially to Jody Shields and Andrea Valeria. Thank you to Steve Golin, Dave Morrison, David Unger, John Silverman and John Benet.

The staff at Therapy Films who helped in the process, Hannah Phillips, Oliver Carver, Jess McKillop and Jenny Hargreaves I am thankful. Also Adam Denton, Keith Hackett, Suren Pithwa of Unichrome, Martin Lee and Gilly Fox of Idea Generation.

My thanks to Daisy Bates for editing the copy of this book. For her constant support and patience throughout the process of completing this project, I am ever grateful.

Malcolm Venville

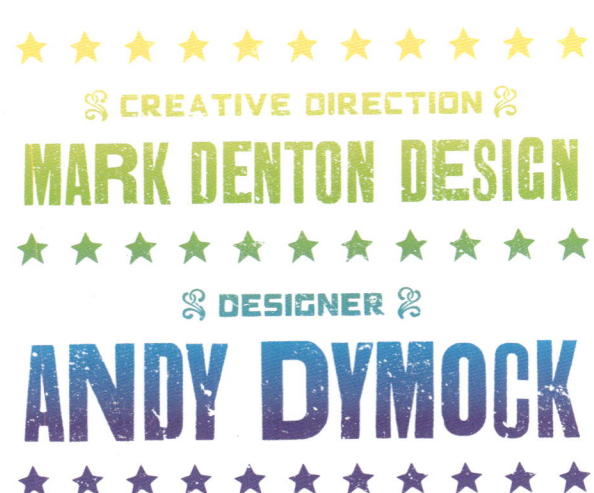

★ ★ ★ ★ ★ ★ ★ ★ ★ ★ ★

CREATIVE DIRECTION

MARK DENTON DESIGN

★ ★ ★ ★ ★ ★ ★ ★ ★ ★

DESIGNER

ANDY DYMOCK

★ ★ ★ ★ ★ ★ ★ ★ ★ ★

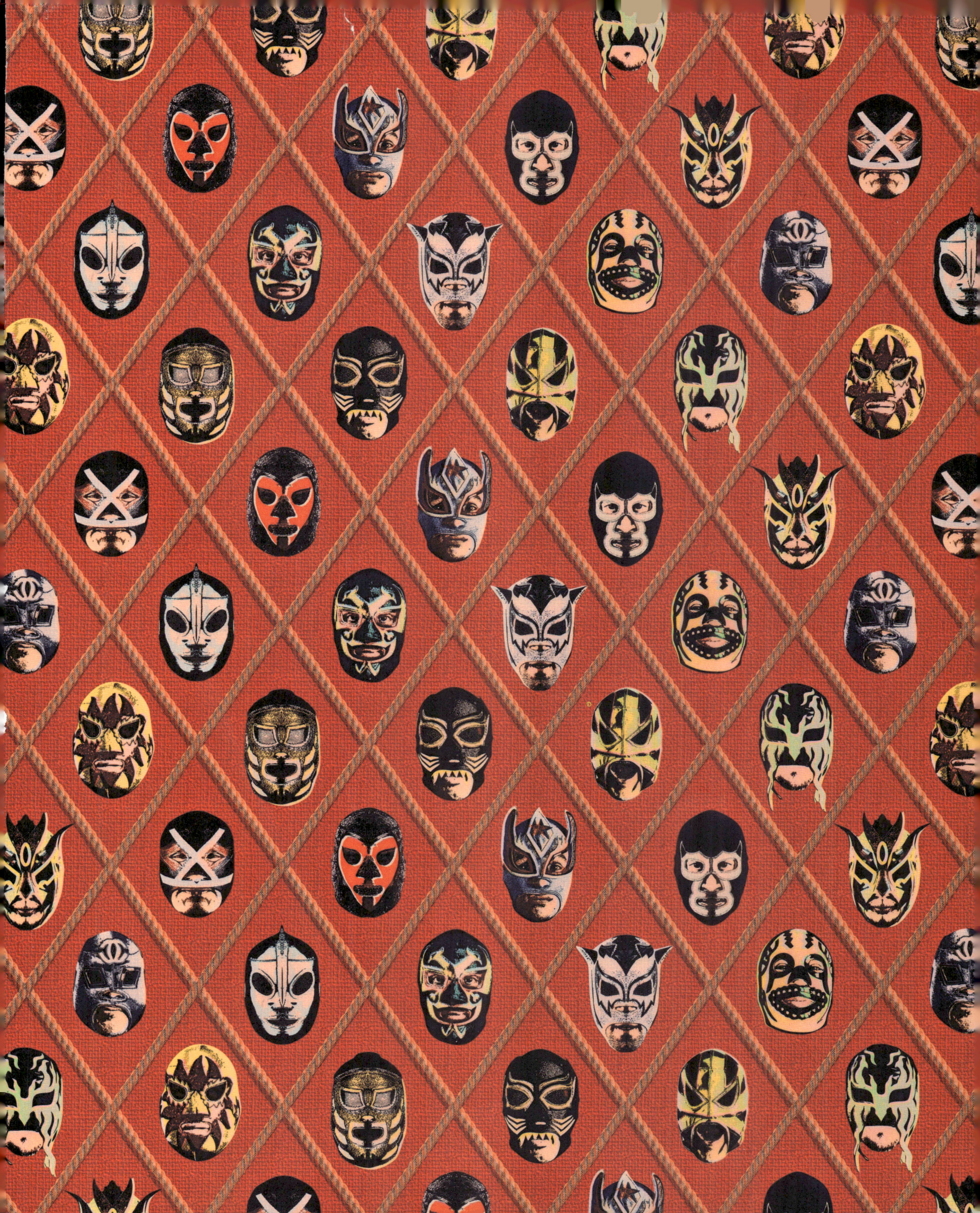

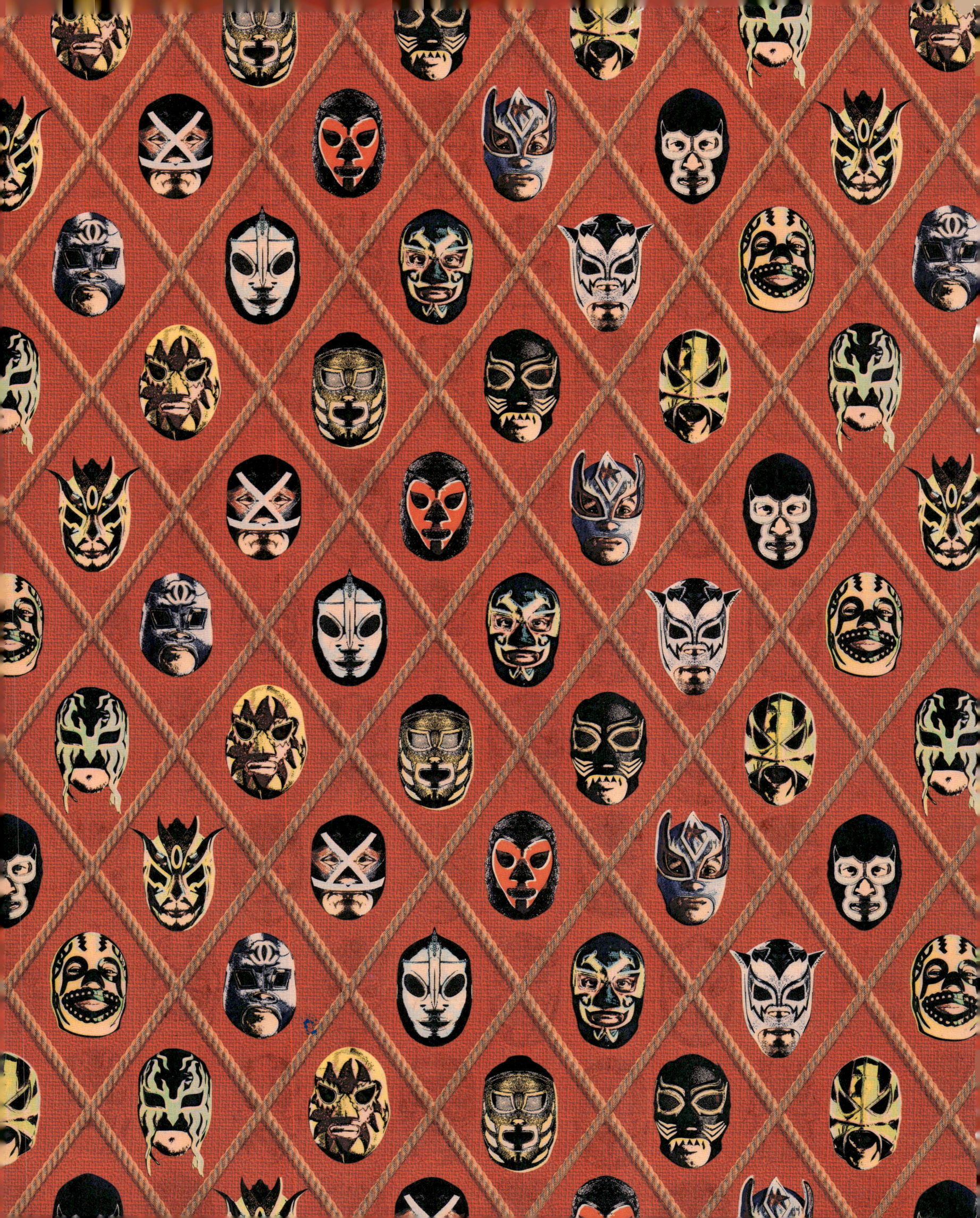